周越然作品系列

zhou yueran

周越然 / 著

陈子善　王稼句 / 策划

金小明 / 编

# 旧籍丛话

ancientry

北方文艺出版社

# 周越然的书

陈子善

日前在深圳见到一位收藏界后起之秀，他出示一份所藏清代以降藏书家手札目录，自朱彝尊起，至黄永年止，名家汇集，洋洋大观。但笔者发现其中有个重要的遗漏，周越然并不包括在内。应该指出的是，周越然墨迹存世很少，也是不争的事实。

余生也晚，知道周越然的名字已在1980年代后期了。那时为搜寻张爱玲作品，查阅1940年代上海的《杂志》《风雨谈》《古今》《天地》等文学和文史掌故杂志，经常见到周越然的妙文。后来又在旧书摊上淘到周越然的《书书书》《六十回忆》等著作，始知周越然并非藉藉无名，等闲之辈。然而，我们已经把他遗忘得很久了。

周越然（1885—1962）原名文彦，又名复盦，浙江吴兴（今湖州）人，藏书家、编译家、散文家和性学家。他是清光绪三十年（1904年）的秀才，又是南社社员。曾执教江苏高等学堂、安徽高等学校和上海中国公学等校，是严复弟子，为辜鸿铭所赏识，戴季陶则向他从过学。他精通英语，1915年起任职商务印书馆编译所英文部近二十年之久，编译各类英语教科书和参考书籍三十多种，尤以《英语模范读本》销数最大，几乎垄断当时全国的中学语文课本。他1940年代专事写作。1950年代先后在上海水产学院教授英语和从事图书馆工作。

根据现有资料可知，周越然生前出版了《书书书》(1944年5月上海中华日报社初版)《六十回忆》（1944年12月上海太平书局初版）和《版本与书籍》（1945年8月上海知行出版社初版）三种谈书的书，《情性故事集》（1936年7月上海天马书店初版），《性知性识》（1936年7月上海天马书店初版）二种谈性的书。虽然还不能说周越然已经著作等身，但如果说他著述甚丰，影响不小，却是完全符合史实的。

由此也可见，周越然是早该进入文学史的人物。1980年5月台北成文出版社出版的刘心皇著《抗战时期沦陷区文学史》里就出现了周越然的名字，称其“藏书有外国古本，中国宋元明版，中外绝版三种。数量之多，更是惊人。”这大概是文学史著作首次写到周越然。1995年2月上海人民出版社出版的陈青生著《抗战时期的上海文学》里也写到周越然，特别对周越然的散文给予颇高的评价。此书论及上海沦陷时期的“清谈风”与“怀旧热”散文时，给周越然以相当的篇幅，认为周越然的“书话”“专谈古书版本流变及伪赝‘古书’的识别，举证周详，论列精细”，而周越然“将有关‘书’的广博见识，用半文半白、亦庄亦谐的文笔写出”，“在中国古今同类散文小品中，显示出承前启后的独特个性。”至于周越然的“忆旧散文”，也自有其风格，“没有严密的秩序，忆及即写，散漫随意”，“下笔也比较自由，叙已述人或谈事载言，虽未必确切周到，却不失真实生动。”这是内地文学史著作写到周越然之始，都不能不提。

自1990年代中期起，随着内地出版界思想的解放，选题的多样，重印周越然著述逐渐付之实施。据笔者粗略统计，已经出版的周越然著述有如下七种：

《书与回忆》（1996年9月辽宁教育出版社初版）《言言斋书话》（徐雁等编，1998年9月陕西师范大学出版社初版），《周越然书话》（陈子善编，1999年3月浙江人民出版社初版），《言言斋古籍丛谈》（周炳辉编，2000年2月辽宁教育出版社初版），《言言斋西书丛谈》（周炳辉编，2003年3月广西师范大学出版社初版），《夹竹桃集：周越然集外文》（金小明、周炳辉编，2013年3月中央编译出版社初版）。

这些周越然作品集当然各具特色，对传播周越然其人其文所起的作用自不待言。但是，除了集外文的发掘整理，它们大都是重新编排的选本，而非周越然著作的初版原貌。这是一个明显的不足，因为读者无法从中得见周越然自己编定的集子，也即无法品尝周越然作品集的原汁原味，不少读者对此深以为憾。

从这个意义讲，北方文艺出版社此次新版《周越然作品系列》，首批印行周越然生前编定的五种作品集，就令人大为惊喜了。不但周越然脍炙人口的《书书书》《六十回忆》《版本与书籍》三种据初版本重印，《性情故事集》和《性知性识》两种生动有趣的性学小品集更是1949年以后首次与读者见面，极为难得。此后还将陆续印行《修身小集》《文史杂录》《旧籍丛话》等周越然集外文辑。“文字飘零谁为拾？”这部真正是原汁原味的《周越然作品系列》的问世，正好较为圆满地回答了百岁老人周退密先生当年的诘问，也必将对周越然研究有所推动。

也许因为笔者以前编过《周越然书话》，王稼句兄不弃，嘱为北方文艺出版社这部颇具新意的《周越然作品系列》写几句感言，拉拉杂杂写了以上这些话，聊以塞责，不当之处，谨请高明指教。

丙申初冬于海上梅川书舍

# 目 录

# 《痴》《梅》之版本

《痴》为沪上最价廉，最易得之书，即石印小字本也。越旧藏者，亦非刊本。惟世间有刊本，版存日本。吾友马君，现居北平，有精抄本，闻与市上出售者不同。此书原题“芙蓉主人辑”“情痴子批校”，主人与痴子，均不知何许人也。

《在园杂志》卷二及三余堂复明本《西晋演义》序文中，均引此书之名，又丁日昌禁书目中亦著录之，可知其为明人作品。传说原著者系日本人，疑非事实也。二十年前，闻同郡陆氏皕宋楼有此书之明版白皮纸大字刊本两册，现其后裔均不知其存在与否。查静嘉堂书目，又无其书，想已毁之矣。（静嘉堂即日本人之得皕宋楼书者。）

《梅》之版本，详见商务印书馆出版之《辞源续编》戌集七页。图二百面，有谓刻于扬州者，亦有谓刻于苏州者，惟越所见者只一种，不能辨其为苏为扬。近年王某影印之图，不依木刻，而依绘画，先照相而后石印，远不及木刻之精，取价又昂，实不必购。某书铺曾送来一部，越已转赠南京某“要人”矣。越之木刻图尚存，又有《素娥篇》残本图三十面，均甚可观。《素娥篇》图大而刻工精细，为明刻中之冠，书亦罕见，各图后均有美雅之诗词。《耶蒲缘》，即除通俗《蒲团》之名外，亦名《觉后禅》、《野叟奇语》、《钟情缘》、《循环报》，有铅字本，醉月轩本（不佳），日本刊本，及写刻本（佳）。越曾藏写刻本，有□□，价约十元左右，已被焚矣。

《绿野》，越读而未毕。开始几回，似甚无味，或者因巾箱本不醒目所致乎？

乘乘按：寒云曾有明刻《梅》图二百页，精美绝伦，以赠丹翁，丹翁赠尹某，予曾见之。

原载一九三三年四月十一日《晶报》

# 《倭袍》版本之研究

此是吾国一种弹词，亦是一种禁书。查此书十二卷，共一百回。其说唱之形式，虽与别种弹词相仿，而文章实过之。流行之版本甚多，有小字石印本，有大字石印本；有铅字本，有木活字本；有写刻本，精抄本及恶劣之抄本，为数亦不少。大小字石印本均不佳，余所见之抄本有十余部，无极佳者。市上书铺中常有出售者，为白纸木活字本，改名《果报录》，每卷前有开篇，形式甚美，惟讹字太多，不足取也。

此书最上之本有二：（一）小铅字本，每半叶十五行，每行三十一字。有“唱”“白”等等细字之行，则多一或二、三字不等。断句不用标点，而以空格，此各弹词本皆然也。小铅字本，黑口，双栏，单鱼尾；各卷第一叶，均题“绣像果报录”；卷首标叶（即书名叶）之后半，有“天道祸淫，此说原为淫者戒，吾心本善，斯书传与善人看”二行，共二十二字；卷首又有清光绪十五年冬镜海道人序，及全书目录，又铅版图十二面。（二）最佳之本，写刻本也。白口，单鱼尾，上题“绣倭袍传”四字，左右双栏，每半叶十一行，每行二十四字，断句亦用空白；“唱”“白”等字略小，偏于右边；卷一前有木刻图十二面（不精）。余所藏本，无序文，不知刊于何年也。

小铅字本版匡高四英寸又四分之三，广三英寸又四分之一。写刻本版匡高七英寸，广四英寸。

写刻本，疑是最初刊本，市上罕见，收藏家亦无有。据说此书有泥版印本，尚未见过，天壤间有否，无从查考。

小铅字本与写刻本，卷一第一回“借袍”起首，有“点绛唇”三字（写刻本，“绛”作“光”），字略小偏于右边，即继以“辅国何宜，导君仁义，休谈利，进贤删异，谄佞当驱避”五语，计二十字，自成一曲。凡非如此起者，如木活字本或石印本，皆改本而非旧本也。

余旧藏弹词，约计二百种，曾作草目，燕大教授郑君已抄其副，惟后购者未补入焉。去岁闸北“一·二八”之变，余书与余目均付劫灰，深可惜也。

原载一九三三年四月十七日《晶报》

# 残本《素娥篇》

此书尚存三十三叶，内文字十八叶，余均为图，余前岁得之于苏州某书贾之手。书为白口本，无上下鱼尾，计叶数，不题书名，四周单栏，半叶九行，行十九字，各图前所题之词，字数行数不等。余所得之明刻残本，前有叶德辉手跋及毛氏汲古阁等藏印六方，均近来苏州某书铺伪造之物。惟原书为海内外各藏家书目所无，想是孤本，而刊刻又精，可宝贝也。

全书之起首五个半叶为总纲。六七两半叶为总图，内居中坐者唐三思，旁坐者即素娥，三思之嬖姬也；其余有侍立者，有跳舞者，有玩乐器者，亦有采花者，下拱者，共计女子二十四人。八至十三，六个半叶为总图之说明，及开首无名势之图。自第十四半叶起，凡四个半叶载一势，先文字而后图画。兹将残存各势之名列后：

第一　掌上轻盈

第二　花开蝶恋

第三　野渡横舟

第四　驻马扳鞍

第五　暗撞金钟

第六　学骑竹马

第七　东风着力

第八　丁香反吐

第九　倒凤颠鸾

第十　松萝依玉

第十一　折藕栽莲

第十二　推车进宝

第十三　俏婆摇橹

第十四　彩鸾对舞

以上十四势之词与图已失，惟其首半叶之说明尚存，故知其为何势也。

全书之图，刻印精细，词亦美雅可读。今录第八势之《捧莲词》一首于下，以供《晶报》同志：

莺残花兴倦。细卧思量，把禅轮剥转。撑慈航，曲渡屈通，不二门，一般方便。兀的则前，兀的则后，歧中歧，路不远。略回头，凑着舌尖。吐丁香，满身香遍。

原载一九三三年四月二十日《晶报》

# “诗中画，画中诗”

此古语也。能实行此二语者，其惟明万历、天启时所刻之所谓“闲”书乎？查当时之曲本与小说，颇多丽情之句，而其图鲜有不美雅者。兹述《吴骚合编》一种。

《吴骚合编》分四卷，虎林骚隐居士选辑，半岭道人删订，专载幽期欢会惜别伤离之词，其他佳篇，一概不收。

全书四百十四叶，内序跋三篇九叶，《衡曲尘谭》（包含《填词训》《曲谱辩》《情痴悟言》三种）十一叶，曲律四叶，凡例三叶，总目二叶，各卷细目二十一叶，图二十二叶，皆精妙绝伦。清《四库》不收，惟钱塘丁氏《八千卷楼书目》及王国维《曲录》均著录之。他家藏目未查，因手头无书也。

书为明刻白口本，白单鱼尾，单栏，半叶九行，行二十字，前有明（崇桢）丁丑许当世序，又同岁骚隐居士序，又半岭道人跋。余之藏本，有“媚春堂印”四字白文方印。书中每间十馀叶，必有图一叶，此图所以表明卷中重要之词句。如卷一第十九至二十前后两半叶之图，题“重门惯卧金铃犬，欲叩花房未敢前。”即所以解说卷中梁少白《不是路》一首之主旨，其全文甚雅，兹录于后：

何处婵娟，生在人间二十年。真堪羡，渔郎来趁武陵源。信难传。重门惯卧金铃犬，欲叩花房未敢前。闲游遍，数来帘底寻方便，尽凭春燕，尽凭春燕。

书中词意之类此者，十居其九。图为项南洲、洪国良、汪成甫、项仲华四人所刻。汪，歙人；项，武林人；洪，不知何处人，想皆居家安徽。明末安徽刻工极佳，其次，浙江之吴兴亦有能刻精细之图画者。

卷三第三十二、三前后两半叶及卷四第七十八、九前后两半叶，均为秘图，其美雅决不在《梅》图之下也。此两图所表之词，其文如下：

（一）（刮地风）

看了他闭月羞花天付与，又何须傅粉涂朱。整罗衫款把寒温叙，礼法谁如？甫能够一番遭遇，便拚下百年欢聚。死生情，山海誓，永无忧虑。似鸾凤紧趁逐，毕罢了寄柬传书。等闲间，长就连枝树。这言辞，岂是虚。（陈秋碧）

（二）（尾声）

鸳鸯带绾鹔鹴翼，把别样风情再莫提。输却我半世，真心都在你。（梅禹金）

附注：北平图书馆有此书，燕大教授郑君及《英语周刊》主任亦有不全本。

原载一九三三年四月二十二日《晶报》

# 一笑舒忧

“古今漫录，雅俗兼收，义存箴警，一笑舒忧。”此吾所藏《解愠篇》全书开首之总评也。

《解愠篇》十四卷，题“乐天大笑生纂集，逍遥道人校刊”，前后无序跋，不知其刊于何时。细察字体纸墨，当为明嘉靖间物。白口本，无上下鱼尾。上鱼尾处作一横丝栏，下题书名及卷数；下鱼尾处作横丝栏二，其间计叶数，四周单边。半叶十行，行二十字。卷首卷末有“十镜堂书画印”“海陵汪氏珍藏”“臣植”“培之”“戴氏芝农藏书画印”“戴芝农考藏书画印”六图记，又余自已藏印两方，皆钱瘦铁君所造，已于去岁被盗。今所用者，皆丹翁为余造也。《解愠篇》无目录，余特补写之如下：

（卷一）儒箴，二十六则［八叶］；（卷二）官箴，十九则［六叶］；（卷三）九流，十二则［四叶］；（卷四）方外，十一则［四叶］；（卷五）口腹，三十八则［十一叶］；（卷六）风怀，十五则［五叶］；（卷七）贪吝，九则［三叶］；（卷八）尚气，十二则［四叶］；（卷九）偏驳，四十三则［十三叶］；（卷十）嘲谑，十四则［四叶］；（卷十一）

讽谏，十九则［六叶］；（卷十二）形体，十六则［四叶］；（卷十三）杂记，七则［二叶］；（卷十四）隐语，三十八则［存六叶］。

全书共计二百七十九则，八十叶。兹录卷九《偏驳》一则，以见本书之文字焉：

口善心恶

一军士，平日食素诵经，当临阵时，口常念佛。主将察知，怪其无勇，欲治之以法，因诘之曰："我对阵只要杀人取胜，如何口中念佛？"军人答曰："我口中虽然念佛，里面却是一片杀人心。"

本书一、二、三、四、五、七、八、十、十一诸卷末之空白处，有前人写笑话多则，字极恶劣，文亦欠佳。兹录四卷末较善者一则，题《姐夫偷姨》，未知他书有载此者否：

阿姨与妻睡一头，姐夫睡脚头。夜半犯其姨，姨明日诉于父。父骂婿，姐夫赖是脚指头所碰。其姨在房中骂出云："脚指头，无指甲。脚指头，光塔塔。脚指头，热闸闸。脚指头，毛萨萨。脚指头，湿塔塔。"

余儿时即好读笑话书，如《笑林广记》《酒令笑谈》之类。

惟此类书籍，印刷不良，文字亦多粗俗，身虽时时亲近之，而心实不愿也。后学英语，见笑话书多种，因中西风俗不同，读之亦不能发笑。余藏《解愠篇》虽非尽善之书，然为余过眼笑话书中之最古者。

**原载一九三三年四月二十五日《晶报》**

# 以毒攻毒，以火攻火

毒所以杀人，火所以毁物，若于毒上加毒，火上加火，则杀人更甚，毁物愈多，故“以毒攻毒，以火攻火”二语，谬语也，矛盾之辞也。然世间有一剧本，竟依此旨作成，其名曰：《业海扁舟》。

《业海扁舟》本名《济世保婴法曲》，其宗旨在使优伶改业，另谋生计，因“歌咏太平者”未免为人所贱视也。然制此曲者，莲池居士，不用他种劝善方法，而亦以演剧出之，其布种牛痘以防止天花之意乎？

全书分六出。第一出，题为《当头棒喝》（调仿升平宝筏）。出场者有三十六僧，力劝少年人，不可为梨园子弟；其已误入者，应早回头。

第二出，题《阐明因果》（仿饯曲调）。有所谓慈愍大师者，登台说法，劝众子弟猛醒回头，投明弃暗。听者，即众子弟，咸心服之。

第三出，题《自爱潜行》（仿夜奔曲调）。一武生夜间私遁，入水月庵，朦胧睡去，梦见菩萨，天明后离庵前进，一路无灾。

第四出，题《新词申警》（仿弹词调）。一老者与二游人偶谈，甚言“私相公”之可耻，而玩私相公者，以“老斗”称之。此二名词，与种种对白，甚有趣味。

第五出，题《彼岸同登》（仿劝妆曲调），演董湛然之故事。董玉貌妖妍，一私相公也，彼虽已满师，能享相当之自由，然对于此种勾当，心实不甘，遂与误入梨园之师弟，名兰秀同归故里。

第六出，题《大慈扫叶》（仿劝善金科急觉暗护曲调），登场者十扫叶僧，奉菩萨之命，救度生旦净末丑十门角色。此出末尾有缺文，然大意已全矣。

原书为红、蓝、黄、墨四色手写本，余收藏已四五年，似是清道光中誊真稿本，尚未刊行也。白口，单黑鱼尾，上题书名，下鱼尾处作横丝栏二，上记叶数；乌丝栏，四周双边，半叶八行，行十八字。卷首标叶前半题“业海扁舟，酸心苦口”八字，后半题“万语殷勤，至愿回首”八字，均作大体空心隶书；其次为清道光十三年金乐斋（连凯）序，又惇顺识语并题诗，又白山悟梦子题词，又金连凯题句，又友月居士题句，又总目。书中词白，均甚平常，此所以各家书目不载，而尚未刊行乎？

原载一九三三年四月二十八日《晶报》

# 古书之小者

近阅西文杂志，知世间有一耶教《圣经》，高一英寸又四分之三，广一英寸又八分之五，厚一英寸又八分之三，书只含新约全部，旧约不在内，出版于西历一八九五年，现为麦陔所有。同时又知西书有较小于上述者，高不过半英寸，广不过一英寸又四分之一，可谓小之至矣。

查吾国古书，均以尺寸高大著名。宋版《博古图》高约十二英寸，（半叶）广约九英寸，栏外空白不计。然此决非古书中之最巨者。余藏古书中之最小者，有元刻本《新刊山堂先生章宫讲考索》一种，半叶十三行，行二十字，白口，双鱼尾，左右双栏，栏外有耳子，题“禘祫”二字，只存卷九丙集“礼门”第一叶。常熟瞿氏有元刻十五行，二十四字本，想与余书不同也。

余藏之单叶，高四英寸又四分之一，（半叶）广二英寸又四分之三，栏外空白不计。在古书中似甚小矣，未知尚有小于此者否？

原载一九三三年五月七日《晶报》

# 分量最少之诗集

余藏书中，有分量最少之诗集两种：（一）《南明纪游诗》，（二）《高峣十二景诗》，均明刻单行本也。

《南明纪游诗》，明黄中著，嘉靖中刊本。蓝印，白口，双鱼尾，四周双边，半叶八行，行十九字。全书十四叶，内前后序四叶，图一叶，纪游诗四叶，诸家次韵诗五叶。清《四库》不收。黄中字西野，括苍人也，平那氏之乱，滇人德之，不知其尚有他种著作否？

然《南明纪游诗》非最薄之诗集也。最薄者，当为《高峣十二景诗》，全书四叶，每半叶七行，行十五字，字大如钱，统作颜体。上白口，题“高峣诗”三字；下黑口，其上作横乌丝二，单黑鱼尾，鱼尾与乌丝间记叶数；四周单边，不著撰人。据说乃明杨慎所作。

杨慎字用修，号升庵，其著作甚富，清《四库》所收所存者，有三十一种之多。此《十二诗》，不知升庵集中有否？手头无书，无法翻查。

《十二诗》，每首五言三韵，中一韵为对偶。兹录《十二诗》之题及最末一首之文于后，以见其笔法焉：

（一）翠岩晚霭，（二）碧关朝霞，（三）茭塘去帆，（四）水云归棹，（五）净洱山带，（六）罗藏水桩，（七）入村渔火，（八）九寺僧钟，（九）南峦松雪，（十）东村桂月，（十一）梨园春游，（十二）莲池秋泛。《蓬池秋泛》后有长短句一首，题“莺啼序”三字，共二百三十六字。《莲池秋泛》之文如下：

新妆摇画舫，倒影骇天吴。翠盖波心出，红云水面铺。欲知临泛久，荷露渐成珠。

原载一九三三年五月八日《晶报》

# 昨日书生，今朝贵客

此旧时穷读书人扬眉吐气之谈也。事虽间或有之，然实例甚少，今之人鲜有信之者。惟此二语，适足以总括余所藏《腊尽春回传奇》，故特引用之。

是书虽称传奇，实杂剧也。全书分四出，第一出，《痴秀才无端哭灶》。第二出，《冥曹官有意怜贫》。第三出，《惊恶梦一场笑话》。第四出，《受殊恩顷刻奇文》。

痴秀才，名专人，专诸一百二十四代孙也，为临安有名才子。虽长年乏食，彼与其妻并不愁烦而安于命。时值岁暮谢灶之日，专人无钱购买糖酒香烛，只得拜祷一番，入后睡去，与灶神相见，谈论好久。神许以“指日里……门外东风嘶骏马，破头巾换了乌纱”，醒来原是一梦，……而不久天子求贤之诏果至矣。是后亲戚朋友之来贺者甚众，并有送柴米者，供给房屋者。人情反复，世态炎凉，原书中竭尽描写之妙。

原书为素纸精写本，每半叶十行，每行二十七字，字傍加朱笔圈点，前有戊戌玉儿生序，戊戌疑是清乾隆四十三年（一七七八年）。玉儿生不知何人，不著撰人，题“金牛湖半村主人谱”八字，首叶有“廷标”二字白文小方印。廷标或即金廷标，清乌程著名绘画家也，“半村主人”其号乎？金牛湖即浙之西湖。主人尚有《澄香阁诗》及《螺斋尺牍》二种，均未见过，未知行世否？《腊尽春回传奇》，各家藏目及王氏曲录亦不载，想是誊真未刻稿本也。

原载一九三三年五月十日《晶报》

# 《蹴踘法》

蹴踘，音“促掬”。蹴，以足逆踏也；踘，亦作鞠，戏具，以韦为之，实以柔物，今谓之球。蹴踘，即今之踢球，亦云齐云，“壮士习运之能，英杰游戏之学”也。

相传蹴踘始于黄帝之时，旧小说如《水浒》有言及此者。有谓此法现已失传，亦有谓鲁省尚有能作此游戏者，未知孰是。今世足球甚行，当然无人注意此种旧式游戏。余藏书中

古之踢球员布置

有《蹴踘法》一种，红丝栏精写本，字作赵体，白口，双鱼尾，其间作圆圈一，又横丝栏一，四周双栏。全书六十九叶，每半叶十行，每行二十四字；不著撰人，前后无序跋，亦无藏书印记；卷中间有缺字之处，想当时所据之本，乃破烂漫漶者，无可辨认，故留空白也。查明汪云程有《蹴踘图谱》；云程，徽州人，清《四库》小说家类存目二，有其所编《逸

史搜奇》一书，其图谱余求之多年未获，或者此写本即其所著之图谱乎？书中虽多“江湖”之话，然亦不乏“雅气”之辞；说理用散文，记诵用诗词；初视之，似是一本佛经，此种教科书，实不多见。

学蹴踘者称“子弟”，教者称“师父”，此与学唱戏或者学手艺者相同。子弟应守者五事，仁义礼智信也；不可犯者四，酒色财气也。卷中有种种条规，较足球有过之无不及；又有种种要诀，均以四字或五字为之。踢法有括、搭、抄、肩、拍等名目，非精于其术者不知也。场户自一人起至九人止，各有部位图。其最精之图，题“球门格范”，兹特复印于此。

附录初入学社诗：

入社须知有社规，锦衣常带气球泥。
古今四海风流事，惟有齐云独占魁。

原载一九三三年五月十二日《晶报》

# 大统历与时宪书

余藏明嘉靖元年、嘉靖二十九年、万历二十三年、万历四十七年大统历各一卷；又清嘉庆四年、道光十三年、道光十九年、道光二十年、道光二十六年、光绪二十七年、光绪二十八年、光绪三十年、光绪三十一年、光绪三十二年、光绪三十三年、光绪三十四年、宣统二年、宣统三年时宪书各一卷，共十九卷，均明清二代官刻本也。

大统历与时宪书，初视之，似无分别；细察之，则不同。兹将其差异之点，述之于后：

（一）大统历封面有公告云:“钦天监奏准印造大统历日，颁行天下，伪造者依律处斩，有能告捕者，官给赏银五十两。如无本监历日印信，即同私历。”（“准”“律”两字抬头。）时宪书之公告，则为：“钦天监钦遵御制数理精蕴，印造时宪书，颁行天下。”（“御”字抬头。）可知明律较清律严也。

（二）大统历每叶左右双栏，时宪书四周双栏。其用大黑口，双鱼尾，及不记叶数，则相同也。

（三）大统历之节气表有时刻无分数，时宪书则有时刻又有分数。大统历无省分迟速之别，时宪书则有之。可见推步之术，前人不及后人也。

（四）大统历每月上旬只称一日、二日……十日，而无“初”字，时宪书则称初一、初二……初十。

（五）大统历每叶书眉栏线内标“上弦，下弦，盈，虚，望，社”等字，时宪书则标“合朔，上弦，下弦，望，社”等字，并记时刻分数。

（六）大统历后列六十甲子纪年中，有闰正月及闰十二月。如弘治元年，正德二年，正德十二年，嘉靖十五年，嘉靖二十四年，万历二年是也。时宪书纪年中，无闰正月，亦无闰十二月。

钱竹汀曾见明万历八年大统历残本，叶焕彬旧藏万历二十年大统历抄刻各一卷。余劫后尚存明历四卷，清历十五卷，可以自喜矣。俗谓收藏历书继续在六十年以上者，其家必遭回禄，余只藏十九卷，且其年岁非接连者，何以竟遭“一·二八”之劫，房屋全毁，书籍十九被焚耶？

（余于写毕《大统历与时宪书》一篇后，又于沪上书肆中获得明成化八年（即一四七二年）大统历一卷，其版匡之大，为余藏各历书之冠。兹特择明清二代历书之重要者，将其版匡尺寸，开列一表，以便比较。表中之交叉号，乘号也；十又二分之一乘五又四分之三，即高十英寸又二分之一寸，阔五英寸又一寸之四分之三。

## 明清历书版匡表

| 年岁 | 成化<br>八年 | 嘉靖<br>元年 | 万历<br>二十三年 | 嘉庆<br>四年 | 道光<br>二十二年 | 光绪<br>三十四年 | 宣统<br>三年 |
|---|---|---|---|---|---|---|---|
| 高阔 | $10\frac{1}{2} \times 5\frac{3}{4}$ | $9\frac{3}{4} \times 5\frac{1}{2}$ | $9\frac{1}{8} \times 5\frac{1}{2}$ | $8\frac{1}{2} \times 5\frac{1}{2}$ | $8 \times 5\frac{1}{2}$ | $7\frac{1}{8} \times 5\frac{1}{2}$ | $7 \times 5\frac{1}{2}$ |

考一代开国之初，物力丰富，人才辈出，虽一历书，亦不惜工料，力求阔大以为之；及其末也，偷工减料，万事马马虎虎。故本篇之版匡表，可作国气盛衰表视之。

余之成化本历书，缺原封面，又缺节气表一叶、三月一叶、十二月一叶、纪年二叶，惟字体在颜赵间，甚为雅致。缺页已有人用染色之纸补写，装潢极工，故取价虽昂，亦决意收之。）

原载一九三三年五月十四日《晶报》

# 《琵琶记》之版本

《琵琶记》高明所作。明字则诚，永嘉平阳人，元至正进士，所著有《琵琶记》及《柔克斋集》。古人多以作《琵琶记》者为高栻，误也。相传高明与王四友善，四以显达改操，遂弃其妻周氏，而坦腹于时相不华氏。明挽救不得，作《琵琶记》以讽之。托名蔡邕者，以王四少贱，尝为人佣菜也。赵五娘者，以姓传，自赵至周适五也。牛丞相者，以百花家居牛渚也。记以琵琶名者，以其中有四“王”字也。张大公者，明自寓也。

《琵琶记》为吾国最著名传奇之一。王国维《曲录》只载《六十种曲》本一种，曲本无图无评，刊工亦不精，似非至善之本也。余所藏者，有后列各本。近年刊本、铅字本及石印本不列入。

（一）影印元刊本二卷四十三出，题《新刊巾箱蔡伯喈琵琶记》，白口，单鱼尾，左右双栏，半叶十行，行大小十八字。前有图十叶，取自吴兴凌氏刻本（见第三种），非此书原有也。后有复翁，校庵，松禅，云鸿等跋。原书于二十年冬在沪市见过。

（二）云林别墅重刊本，二卷四十二出，题《元本大版释义全像音释琵琶记》，白口，单鱼尾，双栏，半叶十行，行二十五字，小字双行，字数同。眉上栏内有评语，卷首有原标叶，凡例，总评，音律指南，目录。每出末附音释，全书插图五十七面。

（三）明吴兴凌氏朱墨套印本，四卷四十四折，题《琵琶记》，白口，单栏，半叶八行，行十八字，小字双行，字数同。字旁有朱圈，批亦朱色，在眉上栏外。前有即空观主人（即凌濛初）凡例十则，西吴三珠生（即凌延喜）跋，又精图十叶。后有附录四叶，又明弘治戊午白云散仙序一首。

（四）明虎林容与堂刊本，二卷四十二出，题《李卓吾先生批琵琶记》，白口，单鱼尾，单栏，半叶十行，行大小二十二字。眉上，栏内有批；总批附于每出之末。每卷前有目录，又精图二十面。

（五）六十种曲本，二卷四十二出，题《琵琶记》。上白口，题书名又记卷数叶数；下小黑口，无上下鱼尾，左右双栏，半叶九行，行十九字。每卷前有目录。

（六）清康熙中刊本，六卷四十二出，题《绘风亭评第七才子书琵琶记》，白口，单鱼尾，上题“第七才子书”，左右双栏，半叶八行，行大小十九字。前有康熙丙午浮云客子序，康熙乙巳吴侬悔庵序，目录，释义。卷首有“此中有真意”一印记。

（七）三多斋刊本，六卷四十二出，题《绘风亭评第七才子书》，白口，单鱼尾，上题“第七才子书”，下题“映秀堂”，左右双栏，版口较前列第六种略小，半叶八行，行大小十九字。前有原标叶，目录，张大伦题词，图十叶，后附释义，又“写情篇”，篇内载雍正元年陈方平序，目录，又八比文二十三首。每卷前有“赐福堂吴”一图记。

（八）金阊书业堂刊巾箱本，六卷四十二出，题《成裕堂绘像第七才子书琵琶记》，白口，单鱼尾，上题“第七才子书”，四周双栏，半叶八行，行大小十六字。前有原标叶，雍正乙卯程士任序，康熙丙午浮云客子序，康熙乙巳吴侬悔庵序，目录，又图二十四叶。末有一手跋云：“乙丑闰月上浣芳缉读一过”，下钤“熙臣读过”四字白文方印。

以上八种，以凌刻朱墨本为最难得，容与堂本精印者亦罕见。第七，第八两种，均第六种之重刊本也。第一种原本固极可贵，惟细察其字体与纸墨，似非元刊，前年曾在沪市一见，因索价过昂未购，想现已物得其主矣。

原载一九三三年五月二十日《晶报》

# 廉明公案

孙子书君之《日本东京大连图书馆所见中国小说书目提要》二五三页，二五四页，及《中国通俗小说书目》一五二页，一五三页，均载“《皇明诸司公案传》六卷”，又“《皇明诸司廉明奇判公案传》二卷”，谓六卷本系续传，二卷本系复本；两书一藏帝国图书馆，一藏内阁文库。行格及分类等等，孙君述之甚详，故虽未见原书者，亦能知其梗概也。

查余藏小说中，有《皇明诸司廉明奇判公案》四卷，上下大黑口，单鱼尾，下记类别，卷数，叶数，四周单边。每半叶分上下两截。上截图像，约占三分之一，图两旁说明，或三字或四、五字不等；下截文字，约占三分之二，十行十七字，刻工极精，似非翻刻。前有万历戊戌余象斗序三叶，又目录四叶；卷一首叶标题后二、三两行题“三台山人仰止余象斗集”“建邑书林余氏建泉堂刊”；二、三、四各卷，易“刊”为“梓”，馀均同。惟末卷末叶牌记则云“万历戊戌岁仲夏月余氏文台堂梓”，改“建泉”为“文台”，决非错误，想另有故事也。

书中分类为：（一卷）人命十八则；（二卷）人命二则，

奸情八则，盗贼九则；（三卷）争占十六则，欺害十则；（四卷）威逼四则，拐带三则，坟山两则，婚姻五则，债负五则，户役五则，斗殴三则，继立四则，脱罪三则，执照五则，旌表三则，——共十六类（一百零五则），与孙目之二卷本同。目中之“海给事”，在文中为“邹元标”，亦与孙君所见之书同。惟余书四卷，倭书（简称）二卷；余书有象斗序，倭书无之；余书建泉堂（或文台堂）梓，倭书则萃英堂刻，此不同也。孙君既知倭书二卷本为复本，而分类适与余之四卷本合，则萃英堂重刻建泉（或文台）本明矣。其改易卷第，改易行格（十二行二十二字），亦明人翻刻书者之通病，不足奇也。孙目所载之续传六卷本，为文台余氏刊本，其行格与余之四卷本同，则四卷本或萃英本疑是六卷本之初集也。又细阅四卷本之象斗原序，知专为初集而作，则四卷为六卷之初集，似更明矣。兹节录序中数语于后，以供崇尚虞初诸同志之研究焉：

汉宣有言，廉民之安其田里而无愁叹之声者，以政平讼理也。……孔子叙书而取详刑，岂不慕虞芮之让，刑措之和哉？亦不得中行而与，故思狂狷之意也。

不佞景行廉明之风，而思维世道于万一也，乃取近代名公之文卷，先叙事情之由，次及讦告之词，末述判断之公，汇轶成帙，分类编次。大都研穷物情，辨雪冤滞，察人之所不能察者，非如包公之捕鬼锁神幻妄不经之说也。……使执法者鉴往辙之成败，而因此以识彼，识细民之情伪，而推类以尽余。……异日信史所载，称循良吏盛而致平民安者，宁让汉宣哉？不佞于是上嘉而乐道之。

余书于数年前以重价得之沪市，卷首尾旧护叶有倭鬼（题跋者已死，故以鬼称之）手跋二则（文字欠妥，不录），又藏印二：一“就贤堂图书记”，一“读耕斋之家藏”，均六字朱文。

原载一九三三年五月二十四日《晶报》

# 君休急性

词曲于余，可谓有缘矣。“一·二八”之难，余藏四部书籍几乎全数被毁，独剧本一类之最精者无伤，可谓幸矣。近日又在市上购得一贵重之本，题《选古今南北剧》，明“山阴徐渭文长辑”。

书系万历中刊本，白口，上题“清远斋”三字，中记卷数，下记叶数，四周单边。每半叶八行，每行十八字，字旁有圈点。前有无年月秦田水月（即渭）自序，又陶望龄周望序，无总目，亦无分目。

此书杂选元明人作品，徐序云：“……随手札录，都无标目，亦无诠次，间忘所自出。总之，此技元人擅场，故予所取十七八，而近代十二三，非昭阳执扇即滴博征衣；非愁玉怨香，即驿梅河柳……”，则其性质可知矣。

下列三首，系随便取自书中者，虽不足以代表全书，亦可以见其文字之一般矣。

（一）（粉蝶儿）忆别

锦帐罗帷，空留下这场憔悴。想人生最苦别离，

恨忽忽，愁冗冗，忘餐失寐。困腾腾眼倦心迷，原来是害想思恁般滋味。（卷一，十七叶）

（二）（玉包肚）美人出浴

兰汤初试，怕人窥重遮绣帏，露娇肢嫩玉生香，倚金盆牡丹斜缀。新红一点透灵犀，未信东风嘱咐谁。（卷五，九叶）

（三）（驻云飞）奇遇

环珮无声，瞥见嫦娥花下影。乍遇情不定，笑把身相倩，卿搂住且消停。君休急性，未惯云情。怕风横花多病，一半推辞一半领。（卷七，二、三两叶）

全书分十卷。卷一，廿九叶；卷二，廿八叶（十八叶）；卷三，廿八叶（缺末半叶）；卷四，廿叶；卷五，廿叶：卷六，廿一叶（缺末半叶）；卷七，廿叶：卷八，廿二叶；卷九，廿七叶；卷十，廿六叶。序文首叶及卷一首叶有“名衡图书”“陆士”“王礼治检叔珍藏印信”“萧山蔡陆士藏玩书画钤记”“蔡氏书印”诸图记。

友人陈君乃乾见而爱之，已影写全部。此书虽为海内外孤本，今后可无失传之虞矣。

原载一九三三年五月二十八日《晶报》

# 正气可贵

余藏正气堂油泥活字本《纲鉴廿一史通俗衍义》，二十六卷四十四回，清新昌吕抚安世辑，似与孙子书君所见《二十四史通俗演义》（见《通俗目》一百页）同为一书。孙君所见者，除正气本外，尚有雍正原刊本及广百宋斋石印本，均不言行格。余之正气本，白口，单鱼尾，单边，半叶十行，行二十字。孙君所见者为《二十四史》，余之藏本系《廿一史》，性质虽同，题名不同矣。孙君又谓“首雍正五年李之果桂岩序，雍正十年抚自序”，余之藏本有李序，而无抚自序，惟有雍正五年吕作肃序。作肃非抚，抚之族叔也。孙目不载凡例，目录等。余本有凡例三叶，《潘荣纲鉴总论》（入禁书目）六叶，图像十叶。序文写刻，图像第六第七两叶前半，颇有“春意”。

全书二十六卷，而衍义至二十二卷第三十八回“李自成寇京邑社稷摧崩”止。自二十三卷第三十九、第四十两回，有回目，无故事，其回目为“天付与大清朝升平万岁”“混乾坤归一统海晏河清”；二十四卷第四十一回，载历朝年号；二十五卷第四十二回，说鬼神，录格言：二十六卷第

四十三、四十四两回，言博物、天时、风土等，全非小说也。

## 昔日油泥印字法之一斑

二十五卷第四十二回后，附油泥印字法。内言漂泥法，煎桐油法，及种种印刷上用件之名称，如竹针，铜管，放字板，放字格子，清字小刀，刮铁，撮字于格等，至今印刷界尚有袭用者。其言字数，谓“文章（即八股）约刊三千馀字，古书约刊七千余字”，后半语似仍可采用也。末又谓“……大抵一人撮（即排字），二人印，每日可得四叶。率昆弟友生为之，不用梓人，虽千篇数月立就。士人得书之易，无以加于此矣。”可知，抚实著作家而兼印刷人也，与英国十五世纪之喀葛施登（Caxton）同。又可知，正气本为其自作自排之本，前此并无所谓原刻本也。

抚字安世，号逸亭。其人崇孝弟，尚廉隅，有文武才，而不求闻达，以邑庠隐居渐之新昌。著有《文武经纶》，因武经纶不便传世，遂自焚其稿。传世者只此演义也。

原载一九三三年五月三十日《晶报》

# 学古入官，议事以制

宋岳珂《愧郯录》十五卷，行世者有四本：（一）吴县黄氏题跋本，（二）吴兴陆氏皕宋楼本，（三）明万历间岳氏刊本，（四）清鲍氏知不足斋丛书本。陆藏本已归日本静嘉堂，黄跋本现藏常熟瞿氏铁琴铜剑楼，均宋本也，每半叶九行，每行十七字。明岳氏本半叶十行，行二十字，其改易行格，想系明末人好作聪明，别无他故也。鲍氏丛书本，行格一遵宋刊之旧，校订亦极详尽，宋以后重刻本之最善者；惟原缺十叶——卷一第七、八两叶，又第十五、六两叶；卷五第九、十、十一、十二叶；卷七第五、六两叶（黄陆及明本皆无）——鲍氏无法补齐，故留空白之叶焉。

十九年春，余于沪上购得明抄本《愧郯录》首七卷，虽非全璧，而世间存本之缺文，均在前半部，可藉以补校，余之幸亦艺林之幸也。

余之明抄本，每半叶十二行，每行二十四字，亦不依原式。其首末各叶有“秀水朱氏潜采堂图书”“静妙山房”“秀水朱彝尊锡鬯氏”“均伯过眼”“钱均伯珍藏秘书记”“虞山汲古阁字子晋图书”“季振宜字诜兮号沧苇”“竹泉珍秘图籍”“闻斋”“毛扆之印”“斧季”诸藏书图记。又卷首旧护叶有澹翁手跋，略言本书之性质，兹特抄录于后：

士大夫学问，以国朝制度典章为第一，近世宋文宪之外，郑端简，雷司空皆其人也。后世学文，徒猎古人唾余，以相责饰，而实用微矣。岳亦斋所著述，余及见其三，《程史》《金陀粹编》《愧郯录》是也。《愧郯录》于国之典制，名数，盖三致意焉。《书》曰，学古入官，议事以制，学者得此意，考古通今，不至虚用其力，其可免于面墙也夫。

万历戊申四月澹翁命侍史录成，手校一过，因记。

黄跋宋本，即见藏瞿氏者，已由商务印书馆影行，而余藏抄本中可补宋版之文字，亦已由其拼斗填入。闻其版未毁于“一·二八”之难，不久想可印售也。

原载一九三三年六月四日《晶报》

# 黄山谜

旧书中有隐吹箫谜云："嘴儿亲，舌儿伸，双手尖尖搂抱子身。按着窍儿通口气，呜呜咽咽作娇声。"语虽近俗，然颇多兴味也。

原谜见余亲得之明刊本，版心题《谜语》者。书系白口本，无上下鱼尾，半叶八行，行二十字，不知撰者何人，存十叶至廿七叶，共计七十七条。

与《谜语》同时得者，尚有两种：一题《山歌》二字，存一叶后半至二十六叶，已失撰人；一题《黄莺儿》，存二叶至十二叶，撰者系浮白主人。

三书行格相同（八行廿字），高、广又相等（版匡约高八英寸又十六分之五，广五英寸又八分之三），其为一时一地所刻无疑。惟《山歌》与《谜语》二种，是否同一撰人，则不可得而知矣。

《山歌》第二叶有《做人情》一首，意长辞简，录之如下：

二十去子廿一来，弗做得人情也是呆。三十过头花易谢，双手招郎郎不来。

其他辞句如此美者，约有三十余首。又私情长歌，如《困弗着》等，兼用说白，更觉有味。

《黄莺儿》者，咏妓之曲也，共四十首，有《肥妓》《丑妓》《病妓》《拙妓》《麻妓》等题。兹录《妒妓》一首，以供《晶报》同志之阅读：

红粉擅平康，妒西施，忌孟姜，玉郎那许人相傍。哄他时、泪流两行，恼他时、气塞满腔。时光独占流苏帐，醋成缸。烟花浪荡，错认是鸳鸯。（见原书九叶）

上书三种，不见诸家藏书目录，虽为残本，且拆自古书中之作衬叶者，亦应给以相当之注意。余乘星期日之暇，已手自装钉成册，总题曰：《黄山谜》，未知合宜否？

原载一九三三年六月七日《晶报》

# 《空空幻》

孙子书《小说目补遗》六叶载《空空幻》一书，云“书在今日，极不多见”，又云现藏“泰兴丁氏”。余近得相同者，其全题为《新镌奇传空空幻》，一名《鹦鹉唤》，梧岗主人编次，卧雪居士评阅，共十六回，写刻本，白口，无鱼尾，上题书名，中记回数，下记叶数，四周单栏，半叶八行，行二十字。书之形式，初观之，颇似余幼年初学八股时之《启悟集》。孙目不言行格，未知余所得之本，与其所见者同为一刻否？

书中主人翁为一浙江禾群秀士，姓花名春字金谷。年十七父母双亡，家资极富，精诗学，善丹青，惟貌不风流，虽有尽天下之佳人罗而致之之意，不能成事实也。一日有僧人来访，赠花鹦鹉，不久花又遇一道人，赠以醉心丹、补天丹各一颗，又为之改换面貌。花遂离乡远行，先往武陵，后至维扬等处，共获十美，曰“红日葵”，曰“颜金英”，曰“绛凌霄”，曰“濮紫荆”，曰“水青莲”，曰“云素馨”，曰“窦瑞香”，曰“满池娇”，曰“巫梦樱”，曰“山绛桃”。各美人或自尽，或短命，风流云散，均不得善终。花春是时

已成文武状元，且杀敌有功，朝廷重用之，然因泛爱失败

辞官。皇帝下旨，准入武陵昭庆寺为僧，自号拗苍僧人。花春旧性复萌，在寺后起造迷园，广贮美女，日夜荒淫无度。虽经至友同郡人姓柳名莺字迁乔者苦口劝戒，不愿痛改前非。后柏孝廉因其妻受屈告密，花遂被捕而受极刑也。花转世为女子，名艳姣，貌美而具不完。幼时受继母之虐，后为人妾，又受大妇之虐，辗转买卖，遂为佣工之妻，无衣乏食，苦不胜言。后又为淫僧虏去，日夜轮奸，其苦更甚于前。迨寺焚逃出，又为地棍拐至维扬，卖于蔼春院中为妓。好得鹦鹉一声呼唤，醒来仍是花春也。

余之藏本，卷首原标叶尚存，中题“醒世奇言”四大字，右首上角题“李卓吾评”四字，左首下角题“本衙藏版”四字，上栏外横题“新镌鹦鹉唤”五字，原序及卷末有佚文。

此书戒淫，余有歪诗一首，可总括全书，附录于后：

万恶淫为首，娇娘勿可求。今生贪粉脸，来世做油头。

原载一九三三年六月十八日《晶报》

# 《西厢记》之版本

吾国剧本，西厢与琵琶并重。余前作《〈琵琶记〉之版本》，而无西厢版本以配之，评者非之。今特补作此篇，以供研究曲本者之参考。

（一）《董解元西厢》二卷，明屠隆校正，周居易校梓。明写刊本，白口，无上下鱼尾，四周双栏，半叶十行，行二十四字，小字双行，字数同。前有无姓氏序。序首叶有"愿天下有情人都成了眷属"一印。余家藏本极初印，市上罕见。

（二）《西厢记》五本，元关汉卿填词。明朱墨套印本，半叶八行，行十八字。前有即空观主人凡例十则、旧目及精图二十面；后附元人增《对弈》及唐元稹《会真记》。每本末附解证。卷首有"玉树堂印"一图记。此书精印全图者，极不易见。

（三）《西厢》六种：（一）王实甫《西厢记》四本，（二）李日华《南西厢》二本，（三）陆天池《南西厢》二本，附《园林午梦》，前有陆自序，（四）关汉卿《续西厢记》，（五）《围棋闯局》，元晚进士王生（名未详）撰，（六）《五剧笺疑》一卷，明闵遇五戏墨。

明刊本，半叶十行，行二十字，小字双行，字数同。收藏有“王国维”三字印记。此实《西厢》丛书，余极珍视之。

（四）《南西厢记》二卷三十四出，不著撰人。汲古阁刊六十种曲本，半叶九行，行十九字，每卷前有细目。

（五）《北西厢记》二卷二十九出，不著撰人。汲古阁刊六十种曲本，半叶九行，行十九字，每卷前有细目。

（六）《西厢记》二卷□□出，明李贽批评，明虎林容与堂刊本，有精图。余家藏本于去岁“一·二八”乱时失去，故行格、出数，及图之叶数，无可考查。

（七）《西厢记》二卷二十出，明陈继儒评，萧鸣盛校，余文熙阅。明萧腾鸿梓本，版心下方题“师俭堂版”四字。半叶十行，行二十六字，小字双行，字数同。前有继儒自序，唐元稹《会真记》，明汤宾尹《西湖胜景记》（附图），及《钱塘梦》。每卷后附释义，末有《园林午梦》及《蒲东诗》。全书有图二十面，皆极精细。

（八）《西厢记》五卷，清毛甡论定并参释。清学者堂刊本，半叶十行，行大二十三字，小双行，不顶格，二十一字。前有康熙丙辰延陵兴祚伯成氏序，甡自序，杂论，崔娘遗照及甡跋。卷首，又目录。后有卷末，此书有近年武进董氏石印本。

（九）《西厢记》八卷，清金圣叹批。贯华堂原刊初印本，白口，左左双栏，半叶八行，行十九字，小字双行，字数同。

收藏有“汪窦”“燕山”二印。

（十）《第六才子书西厢记》八卷，清金圣叹评。巾箱本，半叶八行，行十六字，小字双行，字数同。前有康熙庚子吕延镛序，目录，又图像二十一叶。

（十一）《西厢记》十六卷，清朱璐批评。誊真稿本，半叶二行，行二十八字，小字双行，字数同。前有西厢总论，钱纶序，张珩序，朱璐自序，钟氏原序，读西厢记法，又目录。后有陈正治跋。批评者及序跋者，皆浙江山阴人，事实不详。

（十二）《西来意》四卷，渚山恒忍雪铠道人说意。清康熙中刊本，每半叶九行，每行二十字。前有康熙己未今释序，庚申净挺序，丁未查嗣馨序，庚申蒋薰小引，褚廷琯序，己未俞汝言序，西厢说意，西厢作法，语录，记事，目录，《会真记》，又《会真记》后跋，后有褚元勋《西厢辨伪》一卷。收藏有“看山草堂”“徐书民藏”“江寿翰墨”三图记。此书反驳圣叹评本，其文字亦与通行本多出入之处。《辨伪》十卷，识见甚长。

原载一九三三年六月二十四日《晶报》

# 避暑纳新凉

王国维《曲录》卷六，小令套数部载：《盛世新声》十二卷，云见《也是园书目》，传闻北平某馆有残阙不全之本，已极珍视。余有明刻精印全集，可谓幸矣。兹录卷一第十一叶《醉太平》一首于后，以供《晶报》同志之阅读，因其合时令也：

（北）喜炎天昼长，避暑纳新凉。浮瓜沉李饮琼浆。听蝉鸣绿杨，榴花喷火争开放。葵花向日玻璃漾，荷花云锦满池塘。直吃的、乐醄醄入醉乡。

此书余于四年前购得明刊黄皮纸初印本，版匡高七英寸又四分之三，广五英寸又四分之一，大黑口，双鱼尾，左右双边。半叶十二行，行二十四字，字作赵体，颇似元刊。卷首有正德十二年（即一五一七年）无名氏序一叶。全书分十二集，以地支十二字记之。子集廿九叶，丑集廿一叶，寅集十叶，卯集廿九集，辰集三十二叶，巳集三十六叶，午集廿八叶，未集廿三叶，申集三十二叶，酉集廿五叶，戌集廿七集，亥集廿六叶。每集前有目录一叶，其首叶首行书名下有“校正”又“刊行”四字，而无校正者或刊行者之姓名。序文前半叶有“孔昭灿字星砻号英如”九字朱文方印，可知余之藏本来自鲁省也。

原载一九三三年七月四日《晶报》

# 红 剧

《红楼梦》《续红楼梦》《红楼重梦》……等章回小说，及批评《红楼梦》之各种作品，如《红楼梦广义》，前闻红学者言，共有四十八种。惟查阅孙君《小说书目》，其数不及此，恐旧时告我者误也。

依据《红楼梦》故事而作成之传奇，王国维《曲录》五只载二种：一，高兰墅撰；一，陈锺麟厚甫撰。余已收得者有三种，想尚不止此数。世之藏家，其愿以其他刊本之著者，题名及行格开示乎？余之藏本如后：

（一）《红楼梦传奇》卷上三卷，卷下两卷，共五十六出。吴州红豆村樵填词，同里邗亭居士按拍，光绪壬午常熟招芳阁刊巾箱本。白口，单鱼尾，左右双边，半叶十行，行大二十四字，小不顶格，二十三字。前有乾隆重光（辛）大渊（亥）韩藻序，诸家题辞，凡例，目录，又图象。此书余旧藏者极初印，已失。现藏者系友人陈君所赠。

（二）《红楼梦传奇》八卷四十出，元和陈锺麟厚甫填词。大字刊本，上白口题书名；下小黑口。半叶九行，行大十九字，小不顶格，十八字，眉上有批。前有海宁俞思谦题词，凡例，又目录。

（三）《红楼梦》散套，不分卷，共十六套，附曲谱，荆石山民填词。蟾波阁大字刊本，白口，无鱼尾，上题书名，下题“蟾波阁”三字，左右双边。字旁有工尺者，半叶六行，行十七字；无工尺者，半叶八行，行大十九字，小不顶格，十八字。前有乙亥（疑是嘉庆二十年）听涛居士序，璞山老人题词，山民自题，又总目。每套前有图一叶，皆半霞张泰所作。

原载一九三三年七月五日《晶报》

# 既忠孝又风雅

余于三日前在郭君处购得乌丝栏精写本杂剧一种，题曰《玉田春水轩杂曲》，共九出，六十一叶，每半叶九行，每行大小均二十字。前有凌玉垣、胡湘题词，后有清道光二十九年番禺徐灏跋。跋称撰者为张声玠，湖南湘潭人，道光辛卯举人，官直隶元氏县知县。按声玠字奉兹，又字玉夫，有《蘅芷庄诗文集》，尚未见过，未知行世否。此杂曲九出，余已细读一过，辞极美雅。兹作提要如后：

（一）《讯翂》

吉翂，年十五，乞代父命。廷尉卿蔡法度严加审问，知无指使情弊，且知其父在吴兴任内并不贪赃，因强项遭忌受冤也。

（二）《题肆》

于国宝寄居西湖，一日与友人同往断桥酒肆饮酒，题词于屏风后即瞌睡。同日天子出宫游幸，见于文字而称羡之，传旨召见，同往德寿宫看牡丹。

（三）《琴别》

汪大有弃官不仕，以弹琴出入宫闱。宋亡，浪迹燕台一十二年。归故里时，旧时宫人王清惠等十四人为之饯别，各人吟诗，已多悲伤之词，后闻汪抚琴，众皆下泪。

（四）《画隐》

画隐者，赵子固也。因世乱怀才无用，遂隐居西湖，专事丹青。从弟子昂，彼荐应召，子固视为失节，于来访时，出言以讥笑之。

（五）《碎胡琴》

陈子昂一日游西江，遇卖胡琴者，出钱一千缗，购得中虚外实白玉制成者一具。旁人见之，甚奇其举动。次日有居家宜阳里者邀往弹琴，彼碎之于地云："蜀人陈子昂，有文百轴，不为人知，此乐贱工之役，岂宜留心。"

（六）《安市》

薛仁贵臂力过人，能开百五十斤之弓，受妻之劝，投入张士贵军中。征高丽攻安市城时，薛当先锋，得首功。

（七）《看真》

苗师父为太尉爷党进画真容。送入府时，太尉谓"这劣相分明是鬼"，欲交还之。后爱姬认明确是本人，且谓此为“天生大富大贵之相”，始有收受之意，然仍以未画“金眼”而不满意也。

（八）《游山》

谢灵运生平好山水，免官归里，约同友人谢惠连，何长瑜，荀雍，羊浚之，由始宁一带，率领从人，开山伐木，意欲发天下之奇观。不料小民家宅不安，逃入城中，太守王琇闻有强徒，派兵围捕。

（九）《寿甫》

此出言李白，苏晋，贺知章等八生仙，各携美酒，往贺浣花仙叟杜甫。

原载一九三三年七月七日《晶报》

# 大　梦

“大梦”者，余藏民初铅字本，一剧本一小说之合称也。“大”即《大埠桥新戏》，“梦”即《中国梦》。《大》，黔人倜傥生所编，半叶十二行，行三十字，前有何中湘王遗像，郑珍题诗，张百麟等序七首，及凡例，节目，全剧十二折。《梦》，绿天寄庐主人所编，主人即黄岩喻莘侯（品衡）；书系洋装，半叶十三行，行三十五字，眉上有金圣叹后身批评；圣叹后身，不详何人；卷末有编者跋语，全书二十六回。两书市上罕见，兹特作提要如后：

（一）《大埠桥新戏》之主要人物为何腾蛟，即明末在湘抵抗满人，失败而尽节者。最初何腾蛟有章旷为行军参谋，颇多血性，且善于调度。长沙一战，中计而败于满人，元气尽伤，何遂入桂林觐见永历皇帝，受命往湘潭，被擒。有洪承畴劝降，不从，自缢而死。此剧用二、三、四字调“京”戏体，兼有七言诗，甚易阅读。惜滥用当时之所谓新名词者，今日见之，似乎可厌。民初人开口“满奴”，闭口“满奴”，意若满人一去，中华无不立兴。其实坏中国者，岂止所谓满奴而已哉。编此剧者，亦不免此种误会，然其主张抵御外寇之一片热心，固不可泯没也。

（二）《中国梦》全用文言编成。时在民国纪元，南北已经统一，温州李氏兄弟，台州郑氏兄弟提倡体育。李郑日本士官学校毕业生也。绍兴孀妇某氏输家兴学，得其资出洋者，归国后均能创办实业。数年后，山陕河汾之间大兴孔教，其时交通、教育亦极进步，政治则已废省为府矣。人民又都注重飞艇，至民二十年大会于武昌时，各府名手齐来比赛，得胜者万云露，齐民安，凌云，凌霄四人。最后康有为返国，段祺瑞执政，中美同盟，全国无物不备，无物不美，既富且庶，人间等于天上矣。末回中编者自谓述梦，然希望阅者不轻视其言。因中华历史悠久，民族繁庶，版图广袤，决不至永远屈辱于人下也。书中人名，大半均非虚构。今日读之，似乎可笑，与史事大不符合也。然全书自成一种乌托邦，且飞艇一层，固有先见之明也。

原载一九三三年七月十日《晶报》

# 闲居最佳

致北平图书馆编纂委员会：

径启者：昨接贵处《景印四库全书罕传本拟目》一册，已拜读一过，佩服之至。敝处旧藏元刊本《闲居丛稿》，多蒙称许，实大荣誉也。查史部地理类待访之《桂胜》十六卷，敝处藏有明刊本，又集部别类之《石田诗集》，敝处有明弘治刊三卷本，特此通知，即请台安。

周越然谨启

《桂胜》十六卷，始安漓山人张鸣凤论次。明刊本，白口，单黑鱼尾，四周双边，半叶九行，行十八字。版匡高九寸又十六分之五，广六寸。前有万历庚寅刘继文序，同岁蔡汝贤序，又万历己丑鸣凤自序。收藏有“陆印树声”“书带草堂”“郑印炳熙”“郑寅生”“一字同父”“侯官郑氏藏书”“侯官徐兴公家藏书”诸图记。

《石田稿》三卷，长洲沈周著。明弘治癸亥集义堂刊本，白口，单鱼尾，左右双栏，半叶九行，行十九字。版匡高八寸又四分之一，广五寸又四分之三。前有彭礼引及成化甲辰童轩序。后有弘治癸亥靳颐跋，又黄准跋。收藏有“宜武”“臧縠之印”“画阁”“宪奎”“口浦”“琴剑诗书为吾所好”“平阳汪氏藏书印”“汪士锺藏”诸图记。

原载一九三三年七月十五日《晶报》

# 林宝剑

余家藏（明）中麓放容（即李开先）撰《林冲宝剑记》二卷五十二出，嘉靖中刊本。半叶十行，行二十字，大黑口，白鱼尾。前有嘉靖丁未雪蓑渔者真草两序，后有同岁姜人成真草两后序，又嘉靖己酉王九思后序。真草两序者，一序用两种文字写而刻之也，此为自有刻本以来所未有之奇事。

此书"一·二八"难中未被焚，去岁夏季，曾有友人、今燕大郑振铎君来信，谓欲借抄一副。原信云："……兹有恳者，先生处家藏《宝剑记》，北平图书馆斐云（即赵万里）及弟皆欲得一副本，不知先生能交斐云兄便中带到北平录副否？弟八月间必南下，当躬自带上奉还也……"。爰余接信后，遍寻不获，是否借出，一时失记。郑君处无从报命，书此以代函复。

原载一九三三年七月十八日《晶报》

# 《青楼韵语》

《青楼韵语》四卷，古嫖经也。经文每条后有诗词以诠释之，故曰韵语。例如，经文云“初耽花柳，最要老成”，其后有诗一首云：“春风何处觅王孙，日日鸣镳到市门。不是司空频见惯，蛾眉才遇便消魂。”

此书辑注校证者朱元亮也，汇选摹像者张梦征也，均明武林人。余家藏本，系明刻初印者。白口，白单鱼尾，半叶九行，行十八字。前有万历乙卯玄度子序，郑应台题词，六观居士跋，又凡例，目录。全书有精图十一叶，卷末似有缺文。

《青楼韵语》，市上罕见，极不易得之书也。

数年前，英国客僧奴佛社曾发行一书，题曰《绞得善》(即妓也），定价四十二先令，其编辑之意，类似《青楼韵语》。余曾购得一本，现已遗失，当再向外洋特定。

原载一九三三年七月二十六日《晶报》

# 明初三活

活字印书，始于北宋。沈括《梦溪笔谈》云："庆历中布衣毕昇始为活版，其法用胶泥刻字，字薄如钱，每字为一印，火烧令坚。先设一铁版，其上以松脂和纸灰之类冒之，欲印则以铁范置铁版上，密布字印。满范为一版，就火炀之，稍熔以平其版，按其面则平如砥。"

沈括，宋时人。据彼记录，可知世间实有所谓北宋胶泥活字本也，惟传世不多，余未见过。金元活字本，传者虽少，藏书家尚有之，余亦见过数种，惜无藏本也。余家藏活字本之最古者，有明初三种，皆经名人收藏题跋，研究版本者，亦珍视之。兹录其行格、图记如后：

（一）《韦苏州集》十卷，唐韦应物撰。明初活字本，小黑口，左右双栏，半叶九行，行十七字。前有宋嘉祐元年王钦臣序。收藏有"德辉""焕彬""丽楼珍藏""黄云木山人""誉斯图书""菉斐轩藏书记"等图记。卷首护叶有叶德辉手跋，称此为北宋胶泥活字本，误也。叶跋，《郎园读书志》中有之，过长不便附录焉。

（二）《容斋五笔》（共七十四卷），宋洪迈撰。明弘治八年华氏会通馆活字铜版印本。半叶九行，每行双行，各十七字。随笔前有弘治八年华燧序，嘉定壬申何异序，续笔前有绍熙三年迈自序，三笔前有庆元二年迈自序，四笔前有庆元三年迈自序，五笔末有嘉定壬子丘𣗳序，嘉定十六年侄孙伋识语，又周谨跋。收藏有“香修”“桐城萧穆经籍记”“清俸买来”“于昌进珍藏”“文登于氏小谟觞仙馆”“都印玄敬”等图记。全书中有严元照手跋多则，均见《悔庵学文》。都玄敬，即都穆，明弘治进士，其藏书印记，颇不多见。

（三）《诸葛孔明心书》一卷，明正德十二年浙江庆元学教谕韩袭芳铜活字印本。大黑口，四周双栏，半叶七行，行十四字。前有正德十二年韩袭芳序，成化癸卯曾敏序，后有成化乙巳商良臣序。

以上三种，（一）最少见，（二）最贵重，（三）最奇异。

原载一九三三年八月一日《晶报》

# 姐儿房中

沪上购售古书者，近来颇注重一种歌曲，题曰《白雪遗音》，清道光八年玉庆堂刊本也。道光八年，即一八二八年，去今不过一百零五年，依实物之寿命计算，此书存于世者必多，然今日有求者而无供者，是何故耶？岂以其中所含字句太艳，藏之者秘而不宣乎？书中所收，大都皆爱情之歌，今试举例以明之：

（一）书写停当

这封书儿写停当，手拿着封筒要往里装。泪珠儿，点点滴在书皮上，上写着，拜上拜上多拜上，拜上情人，莫要改常。要改常，后会佳期无指望。要改常，奴命丧在你身上。（卷二，第六十六叶）

（二）织红绒

姐儿房中织红绒，忽听耳边闹嘤嘤，原来是一对苍蝇，原来是一对苍蝇。牡苍蝇，雌苍蝇，他在窗楞儿底下把事行，臊的奴脸通红。哎哟，两眼一眯缝，牡苍蝇和那雌苍蝇，多么点子东西，他会调情，竟比

人还能。哎哟，两眼直瞪瞪。（卷三，第十二、十三叶）

余家旧藏此书，有同样者两部。一黄纸印本，内缺一叶，已于数载前与郑君振铎掉换《刑台法律》全书。前年郑君在北平陈列者，即余之书也。一白纸印本，天地头极广阔，“一·二八”难中似未失去。日前陆君问及此书，归家后遍寻不获，想已于去春运回家乡矣。余之劫馀书目，有此书之详细记载，兹转录于此，以便大众参考：

《白雪遗音》四卷，华广生撰。清道光八年玉庆堂刊本，白口，单鱼尾，四周单边。版匡高六英寸又八分之五，广五英寸又八分之二。每半叶十行，每行二十字。前有嘉庆已未高文德序，常瑞泉序，陈燕序，吴淳序；嘉庆甲子广生自序，马头调二尺，又《借书人》曲一首。《借书人》曲极滑稽，附录于后：

小小曲本是心爱，也费工夫，也破钱财。不怕看，总别给俺揉措坏。给俺治污了，当面得罪你莫怪。且莫外借，更莫传开。君子人，拿着人家的东西，当自己的爱。虽然不是值钱宝，万两黄金也不卖。

此书每卷前有细目。卷一载马头调（带把）及岭儿调二种二百四十六首，共一百十叶。卷二载马头调，满江红，银纽丝等种三百三十三首，共一百零八叶。卷三载九连环，小郎儿，剪靛花，七香草，八角鼓，南词等种二百三十首，共一百十一叶。卷四载南词二十一首，又《玉蜻蜓》全本，共九十九叶。《玉蜻蜓》言吴中申（达）贵升事，与弹词所传者，大同小异，计分九节，曰“戏芳”，曰“游庵”，曰“显魂”，曰“问卜”，曰“追诉”，曰“访庵”，曰“露像”，曰“诘真”，曰“认母”。

上海某书店，有铅字排印本《白雪遗音选集》，精妙尽去，不足观也。

原载一九三三年八月三日《晶报》

# 纯乎诲淫

《云斋广录》八卷，后集一卷，宋李献民撰。清《四库》入子部小说类存目二，《提要》称为："纯乎诲淫"尚不及《青琐高议》之"时有劝戒""以向来诸家著录"故"姑存其目"也。吴中某姓，其先人清时曾官京师，颇有声誉，藏此书之宋刊宋印本。当时同游京师者，有齐鲁某某，借影全书，后武林某某又借齐鲁本而重写之。余所见者，武林本也。

宋刊《广录》系世间孤本，每半叶十五行（后集十四行），每行二十五字。前有政和辛卯献民自序，附录于后：

> 夫小说之行世也多矣，国朝杨文公以《谈苑》行，欧阳文忠公亦以《归田录》行，其次则存中之《笔谈》，师聃之《杂记》，皆摭一时之事，书之简册，用传于世，此亦古人多爱不忍之义也。其论次有纪，辞事相称，品章不紊。非良史之才，曷以臻此哉！如仆者，寡学陋儒，诚不敢议其仿佛。然尝观唐史《艺文志》，至有《甘泽谣》《松窗录》《云溪友议》《戎幕闲谈》之类，叙述遗事，亦见采于当时。仆虽不揆，庶可跂

而及也。故尝接士大夫绪余之论，得清新奇异之事颇多，今编而成集，用广其传，以资谈宴，览者无诮焉。

《广录》卷一计四叶，载《士林清话》十一则：卷二计三叶，载《诗话录》十七则：卷三计三叶，载《诗话录》十三则；卷四计三叶，载《灵怪新说》二则；卷五《丽情新说上》计六叶，载《西蜀异遇》《丁生佳梦》两篇；卷六《丽情新说下》计六叶，载《四和香》《双桃记》《王魁歌》三篇：卷七《奇异新说》计七叶，载《钱塘梦》《王尺记》《无鬼论》《半山庙》四篇；卷八《神仙新说》计七叶，载《华阳仙姻》上下两篇又《居士遇仙》一篇。《后集》四叶，载《盈盈传》又《盈盈歌》各一篇。《云斋广录》，宋本固不易得，即影写本，亦不易见。余今得见而读之矣，可谓幸也。

原载一九三三年八月六日《晶报》

# 打不醒

小说总集《醉醒石》，行世者有武进董氏刊本，梓印均精。余前购得全集本及单行本各一种，皆于"一·二八"难中失去，深可惜也。

董刊本中有墨钉（即缺文），余曾借郑振铎君藏旧本校阅。董本所缺，皆郑本所无，或者郑本即董本之底本乎？查孙子书君《中国通俗小说书目》，知胡适之君及北平图书馆均有藏本，余尚未见过，不知其有无欠缺。孙目云："《醉醒石》十五回"，又云："明刊原本，前附图，正文半叶九行，行十九字"（郑本亦九行十九字），可知公私诸家各本，同出一源也。

余最近收得《醉醒石》全书，只十四回，东鲁古狂生编辑。白口，上题书名，中记回数叶数，无上下鱼尾，四周单栏。版匡高七英寸又八分之七，广五英寸又二分之一。半叶九行，行十九字，字旁有圈点。前有草书序二叶，无年月亦无作者姓氏；又目录二叶，末空六行，无割裂痕迹，又图十四面，每面后半有题词，用真草隶篆四体书写。上列者，即十二回之题词也。

全书一字不缺，字字可读；一叶不缺，叶叶皆洁。卷首叶标题“绣像《醉醒石》　李笠翁先生评　瀛经堂藏版　乾隆己酉新镌”等字，其非“明刊原本”可知矣，然行格刻工，与从前所见郑本无异。细细察视，又非翻本，不知此书又有何种故事也；且第一回第四叶前半第七行有“及至明朝太祖皇帝”一语，“太祖”二字不提行，不云“吾朝”而曰“明朝”似非明人口气，然则此书非明人所作乎？惜各家藏本，均远在北方，不能借来一比较也。

原载一九三三年八月八日《晶报》

# 永 乐

书有非宋金元刊本,而真值与之相等,甚或过之者,惟《永乐大典》也。

《永乐大典》,明永乐元年(即一四〇三年)解缙、姚广等奉敕编辑,五年书成。佚文秘典,搜集宏富,凡二万二千八百七十七卷,分钉一万一千九百九十五册,每册宣纸硬面,用黄色粗绢连脑包过,宛如今日之洋装书。其正本早已毁于兵火,副本(即誊清本)至清庚子乱后,仅存三百馀册。数年前北平曾作细目,海内外公私各藏本,尽行列入,极便查阅也。

余家旧藏书籍,十九遭劫,然《永乐大典》幸而保存者,尚有两册(共四卷),且为北平目中所不载,兹将其卷数等等,开列于后:

## (甲)

(一)《永乐大典》卷之一万四百二十一,四济,李。此卷含李彭年,李中,李焘,李熹,李亮,李防,李柔中,李汇,李靓,李琪等十人事略,共十五叶。

（二）《永乐大典》卷之一万四百二十二，四济，李。此卷含李浩，李巨源，李守素，李康臣，李弈，李衡，李彦颖，李鼐等八人事略，共十九叶。

此册原面及校写者姓氏已失。

## （乙）

（一）《永乐大典》卷之一万五千八百九十七，九震，论（《阿毗达磨俱舍论》九）。此卷共二十三叶。

（二）《永乐大典》卷之一万五千八百九十八，九震，论（《阿毗达磨俱舍论》十）。此卷共十六叶。

此册原绢面尚存，校写者姓氏亦未佚，附录如下：

> 重录总校官侍郎臣秦鸣雷（第一行），学士臣王大伍（第二行），分校官修撰臣诸大绶（第三行），书写儒生臣梅贯（第四行），圈点监生臣林汝松（第五行），臣董仲辂（末行）。

余藏之《永乐大典》均朱丝栏双边，高约十四英寸，广约九英寸又八分之一有奇，天地头极阔大，大朱口，有上中下三鱼尾。上鱼尾之下题书名及卷数，中下两鱼尾之间记叶数。半叶八行，每行双行，不顶格，二十八字，书法甚秀。闻他家所藏，鱼尾下有不题书名卷数者，未知确否？书之尺寸，想必相同也。

前传河北某县发现《大典》四大箱，后经调查，全非事实，不知何故而有此种谣言也。书林中时有开玩笑之谈，闻者断断不可轻信。《大典》在今日已成麟凤，极难求得，其市价亦不一。最平常者，总在三百元以上，若为奇秘之文，则必十倍之。市上有影印本，与真本相仿佛，每册售十余元，似甚值得。

原载一九三三年八月十三日《晶报》

# 孤古故

“孤”者孤本，世所稀有也：“古”者古书，可珍视之旧籍也；“故”者故事，即小说也。小说有笔记、平话、章回之别，笔记最近古。余家藏小说中有笔记体七种，且均为罕见者，可以“孤古故”称之。兹列其名于后：

（一）《明皇十七事》一卷，唐李德裕编次。青芝山堂抄本，乌丝栏，双边，半叶十行，行二十四字。有“惕甫借观”“沤波舫”“竹泉珍秘图籍”“小绿天经藏”诸印记。卷首有王芑孙、黄丕烈两手跋。王跋云：“……山堂主人，张氏名位，义门之徒。其子德荣，字充之，犹及与嘉定钱少詹事，偕为诸生……”。黄跋称此“……即《次柳氏旧闻》也……”。两跋甚长，不能尽录于此。

（二）《云溪友议》三卷，唐范摅纂。明写刻本，白口，单鱼尾，左右双边，半叶十行，行十九字。前有摅自序。收藏有“广圻审定”“张敦仁读过”“海宁陈鳣观”“惠印士奇”“红豆书屋”“文章太守”等印记。此书黄荛圃有明刊不全本，只上下两卷。

（三）《云仙杂记》十卷，唐冯贽编。明玉峰叶氏箓竹堂刊本。半叶十行，行十八字。前有明隆庆辛未俞允文序，又唐天复元年贽自序。后有隆庆辛未叶慕焕识语。收藏有“壹是堂读书记”“张伊卿藏书记”“征云之印“三图记。

（四）《唐语林》二卷，宋王谠撰。明嘉靖二年齐之鸾刊本。半叶十行，行二十二字。前有之鸾序。收藏有“江标像”“大清光绪十二年十二月朔三十日，书窟弟子江标敬造长恩像一区”“愿鼠不敢啮，蠹鱼不生，永充供奉”“静君长物”“江标汪鸣琼夫妇同买藏书记”“明珠易得”“张氏印章”“逢鹿”“汪鸣琼印”“灵鹣藏书”“萧江书库”“六绪私印”“字九成”“仲涟手校”诸印记。卷首尾有黄丕烈手跋两则，周锡瓒手跋一则，均甚长，不便附录于此。

（五）《辍耕录》三十卷，明陶宗仪撰。明玉草堂原刻初印本，白口，单鱼尾，半叶十行，行二十一字。前有至正丙午孙作序，南村先生传，又邵亨贞《辍耕录》疏。收藏有“不读书但欲瞑”“松岩氏”“吴寿穀印”三图记。此书有万历翻刻本，市上极易遇见。

（六）《水东日记》三十卷，明叶盛撰。明刊本，大黑口，双鱼尾，左右双边，半叶十行，行二十字。收藏有“精鉴阁”“稚麓家藏”“梅春所藏”“树滋堂□质□印”四图记，万历补刊本，余有之。

（七）《阙史》二卷，唐参寥子（高彦休）述。蓝丝栏明抄本，似为天一阁旧物。半叶十行，行二十字。前有参寥子自序。书中文字，与鲍氏知不足斋刊本不同者甚多。

原氟利昂一九三三年八月十七日《晶报》

# 列晋唐

余家藏章回小说，亦有极古雅者。兹先择最稀见三种，开列其名于后，以供研究版本者之参考：

（一）《列国志传》八卷，余邵鱼编集，余象斗评梓。明万历中余氏三台馆刊本。上白口，题“全像列国评林”六字；下大黑口，单鱼尾。每半叶分三截，上评，中图，下正文。版匡高约八英寸有奇，广约五英寸。正文四周双边，十三行，二十字，刻工精细，图亦雅致。卷首有万历丙午余邵鱼序，万历戊午余象斗序，凡例，又回目。每卷首叶前半，列一全图，无文字。收藏有“新治县师范学校之印”“水户延方学校之印”两图记。此书日本蓬左文库藏全本，大连满铁图书馆藏残本五卷（据孙目）。

（二）《两晋演义》十二卷，双峰双堂吉人鉴定，三台馆余氏梓行。明刊本，白口，单鱼尾，单边，每半叶分两截，上图下文。版匡高约八英寸，广约四英寸又四分之三。正文十四行，二十四字，前有序文三叶半，不著撰人；又章纪、目录。收藏有“函碕文库”一印。卷首护叶有日本人手跋一则云：

弘化乙巳之冬购此书于诚格堂，盖赓王实甫三国衍义而作者，但慊书中述书，多假前人馀勇，不至别为构致，且字体忽略，使人难于乙读，当厝于架上，备午茗之谭柄耳。

此书马隅卿君藏复明本（据孙目）。

（三）《唐书志》八卷，薛居士藏本，熊锺谷编集。明嘉靖中杨氏清江堂刊本，大黑口，上题书名，双鱼尾，双边。版匡高约七英寸半，广约五英寸。每半叶二十行，行二十五字。卷首有龙麓癸丑江南散人李大年序，目录，又唐臣纪，诸夷蕃纪，皇族纪，别传。收藏有“洁进堂图书记”“钦若之章”“人见元国藏书”“拥书楼千叶氏珍藏印”“掬香”“千叶文序”“吟风弄月”等印记。此书日本内阁文库有藏本（据孙目）。

原载一九三三年八月二十四日《晶报》

# 人间有仙乎？

人间有仙乎？曰，有之。宋高宗微行，遇谢石，能字卜，问终身事业，取纸书一“春”字，头笔太浓，日字极淡。石曰：“春头太重，蔽日无光。”高宗然之，召至京师，授三品爵。秦桧知其刺己也，大怒，竟以他事流之于广，嘱皮卒于半途害之。石至漳州，见一妇人亦能字卜。谢卜其人品，书一“谢”字，妇曰：“子以寸言立身者也。”又问此行休咎，书一“石”字，妇曰：“石遇皮则破，遇卒则碎。”石问娘何人，妇以手傍山边。石曰：“人倚山边，非仙而何？”遂下拜，而妇忽不见。石未几竟为皮卒所害。由此观之人间无处无仙也。

上述故事，节录余所藏明万历乙未熊氏宏远堂梓行之《神仙降凡传》，著者半楼刘先生，校者温陵庄镗实。全书分上下两卷，版匡高约八英寸又四分之一，广约十英寸。白口，单鱼尾，单边，每半叶十三行，行二十五字。全书有精图二十面，右列者即卷上第十八叶后半面也。

此书似传记而非传记，似小说而非小说，阅之颇多兴趣。卷上《方壶玉女记》《衡山神女降真金环记》《菊花神女记》《严生遇仙记》等均极美艳，不亚于宋版《云斋广录》中之

《盈盈传》也；下卷所载皆仙佛实录，以好说部之目光视之，固不及上卷之精妙，然如《明皇步蟾宫实录》亦甚风雅可观；后收神仙祝寿诗篇，则无为矣。兹姑录铁拐仙翁祝寿诗一首，以见本书之无奇不有也。诗如下：

昨宵一梦梦优游，梦到南山壶里头。壶里乾坤容海岛，壶中日月贯台楼。倚他王母三千岁，教我籛铿八百秋。引得长生玄妙术，今朝漏泄好情由。

原载一九三三年八月三十一日《晶报》

# 《于飞经》

凤凰于飞，本不足奇。

称之曰“经”，众宜顶礼。余昨日由“汾阳”君之介，获购叶德辉著《于飞经》十卷，晚间粗读一过，觉多趣味。此书罕见，兹将其大要述之如下：

卷一《理性》，共二叶，言男刚女柔，此触彼接，实乾坤正气，非淫也。

卷二《选品》，共二叶。述选牝之要，如乳宜壮，口宜窄，足求其瘦，背求其贴是也。

卷三《上相》，共一叶。略言发、眉、耳、眼、鼻、额、肩、掌等等，各有功用也。

卷四《验记》，共二叶。专述户张主猛，户窄主拒诸事。

卷五《阳养》，共一叶。皆道家言也。读此书者，万万不可轻试。

卷六《阴滋》，共一叶。卷五之反面也，亦道家言。

卷七《春媚》，共一叶。述猿脑，鞠石，蛛虫丝种种采制之法。

卷八《幽秘》，共三叶。述戏四十本，言简意赅。依浅学所知，自有秘书以来，无有出其上者。

卷九《术异》，共一叶。言昼交聪慧诸事，试之决无损害。

卷十《吐纳》，共二叶。亦多道家之言。谓仙有神仙、人仙之别。神仙不死，独无阴阳，不死何乐；人仙不死，畅行幽戏，神仙亦羡。学人仙必先制丹，丹能使人却衰还壮，虽多御而不痿竭也。

余初疑此作非叶氏所著书。因叶氏注重木刻，而此为铅字排印本故也。后见其文学简洁古雅，非熟读黄素如郎园者，不能为此，始断定其非伪托；且排印精美，纸料又佳，非精于版本者，其设计必不能如斯之美雅也。

余之藏本，天地头极阔大。每半叶十行，每行十三字。卷首序一叶，用紫色印；自传二叶，用绿色印；目次一叶，用蓝色印；经文十卷，计十六叶，统用红色印。序文有重要之语云："……天地一牡牝，牡牝一天地，天地产牡牝，牡牝养化天地，岂得云闺阁一细事哉，天地等此大耳……"自传中云："予……年五龄，始窥九经。继父命予治子史，……后偶于吴市得购黄书散帙，遂好治房中之术，而弃经史不更道……稍有假我名以为市者，听之未尝略拒……"，可知叶氏身前，已有人冒顶矣。

原载一九三三年九月二日《晶报》

# 举人进士

《题名录》之最早者，有宋绍兴十八年及宝祐四年两种，然原书不易见，行世者惟翻本也。余家藏明本《题名录》六种，非独原刊原印，且大半官版原钉，极可珍视。兹将其年代开列于后，以供目录学者之参考焉：

（一）《永乐九年（即一四一一年）进士登科录》一卷，共五十四叶。大黑口，双鱼尾，双边。本年第一甲：萧时中，苗衷，黄旸三名；第二甲，杨慈等三十二名；第三甲，陈祚等四十九名。

（二）《永乐十三年（即一四一五年）会试录》一卷，共六十五叶。大黑口，单鱼尾，双边。中式举人计洪英等三百五十名；考试官梁潜，王洪也。

（三）《正统元年（即一四三六年）进士登科录》一卷，共四十叶。大黑口，双鱼尾，双边。本年第一甲：周旋，陈文，刘定之三名：第二甲，王鉴等三十五名；第三甲，龙文等六十二名。

（四）《嘉靖二十年（即一五四一年）进士登科录》一卷，存一百二十一叶。大黑口，单鱼尾，双边。本年第一甲：

沈坤，潘晟，林一凤三名；第二甲，高仪等九十名；第三甲，周整等二百零五名。

（五）《嘉靖二十八年（即一五四九年）浙江乡试录》一卷，共一百零八叶。大黑口，单鱼尾，双边。中式举人计周诗等九十名；考试官刘鹤，冯继科也。

（六）《隆庆元年（即一五六七年）浙江乡试录》一卷，共一百十七叶。大黑口，单鱼尾，双边。中式举人黄洪宪等九十名；考试官郭大纶，林世章也。

吾国科举久废，学校党化，此种书籍似乎不合潮流，完全无用。然《题名录》实自成一类，为大有价值之史料，谈掌故者，万不可缺。且近年各省有会考，中央设专院，可知科举亦有可采之处，而纸上未必皆空谈也。

清代《题名录》余家亦有之，其年代如下：

光绪十五年浙江《乡试录》《武乡试录》各一卷；十七年浙江《乡试录》《武乡试录》各一卷；十九年浙江《乡试录》《题名录》《武乡试录》各一卷，同岁湖北《文乡试录》一卷；二十年浙江《乡试录》《武乡试录》各一卷；二十三年浙江《乡试录》《武乡试录》、江西《乡试录》各一卷；二十七年贵州《乡试录》、广西《乡试录》、广东《乡试录》各一卷。共计十六卷。

原载一九三三年九月六日《晶报》

# 石　湖

近来收藏古籍者，不论公家个人，莫不注重志书，以其含有重要史料也。东方图书馆首先购买，所得独多，惜皆被焚于“一·二八”国难中。徐汇天主堂所藏亦多，惟不公开，不知其究有何种。北平图书馆，新旧兼蓄，现已为吾国之冠矣。

余家藏志书，新者全失；古志留存者尚有《嘉靖上海县志》、弘治《石湖志》等等。《嘉靖志》已影印；《弘治志》略有佚文，虽刷印极精，不宜付印也。

余之弘治本《石湖志》，各家书目似皆不载，或者海内孤本乎？兹将其行格内容开列于后：

《石湖志》六卷（明莫震纂，莫旦增修，莫昊缮写），上下大黑口，单鱼尾，双边。版匡高八英寸，广五英寸半。每半叶八行，每行十八字，大字无全行，小字双行。卷首有目录一叶。卷一：御书，图画，共二十一叶。卷二：总叙，乡都，山水，城郭，公署，村巷，宫室，祠祀，桥梁，共十四叶。卷三：园第，梵宫，神宇，坊牌，科贡，共十叶。卷四：乡贤，共十七叶。卷五：仕宦，隐逸，孝子，烈女，名僧，风俗，翰墨，共十三叶。卷六：土物，坟墓，杂记，存八叶。卷二第一叶，有“古吴北郭潘惠字孟游别号鹭田书画记”十六字朱文长方图记。

石湖在苏州盘门外一十二里，上承太湖之水，下流过行春桥以入于横塘，南北长九里，东西三四里，北属吴县灵岩乡界，南属吴江县范隅乡界，盖两县交会之间也。宋范成大创别墅于此，孝宗书“石湖”二字赐之，附图即此二字之一角，摹印于弘治本《石湖志》者。余于民国前四年，与西友漫游江浙，曾至其地。当时未得《石湖志》，亦不知石湖有何名胜，故未访及御书与宫室神宇等等也。惟见其山水绝佳，曾称其为西湖所不及，吾友闻之，狂笑不止，谓余为不识风景者。

原载一九三三年九月十日《晶报》

# 伪为妇人饰

明成化丁酉（一四七七年）山西石州有男子曰桑冲，美姿貌，伪为妇人饰，善刺绣烹饪，出入人家，妇女与同处者，多为所污。至真定，一士人延冲于家，其婿欲私焉，夜往强拥之就榻，其奸始露，执送于县。讯之，具得实，械送京师，磔于市。

上述古事，节自余家藏嘉靖刊本《濯缨亭笔记》。清代及近年所出小说中，往往有类此之记载，是否抄袭，无法查考。

余藏之嘉靖本《濯缨亭笔记》，共十卷，后附《礼记集说辩疑》一卷。白口，无上下鱼尾，左右双边，半叶九行，行十八字。前有嘉靖丁未陆粲序，后有华察跋。收藏有“彭桐桥鉴藏印”“封禺草堂藏书”“王焕如收藏印”“黄海书生”“汪印启淑”“山父氏”“兀然先生”诸印记。著者戴冠，字章甫，明长洲人，以选真授绍兴府训导，其《辩疑》一卷，入清《四库》经部礼类存目二；《笔记》十卷，入子部杂家类存目四。

《笔记》中可取之故事极多，兹再节录一则如后：

明弘治间，京师有少妇出城一舍许，归宁父母。

明日侵晨，抱哺一儿，骑而入城。道遇一僧，控其马，令之下，妇拔一钗与之，冀释己。僧曰：“但欲汝下，不须物也。”妇知其意，乃出怀中儿与之曰：“第持此，伺吾下。”僧方抱儿，妇亟跃马去不顾。僧手裂儿为二。妇行里许，见行道数人，驻马谓之曰：“前去一僧，盗也，行劫。我赖马壮得脱，持我儿去。汝辈可救之，当重赏，我京中某家妇也。”众前追及之，果见儿死道上，僧方就水旁浣衣上血。众执送官，论死。

此故事《廉明公案》及他种小说中似均有之，可知明初已多淫僧矣。

《笔记》卷九题《辩物》，记小智小识之事多则，如蜜蜂从西家分过东家则蜂盛，东家分过西家则蜂少，等是也。卷十题《字义》，专言俗用之误，如银一锭当作“铤”，锭，温器也；小儿食乳既饱，口中流出馀乳曰“哯乳”“哯”音“演”，等是也。此二卷颇类饮光先生之《新札朴》。

《濯缨亭笔记》精印者极罕见，除余书外，友人陈君有一残本，现已不知何往矣。

原载一九三三年九月十四日《晶报》

# 连底冻

清光绪中，上海石印大行，而当时有书两种，专言本埠事者，反用木刻，甚可怪也。此二书一题《申江名胜图说》，一题《海上冶游备览》。

《图说》分上下二卷，计“图”四十二，均朱印；“说”之文字墨印。白口，单鱼尾，下题“管可寿斋”四字，双周双边，半叶八行，行十九字。前有香国头陀序，每卷前有目录，光绪十年揉云馆刊本也。

《备览》分四卷，指迷生辑。大黑口，单鱼尾，左右双边，半叶八行，行十八字。前有指引迷途人自序，又总目，光绪十七年寄月轩刊本也。

《图说》《备览》自出版至今，不过四十余年，然颇不易见。因一般人轻视此类书籍，不知内含史料，早已弃之之故。

《图说》上卷第八叶有《阆苑楼啜茗评花》一图。今日知阆苑楼之原址者，恐已不多矣。又下卷第五十八叶有《打野鸡往来烟馆》一图，原“说”文字，非青年所能明矣，其辞如下：

打野鸡者何，花妖脂魅，不能艳帜高张，因翱翔于茶室烟楼，以为求牡之计也。野鸡最盛之处，莫过于华众会、阆苑第一楼二处。每当挈良朋，携雅侣，临窗小坐，瀹茗清谈，无数鸠盘荼，俱结伴成群而至。盖人非仲子，地非山梁，而泄泄声繁，不妨三嗅而共焉。轻薄少年，喜其易于作合，且取值甚廉，故往往趋之若鹜，我辈见之，几如西子被蒙，率皆掩鼻而过矣。

《备览》一书，专言妓院。种种名目，如堂名，长三，么二，铺房间，本家，叫局，烧露头，攀相好，抄小货，绞手巾，跳槽，偷开包，恩客，宣卷，姘头，轿饭钱等（共一百九十三则），莫不一一为之诠释，文字颇似普通辞书，尚不恶劣。惟现今妓院不合潮流，申地又注重跑跳，书中之一部分已成往事之纪录矣。兹录卷三第十四叶《连底冻》一则，以见本书之文字焉：

客有一宿之后，不复出门，又复留连夜度者，谓之“连底冻”。此必两相爱慕，有不忍遽舍之势。又或一宵不足以尽兴，不得不再入桃源妙境，以图畅叙幽情者。宜人讥之曰“三宿而出昼，是何濡滞也”。

原载一九三三年九月二十日《晶报》

# 三可畏

类书非经非史，非子非集，四部之内无类可归，清《四库》载入子部，据《隋志》也。

类书之最著者，有《北堂书抄》《初学记》《艺文类聚》《太平御览》《册府元龟》《佩文韵府》等，其次则《玉海》《天中记》《事类赋》《喻林》《唐类函》等。此依用之广狭言也，至于版本，则为另一问题。《北堂书抄》至今无古本之发现，《初学记》虽有严可均校本，尚未刊行。《永乐大典》亦类书之一，现存者只三百四十九册，不及全数百数之三（据袁同礼君《永乐大典》现存卷目表），可知行世之类书虽多，而最重要者，皆非完璧也。

余家藏明万历中刊本《书言故事》十二卷，庐陵胡继宗集，安成陈玩直解。白口，白单鱼尾，四周单栏；版匡高七英寸又四分之三，广五英寸；每半叶九行，每行二十字，小字双行，字数同。前有万历十七年吴怀保序，同岁程涓序，又目录。各卷之首均有图两面。全书刊刻极佳，而图尤美雅，其为新安出口无疑。今摹印于本《晶》者，卷二首叶后半之图也，题曰“河东狮吼”。

卷一分人君等十一类，其图题“玉历颁新”，“华封三祝”。卷二分亲戚等十五类，其图题“弄璋弄瓦”“河东狮吼”。卷三分师儒等十七类，其图题“执经座下”“断齑划粥”。卷四分神仙等二十四类，其图题“帝访广成”“锻炼真丹”。卷五分身体等七类，其图题“守口如瓶”“碧梧翠竹”。卷六分声名等十一类，其图题“湖海之士”“有志竟成”。卷七分怨仇等十七类，其图题“下为怨府”“包藏祸心”。卷八分科第等十六类，其图题“三元及第”“琼林大宴”。卷九分朝制等二十八类，其图题“金门待漏”“调和鼎鼐”。卷十一分天文等三十类，其图题“戴星而出”“傍花随柳”。卷十一分都邑等十八类，其图题“杯中蛇影”“归自日边”。卷十二分酒类等二十七类，其图题“青州从事”“席上之珍”。

本《晶》摹印“河东狮吼图”，原书中之说明如后：

喻人妻严悍。东坡谪居黄州，与陈季常游，季常自以饱参禅学，其妻柳悍（其妻柳氏，性情悍利）。客至或闻诟骂声（诟骂，怒骂也），坡诗戏之曰：“谁似龙丘居士贤（季常自号龙丘居士），谈空说有夜不眠（佛氏之言虚空，季常赞之以为有）。忽闻河东狮吼（河东柳氏郡望，亦是暗引杜诗‘河东女儿身姓柳’为戏耳），拄（音‘主’）杖落手心茫然（季常宴客有妓，柳以杖击照壁大呼，客遂散去）。”

余亲友中之惧内者，约二十余人。其中三、三人之情形，似较季常为甚，跪板顶盆，常事也。其实妇人本可畏，而男子无有不畏其妻者。裴炎云：“人妻有三可畏：年少之时，视之如生菩萨，安有人不畏生菩萨耶？及儿女满前，视之如九子母，安有人不畏九子魔母耶？至五十六十，薄施妆粉，或青或黑，视之如鸠盘荼，安有人不畏鸠盘荼耶？”（见《唐语林》）

《书言故事》，清《四库》未收，亦不载入存目，不知何故。此书之明刊本精印者，传世极稀。昔年东方图书馆有日本重刊本（无图），想已被焚矣。

原载一九三三年九月二十二日《晶报》

# 《常言道》

何寿慈兄台鉴：

本月二十六日《晶报》第四版中大札敬悉。

《常言道》系清人著作，原无所谓古本也，惟弟所见者，只光绪乙亥（一八七五年）徐成堂之复刻本，白口，单鱼尾，单边；半叶八行，行二十字；前有嘉庆甲子（一八〇四年）西土痴人序（六行，十四字），又目录四叶；全书四卷，十六回。徐成本无叶无讹字，甚难阅读。兄所得者，为十二行本，想与此又不同矣。郑君在法所见者，据云亦非原刻，原刻似不易得。吾兄有暇，何不校勘重印，此书价值当在《何典》之上也。小说非经史，校勘时，不妨“以意为之”。专此奉复，即请大安。

弟“走火”上　一九三三年九月二十六日

原载一九三三年九月二十八日《晶报》

# 见鼠不见庐

越西有独居男子，结生茨以为庐，力耕以为食。久之，菽粟盐酪略具，无仰于人。尝患鼠，昼行累累然行，夜则鸣啮至旦，男子积憾之。一旦彼酒归，始就枕，鼠百故恼之，目不得瞑。男子怒，持火四焚之，鼠死庐亦毁。次日酒解，怅怅无所归。龙门子唁之男子曰：“人不可积憾哉。子初怒鼠甚，见鼠不见庐也，不自知祸至于此。人不可积憾哉！”

此《龙门子凝道记》卷中第八篇，《尉迟枢》中之言也。龙门子即宋濂，元至正中授翰林院编修，以亲老不赴，入山著书。明初命修元史，累转至翰林学士。长孙坐法，举家谪茂州，道遇疾卒。其所著《凝道记》分上中下三卷，上卷载《采苓符》《五矩符》《终胥符》《孔子符》；中卷载《闵世枢》《秋风枢》《阴阳枢》《天下枢》《先王枢》《乐书枢》《河图枢》《尉迟枢》；下卷载《段干微》《君子微》《司马微》《哀公微》《观渔微》《虞丹微》《士有微》《大学微》《越生微》《积书微》《林勋微》《令狐微》，总二十四篇。虽皆道家之言，然所含故事，简明而富于教训。兹再录卷中《秋风枢》中一则，以较篇首所录者更多趣味。故事如下：

江东有丐徒，旅饮江上。酒方行，一年高者令于众曰："吾等虽丐者，守扎弗敢忘耳，毋效饮食贼儒，纷夺于乡校间。即有效者，罚弗赦。"君子闻之叹曰："丐，大饕无耻者也，士以饮食故，反为丐所贱，甚贱也哉。"

卷上《孔子符》之末，有一闽姝之故事，警戒女子不可恃色而傲，兹节录如下：

闽姝有性淫者，恃颜色方姱丽，急欲得美少年匹之。物色之不得，躁甚，若不得生者。一日有男子自南海来，眉目娟好如画，姝闻之欲狂，执火往奔之。自叙曰："妾慕君子久矣，唯第不足奉巾栉，侍左右，倘怜妾而进之，虽死不敢忘。"男子亦欣然纳焉，姝事之恐违其意。男子左臂若病疡者，时以玄膏覆之。越一年，恒如初，力请视之，不许，俟熟寐而发其覆，乃窃金被墨刑者。

《凝道记》入清《四库》道家类存目，《提要》称二卷，恐当时馆臣所见者，非原本也。余家藏本分三卷，大黑口，上下鱼尾，其间记书名、卷数、叶数，四周双栏，上栏外间有音释。每半叶十二行，每行二十一字。前有元至正丁酉濂自序，后有同岁濂自题。全书六十三叶，元末或明初单刻本也。收藏有“张昭潜印”四字白文小方印。

**原载一九三三年九月三十日《晶报》**

# 伪者则痿

余不谙律例，不学刑名，惟喜读法家书。家藏者几十种，皆明清精刻精写之本，有罕见者，有名人手抄者，亦有世间孤本。兹先述《慎刑录》一种。

《慎刑录》四卷，明王士翘辑，清《四库》未收。白口，无上下鱼尾，双栏，内栏离外栏约半英寸，此明版书中所不易见者也。版匡高八英寸又四分之三，广十二英寸。每半叶九行，每行十九字，明嘉靖中刻于“八桂”。前有嘉靖庚戌王士翘自序，首二卷，《检法》也；三卷，《疑狱》也；四卷，《法戒》也。盖合《洗冤录》《风纪辑览》《明冤节要》《疑狱集》《详刑要览》诸书而成者也。

卷一第四十五叶，有《男子色过死》一则，甚趣，附录于后：

> 凡男子色过太多，精神耗尽，脱死于妇人身上者，真伪不可不察。真则阳不衰，伪者则痿。

又卷三第六叶，有《庄遵壁听奸》一则，与侦探小说无异，其文如下：

> 庄遵初为长安令，后迁为扬州刺史，性明察。尝有阳令女子与人杀其夫，其叔觉乃来赴贼。女子即以血涂叔，因大呼曰："奈何欲爱于我，而杀其兄"，即便告官。官司拷其叔太过，因而自诬其罪。遵察之，乃谓吏曰："叔为大逆，速置于法，可放嫂归。"密令人夜中察于嫂壁下听之。其夜奸者果来，问曰："刺史明察，见叔宁疑之耶？"嫂曰："不疑"，因相与大喜。吏即擒之，叔遂获免。

余家藏之《慎刑录》系白皮纸印本，全书无烂版，亦无虫蛀，分钉上下两册，细察书根所书之字，似为天一阁旧物（天一阁藏书有印记者极少见，余家有一种，他日再论及之）。王士翘（即辑此书者）不知何处人。据原序，知其为"奉命按粤者"。

除法家外，余又喜阅风流案件，生平以未读《玉堂春》及《杨乃武》两案之原文为憾。据说原案尚存原署中，未知确否？本《晶》同志有知之者，乞勿吝教。

原载一九三三年十月八日《晶报》

# 与郎共歇

余家藏明晋安徐𤊹（兴公）纂辑之《笔精》，卷五第二十四叶载《素带》一则云："吴中有小妓素带者，能诗，尝送情人四言云'郎明日别，妾心惙，愿作郎车，与郎共歇。'"

《笔精》共八卷，入清《四库》子部杂家类三。卷一含《易通》《经臆》两种；卷二含《诗原》《诗话》《诗订》《诗砭》四种；卷三含《诗评一、二、三》（魏、唐、宋、元）；卷四含《诗评四》（明）；卷五含《诗评五》（方外、宫闱、妓女、外夷、诗搜遗）；卷六含《诗话》《词品》《文订》《字正解》《事物解》五种；卷七载《文事》（藏书，书学，画，碑版），《文人》《人物考》《名人生卒葬地》《人伦盛事》五种；卷八载《人事》《雅事》《天象地舆》《国宪》《核疑》《博闻》《占验》《医学》《灵异》《珍玩》《花卉》《果木》《鸟兽》《虫鱼》十二类。全书采摭极富，可资考证者不少。即此已足见徐公之博洽矣。兹将卷中之最有趣味者数条，附录于后：

（一）冶容晦涩

杨氏曰，冶销也，遇热则流，遇冷则合，与冰同志，故“冶”从“冰”。女之艳媚，亦令人销神流志，故美色曰“冶”也。（卷一第二十五叶）

（二）春画

春画之设，其来久矣。张衡诗云：“衣解巾粉御，列图陈枕张。素女为我师，仪态盈轩方。众夫所希见，天老教万皇。”俨然闺房秘戏之像。徐陵与周弘让书云：“归来天日，得肆闲居，差有弄玉之俱仙，非无孟光之同隐。优游俯仰，极素女之经文，升降盈虚，尽轩皇之图势。虽复考槃在阿，不为独宿。”全用张语。至于俯仰升降，则逼真房中之术矣，岂曰列图已哉。（卷二第三叶）

（三）睡丞

张东海《睡丞志（记）》云，嘉兴丞某，尝访一乡贡，坐俟其出，辄睡。主人出，恐觉之，相对默然，亦睡。丞觉，不欲妨主睡，坐待又睡。主既觉，丞又睡，不欲觉之，又睡以待。丞觉，晚矣，主睡方酣，遂不交一语而去。余友沈从先，吴人，亦善睡，尝宿予齐头，予晨起，有亲故出殡，往返七十里，暮归，睡犹未觉也。黄参云：余家从兄，以葬王父母，举家送殡，留一仆守舍，与之米，使自炊。三日归，则反扃其户，

呼之不应，窃意凿垣以遁，而四壁宛然，因斩关而入，犹在嗙呓中。米仍未炊也，盖睡两昼夜，视沈更酣耳。（卷八第十四叶）

《笔精》系明崇祯中刊本，极不易见。半叶九行，行十八字，白口，白单鱼尾，左右双栏。余家藏者有“慕斋鉴定”“宛平王氏家藏”“胡氏茨村藏本”“褚园图书”“黄虞稷印”诸图记。

原载一九三三年十月十四日《晶报》

# 渔樵耕读

渔樵耕读，皆雅人也，而四者中，以樵为最。周履靖诗云：“手持利斧出柴扉，冒雾迎风入翠微，砍得苍松和老桧，前村换酒醉斜晖。”

周履靖，明嘉兴人，字逸之，自号梅颠道人，好金石，工书法，专力为古文诗词，编著之书有《夷门广牍》《梅颠稿选》《梅坞贻琼》等。前引之诗，出其所著之《鹤月瑶笙》，广牍之一种也。

《鹤月瑶笙》系白口本，半叶九行，行十八字，单栏，前有姚弘谊序。全书分四卷，卷一《霞外清声》十套，卷二《闲云逸调》十套，卷三《鸳湖渔唱》十套，卷四《梅里樵歌》十套，共计四十套，每套含词三、四首至六、七首不等，而以七言诗终之。前节所引之诗，见卷四第七套，题曰《卖薪沽酒》。同套中，词第四首亦极美，兹附录于后：

（红锦袍）

也不去走风尘甘自污，也不去戴儒冠空稽古，

也不去经营贸易为商贾，也不去角力持强振臂呼，

也不效贪财章武甘折股，也不羡纪迹云台书版图，

任教自在消遥也，日日山中酒一壶。

姚序称履靖为曲“以溪云林霭为变态，以野水山桥为景色，以樵斧渔筌为事业，以药物炉鼎采取交媾为要妙，无长安路上嗟名叹利之习”，诚定论也。

原载一九三三年十月十七日《晶报》

# 妇姑姐妹

好阅小说者，莫不知有《金虏海陵王荒淫》一书，自来描写兽行，无有出其上者。然金亮好色，可以八字包括之，曰“妇姑姐妹，尽入嫔御”。

此八字见余家藏之《古史通略》中。《古史通略》论海陵云“知足以拒谏，言足以饰非。欲为君则杀其君，欲伐国则杀其母。欲夺人之妻，则使之杀其夫。三纲绝矣，何暇论他……”。

《古史通略》一卷，不著撰人。明成化间刊本，黄皮纸印。版匡高约八英寸，广约十英寸。大黑口，双鱼尾，四周双栏。半叶十行，行十七字。前有成化丙午周经序，又目录，又历代帝王传受正流之图，历代启运，历代史臣姓氏图，历代传受宝历歌等。卷首旧面，有书法极精无姓氏手跋一则，附录于后：

明范氏天一阁书目，有《古今通略》一卷，不著撰人名氏，杭守张缙重梓。兹据是本周经序，则先于张缙本矣。经云以为宋人辞意，而吾兄芊田定为元人陈定宇《历朝通略》，不识是否，笔之俟考。

原载一九三三年十月十九日《晶报》

# 节之而已

老氏动辄要绝嗜欲。男女饮食，岂可绝耶？但不以彼累心，节之而已。孟子曰：“其为人也寡欲，虽有不存焉者寡矣，谓之寡则可，谓之绝则未可。”

上引用语，见《笔畴》下卷第三十二篇。全书两卷，明锡山王达著。达字达善，号耐轩，洪武中以明经荐为县学训导，后升国子助教；永乐初官侍读学士，与解缙、王称、王璲辈号东南五才子。

《笔畴》，陈眉公秘笈中有之，非奇书也。惟余家藏者，为明单刻本，较不易见。兹将其行格等开列于后：

书系白皮纸初印本，白口，白单鱼尾，单栏。版匡高七英寸又四分之一，广约十英寸。半叶九行，行二十字。前有万历甲戌朱正民序四叶，洪武二十年达引言一叶，后附《笔畴补》八叶。《笔畴补》者，宋景濂、方孝孺与刘伯温三人之作也，共十九篇。《笔畴》上卷十九叶，下卷十三叶，共七十七篇。

《笔畴》入清《四库》子部杂家类存目一，《提要》称其“多抑郁愤世之谈”。达固有忧患者，宜其如是也。朱正民序云：“余遇拂情之事，辄把玩先生之言，使人亹亹然欲安士敦仁，逌逌然乐天知命也。美哉，处忧患之事，辨忧患之惑，莫要于斯矣。”正民可谓达之知己矣。《笔畴补》第二叶有一极可笑之故事，兹节录如下：

列宗子泓，性好洁，沐浴必十更汤；收湿不以巾，溯风干之。欲行人道，汲井泉，前后濯，大雪，不废，妻因病寒死。然好嗅女妇足纨。足纨若行縢，缠三周而覆涌泉，善垢。或解之，其臭逆鼻，人不哕即吐，子泓独乐之。骄人曰，是何郁金之腴也，置诸袖中，饭不甘嗅之，神度弗爽嗅之。濒死，召其子目：“吾死矣，嘉荐普淖，弗汝觊也，能时致足纨于柩前，孝莫大焉。”君子曰，大洁者必有大污，其子泓之谓乎。

原载一九三三年十月二十日《晶报》

# 张打油语

诗词之鄙俗者，曰张打油语，典见《中原音韵》。其故事如下：

某参政厅后作一粉壁。雪中升厅，见有题诗于壁上者：“六出飘飘降九霄，街前街后尽琼瑶。有朝一日天晴了，使扫帚的使扫帚，使锹的使锹。”参政大怒曰：“何人大胆，敢污吾壁。”左右以“张打油”对，簇拥至前，答以“某虽不才，素颇知诗，岂至如此乱道。如不信，试别命一题如何？”时南阳被围，请禁兵出救，即以为题。打油应声曰：“天兵百万下南阳”，参政曰：“有气概，壁上决非汝作”，急令成下三句云：“也无援救也无粮。有朝一日城破了，哭爷的哭爷，哭娘的哭娘。”依然前作腔范。参政大笑而舍之，以是远迩闻名。

故事之类乎上述者，余家藏之《词谑》中含载不少。《词谑》明李中麓刊本，不知何人所作，专采诗词之妙句，有加以批评，亦有不加者。兹录其所称许者二首如下：

（一）（傻酸角）我的哥，和块黄泥儿捏咱两个。捏一个儿你，捏一个儿我。捏的来一似活托，捏的来同床上歇卧。将泥人儿摔碎，着水儿重和过。再捏一个你，再捏一个我。哥哥身上也有妹妹，妹妹身上也有哥哥。

（二）（鞋打卦）无处所求，粉脸上含羞，可在神面前出丑。神前出丑，告上圣，听诉缘由。他如何把人不睬不瞅，丢了我又去别人家闲走。绣鞋儿亵渎神明，告上圣，权将就。或是他不来，或是他另有。不来呵，根儿对着根儿。来时节，头儿抱着头儿。丁字儿满怀，八字儿开手。

《词谑》一卷，计一百二十一叶。版匡高约七英寸又四分之三，广约十一英寸。大黑口，双鱼尾，其间题书名，又记叶数。四周双栏，每半叶九行，行十八字。前后无序跋，明嘉靖间刊本也。此书不见诸家藏书目录，其海内外孤本乎？

原载一九三三年十月二十六日《晶报》

# 须灰可瘳

李世勣尝得暴疾，上云“须灰可瘳”。上自剪须，为之和药，世勣顿首出血谢。上曰：“为社稷，为为卿也，何谢之有。”

断曰：须发虽微，皆父母遗体。人有割股以活其亲，先儒犹辨其不孝，况剪须赐臣下乎？此霸者欢虞之行，非王道也。

以上两段，见余家藏之《贞观小断》第二十七叶。《贞观小断》不著撰人姓氏，明刊白口本。半叶十行，行二十字。前后无序跋。收藏有“独山莫氏铜井文房”“莫棠所藏”二图记。卷首旧面有莫氏手跋，附录于后：

此书名甚新，岂明人以宋孙氏《唐史论断》改为耶？

丙寅五月在上海冷摊买此，异其名也；疑为孙氏书节出，顷检对绝非。书系明刻而有补版，其字体当在明中叶以后。读一过，决为明人撰，而未著名氏，终疑为摘本也。姑记以志陋，俟再考之。

莫棠字楚生，友芝之侄。生前富藏书，间有精本。前数年散出时，余购得十馀种，大半皆有莫氏手跋。

原载一九三三年十月二十八日《晶报》

# 相对画蛾眉

余家藏长洲顾诒禄辑《元诗嗣音集》十六卷，系精写稿本。半叶十行，行二十一字，小字双行，字数同。收藏有“顾广圻批校藏书”“北平翁方纲藏书印”“查莹藏本”“赐砚堂书画记”“听雨桥查氏有圻珍赏图书”“依竹主人”“文渊阁校理”诸图记。书既无刊本，又经名家收藏，诚可贵也。卷七第十二叶，有萨都剌《江南怨》一首，极精雅，兹录于后：

生男远游生女贱，十三画得蛾眉成，十五新妆识郎面，识郎一面思犹浅，千会买官游不转，侬家水田跨州县。大船小船过淮甸，买官未得不肯归，不惜韶华去如箭，杨花扑檐飞语燕。疏雨梧桐闭深院，人生无如江南怨。

又卷十第二叶有李裕《定情篇》一首，亦极佳，如下：

愿作云台镜，团圆誓不亏，朝朝绮窗里，相对画蛾眉。

都剌字天锡，泰定丁卯进士，有《天锡雁门集》。裕字公饶，至顺元年进士，有《中行斋稿》。

《元诗嗣音集》全用赵体誊写，美雅可爱。闻此书系温州某名士，即曾任南菁书院山长者之旧物，未知然否。

原载一九三三年十月二十九日《晶报》

# 大有可笑事

家有寒山诗，胜汝看经卷。书放屏风上，时时看一遍。

此《寒山子诗集》中最末一首也。寒山子，不知何许人，隐居天台唐兴县之寒岩，时往还国清寺，与拾得交友，好吟词偈，状类风狂，以桦皮为冠，布襦木屐，人莫识之。其诗集（后附拾得诗）有宋刊本，武进董氏曾翻刻之。余家藏者，系广州海幢寺重梓本，白口，单鱼尾，单栏，半叶八行，行十七字。前有闾丘胤序，后附拾得诗。全书计一卷，七十叶。

寒山诗辞浅意深，读之颇多益处。试举一例如后：

我见世闻人，个个争意气。一朝忽然死，只得一片地，阔四尺，长丈二。汝若会出来争意气，我与汝立碑记。

此佛家言也。数百年后，俄国文学家托尔斯泰曾作一短篇，言地多无益，亦即此意。

寒山诗，似偈非偈，似诗非诗，与拾得诗同一性质。拾得以为诗即偈，偈即诗，其言曰："我诗也是偈，有人唤作诗。诗偈总一般，读者须仔细。缓缓细披寻，不得生容易。依此学修行，大有可笑事。"

上引诗中，"读者"二字，陆校本作"读诗"。陆即吴兴皕宋楼主人陆心源也。余家藏之海幢寺本，有心源手跋，如下：

> 光绪五年，岁次己卯，以影宋抄本略校一过。宋本多诗八首，字句异者尤多，不暇全收也。存翁。

存翁手跋，世不多见。其所藏之书，大都付梓，未刻者绝少。然则余之海幢寺本，亦得列于精本类乎？

原载一九三三年十一月一日《晶报》

# 绿衣女子

《五色线》卷上有下引之故事：

刘交，居若耶溪，忽闻有人采莲喧笑声。交以溪左右无人居，甚讶之，乃断柳枝，蔽身视之。忽见十馀女子，从一华林而出，皆衣青绿，年十六七，入丛莲，相对而歌。交乃棹舟以逼之，诸女皆化为龟，入水。

《五色线》入清《四库》子部小说家类存目二，《提要》云："不著编辑者名氏，载毛晋《津逮秘书》中。考《中兴馆阁书目》，有此书名，然是书杂引诸小说新诞之语，或不纪所出，割裂舛谬，不可枚举……"，是《四库》不取其书也。然《四库》所收之《津逮秘书》本，只上下两卷，缺中卷，实非足本。余家藏者有明刊三卷本，上卷三十八叶，中卷三十二叶，下卷四十八叶；每叶八行，每行二十字；白口单栏；前有淮南冀绮序，后有弘治丙辰斗城高胤先后序。世所罕见之中卷，有值得注意者数则，兹特附录于后：

（一）菊，一名更生，一名精，一名女华。

（二）太液池岸有竹，未尝相杂，帝呼为竹义。

（三）卫公言石榴甜者，谓之天浆。

（四）《吴志》，吴将军陆逊破曹丕军，上脱翡翠帽赐之。

（五）韦氏于张女郎庙飞得二履，化为二白鸟而去。

（六）元退处士年七十三，口中无齿，每磨装胡饼，疾啮如刀，年少不及，常言而今方知齿为妨物。

原载一九三三年十一月五日《晶报》

# 蜂蝶慕香

古小说《云仙杂记》中有下列一则：

> 都下名妓楚莲者，国香无及，每出则蜂蝶相随，慕其香。

《云仙杂记》十卷，唐冯贽编，入清《四库》子部小说家类一，《提要》云："其书杂载古今逸事，如所称戴逵双柑斗酒往听黄鹂之类，诗家往往习用之，然实为伪书也。无论所引书目，皆历代史志所未载。即其自序称天复元年所作，而序中乃云天祐元年退归故里，书成于四年之秋，又数岁始得终篇。年号先后亦复颠倒，其为后人依托，未及详考明矣。"实为本书至平之论。然所谓"古今逸事"，有极妙可取者，兹录数则于后，以供本《晶》同志之欣赏：

> （一）史凤，宣城妓也，待客以等差。甚异者有迷香洞，神鸡枕，锁莲灯；次则交红被，传香枕，八分羊；下则（原本作"列"）不相见，以闭门羹

待之，使人致语曰："请公梦中来。"冯垂客于凤，罄囊有铜钱三十万尽纳，得至迷香洞，题"九迷"诗于照春屏而归。(《常新录》)

(二)有僦马生善贫，遇人与虎毛红管笔一枚曰："所须但呵笔即得之，然夫妻之外，令一人知则殆矣。"时方盛凝烟帐，风筤扇，皆呵而得之。一日晚，兔头羹，连呵遽得数盘，夫妻不能尽，以与邻家，自是笔虽存，呵之无应。(《纂异记》)

(三)明皇开元初，宫人被进御者，曰印选，以绸缪记印于臂上，文曰："风月常新"，印毕，渍以桂红膏，则水洗色不退。(《史讳录》)

(四)石谊未娶，闻杜鹃唤归，叹曰："此物催人使归，使我何所归耶。"(《金台录》)

(五)长安孙逢年，日一醉无虚席，妓妾曳绮罗者，二百馀人。晚年衰惫，齿皆蚛龋，空虚如楼阁，而旧好不衰。(《长安后记》)

(六)有商人过清湖，见清湖君。君问所须，商曰："但乞如愿。"君许之，果得一婢，"如愿"即其名也。商有所求，悉能致之。后因正旦如愿晚起，商人挞之，走入粪壤中不见。今人正旦以细绳系绵人投粪扫中，云"乞如愿"。

《云仙杂记》传本极多，有《说郛》本，有《龙威秘书》本，有《艺海珠尘》本。最足最佳者为隆庆辛未玉峰叶氏箓竹堂本。余家藏者，即叶氏本，白口，单黑鱼尾，单栏，半叶十行，行十八字；前有隆庆辛未俞允文序，又天复元年贽自序，又目录；后有隆庆辛未叶恭焕跋。收藏有“壹是堂读书记”“张伊卿藏书记”“征云之印”诸图记。

原载一九三三年十一月八日《晶报》

# 以冤家视之

宋湖州归安倪思撰《经钼堂杂志》八卷，入清《四库》子部杂家类存目一，《提要》谓："其学杂出于释老，务为恬退高旷之说，然如谓妻子无论贤不肖，皆当以冤家视之。害理殊甚，其他亦皆浅陋无味。明代陈继儒一派，发源于此。"可知《四库》甚不取其书也。所谓"冤家"一段原文，见四卷第十四叶，如下：

妻儿不论贤不肖，皆当作冤家想。使其不肖耶，其为吾害，甚于冤矣。何者，冤可避而此不可避也。使其贤耶，或遇逆境，见其沦亡，何痛如之。是岂非冤乎？凡人为一身计，亦有限量，唯其为妻儿计，则无穷已。或因之而造业，财又不论贤愚生死，以彼之故，造业不已。彼享其利，我受其报，亦谓之冤可也。

倪思确系自私自利者，其于五卷六叶又云：

谚云，不婚不宦，情欲省半。仆三十年前未婚，止一身耳，今内外近四十口，若更数年，诸子皆娶，累益重矣。设若三十年前不娶，岂有此哉！

惟《经钼堂杂志》中，可取之处亦极多，如下列之故事是也：

临安有世卖剪子者，曰青州刘家。他剪子铺随时逐利，每柄不过一二百钱可得。唯青州刘执价必五百不减，然其打制精利，用之可过常剪数柄。彼其价高，非妄增也，盖其铁既精好，工价数倍，若稍减价，则不复能如此。人用其剪者信之，买以五百，未尝少吝，执价守业，可嘉一也。久而使人信之，可嘉二也。好物价高，贱者不堪久用，其理可验三也。事有可以类推者，故志之。

余家藏之《经钼堂杂志》系万历中刊本，白口单边，每半叶九行，每行二十字。前有万历庚子潘大复序，又《倪文节传》后有辛酉潘振跋。收藏有“方家书库”“诚斋居士”“是书曾藏研颐堂”“巴陵方氏碧琳琅馆珍藏”“曾经一梦”“松年”“泰峰”诸印记，甚可珍宝也。

原载一九三三年十一月十日《晶报》

# 夫乘妻曰贼邪

医书中有所谓五邪者，五邪之中有所谓“夫乘妻曰贼邪”者。按“乘”“胜”也，“克”也。然全语究作何解？五邪究有何用？则非请精于国医者解释不可。

余家藏医书二百馀种，十九均被焚于“一·二八”难中，所存者只一二精本也。兹述《伤寒直格》一种。

《直格》不易读，试举一例以明之：

> 九气
>
> 怒则气上，喜则气缓，悲则气消，恐则气下，寒则气收，灵则气泄，惊则气乱，劳则气耗，思则气结。

《伤寒直格》分：前集三卷，金刘完素著，葛雍编校；后集一卷，附《伤寒心要馀论》，刘洪辑编，葛雍校正；续集一卷，马宗素撰述，葛雍校正；别集一卷（即《张子和心镜》），常德编。余家藏者，系元刊本，大黑口，上下鱼尾均下向，单边，前集每半叶十三行，每行二十四字；后集、续集、别集均十二行，二十字。前有不著撰人之序及细目，序末有“临川葛雍校正建安熊氏刊行”十一字白文牌记一行。收藏有“天龄所藏”“古香书屋”“吴焘子冕”“莫棠楚生父印”“独山莫氏铜井文房藏书印”诸图记。

《直格》元刊本，不甚易见，昔年吴兴皕宋楼似有之。

原载一九三三年十一月十二日《晶报》

# 《玉壶冰》

《玉壶冰》一卷，明吴都穆编辑，钜邑陈世宝校刻。清《四库》不收，全书杂录《乐志论》《世说》《绝交书》《兰亭记》《闲游赞》《渊明集》《隐居集》等书而成，本不足重，然刊印精雅，且传本不多，故嗜古书者，亦珍视之。末叶最后一则，意义高雅，兹转录于后：

越人王冕，当天大雪，赤脚上潜岳峰，四顾大呼曰："遍天地皆白玉合成，使人心胆澄彻，便欲仙去。"（《潜溪集》）

本书原序云："予少厌尘浊，志乐闲旷，三十年前，尝为此书。中间以亲老家贫窃禄于朝，兹得请致仕，夙愿始遂。再披阅之，恍如隔世，而予亦老矣，乃重录而藏之。非知我者，不以示也。"非独自赞其书之雅，且自称其品之高也。

余家藏之《玉壶冰》系明正德乙亥刊本，白皮纸印，白口，单鱼尾，四周花栏，半叶十行，行十八字。收藏有"叶氏愿学斋珍藏书籍""臣掞之印""绣谷熏习""小谷""淮南小队”“拂水山樵”“吴兰林西斋书籍刻章”“笠泽”“曹炎之印”“彬侯”“蝉华”诸图记。

原载一九三三年十一月十四日《晶报》

# 心耿耿，泪双双

此六字，嘉靖本《草堂诗馀》开卷第一首之起始也，其全文如下：

> 心耿耿，泪双双，皓月清风冷透窗。人去秋来宫漏永，夜深无语对银釭。

嘉靖本非明刊《草堂诗馀》之最古者，亦非最后者。最古者有洪武壬申遵正书堂刊本，最后者有万历间徐士俊参评本。三种余均有之，兹将其行格等略述于后：

（一）万历本十六卷，附徐卓晤歌，明卓人月汇选，徐士俊参评。半叶九行，行二十字。评语在栏上，行间有圈点。前有陈继儒序，又何良俊，黄河清，陈仁锡，杨慎，王世贞，钱允治，沈际飞等旧序，杂说，氏籍及目次，此书已于“一·二八”难中被焚，然市上尚多，不足惜也。

（二）嘉靖本《草堂诗馀》四卷，明武陵逸史编次，开云山农校正。半叶十一行，行十九字，小字双行，字数同。前有嘉靖庚戌何良俊序。收藏有“东溪”“瑶圃”等印记。

此书刊刻极精，市上不易遇见。

（三）洪武本，前集二卷，后集二卷，不著撰人。半叶十三行，行二十三字，小字双行，行二十九字。小黑口，双鱼尾，左右双栏。收藏有“上第二子”“臣印克文”“昭薰印信”“孔子七十一世孙昭薰琴南氏印”四图记。此书非独传世甚稀，极可重视，即其四印，已足珍贵矣。

原载一九三三年十一月十六日《晶报》

# 他每这火人

本篇用以为题之五字，系明太祖所打之官话，见洪武十年六月廿四日谕西番罕东毕里等诏。谕西番诏，全是官话，如“俺大位子里坐地有”，又如“你西番每怕也那不怕，你若怕时节呵，将俺每礼拜者”是也。

《谕西番诏》，余家藏之明太祖《御制文集》中有之。《明太祖文集》有洪武本，嘉靖本，万历本。余之《御制文集》似为经厂本，全书二十卷，大黑口，四周双栏，版匡高十英寸又四分之三，广约十三英寸，半叶十行，行二十字，小字双行，字数同。前有细目十八叶，刻工姓名有隆，吕中，朱方，张尚，杨茂，翁子文等。

明太祖似甚注重教育，其《国子助教敕》云：“古（天）子设学京师曰太学，其所以教者，百官之子，及民间之俊秀，君所以敕教之者，欲国之人才备，故有人繁业众以其师者数人不能遍教，特有助教设焉。设职于此者，必得颇通性理，勤览群书，方称师职，非若是而不可。某令授某官，既承朕命，勿怠。”

文集中有《老子赞》，极简洁，兹录于此：

心渊泉而莫测，志无极而何量。恍惚其精而密，恍惚其智而良。宜哉千古圣人，务晦短长而云。

卷十八有《设礼部问日本国王》一篇，口气甚大，兹略引数语以明之：

……且日本之称，有自来矣，始号日倭，后恶名曰倭，遂改日本。其通使中国者，上古勿论，自汉历魏晋宋梁隋唐宋之朝，皆遣使奉表，贡方物生口。当时帝王，或授以职，或爵以王，或睦以亲，由彼归慕意诚，故报礼厚也。若夫叛服不常，构隙中国则必受兵。如吴大帝，晋慕容廆，元世祖，皆遣兵往伐，俘获男女以归。千数百年间，往事可鉴，王其审之。

余之《御制文集》分订四册，明代蓝色粗绢封面及原有黄纸签条均存，极可珍视也。

原载一九三三年十一月十八日《晶报》

# 玉女来侍

孙真人《枕中记》云："苓茯久服，百日百病除。二百日夜尽二服后，役使鬼神。四年后，玉女来侍。"此言药足以长生也。然谚有云："药补不如食补"，是食有时较药更有功效也。

《四库》子部谱录类言"食"之书甚多，而最少见者，则为《饮膳正要》，共计三卷，元忽思慧撰（"忽思慧"亦作"和思辉"），内载聚珍异馔，诸般汤煎，神仙服饵，食疗诸病，及米谷兽禽鱼果菜等品，兹择有趣味者数则附录于后：

（一）凡食讫，温水漱口，令人无齿疾口臭。

（二）鸡子黄（一枚，生用）。右件服之，不过三服，熟亦可用（治小便不通）。

（三）乌驴肉（不以多少切），右件于豆豉中烂煮熟，入五味，空心食之（治风狂，忧愁不乐，安心气）。

（四）猪肉不可与牛肉同食，黄鱼不可与乔面同食，杨梅不可与生葱同食，枣不可与蜜同食（上见食物相反条）。

（五）饮酒大醉不解，大豆汁，葛花，椹子，柑子皮汁，皆可。

《饮膳正要》入清《四库》存目。余家藏者，系明刊本，大黑口，双鱼尾，双栏，有元天历三年虞集序，及同岁忽思慧序，全书插图极富。

原载一九三三年十一月二十日《晶报》

# 妒妾成狱

《刚峰公案》第二十九回中，以作回目者曰:“妒妾成狱”，其所记玉堂春事，与现今流行者略有出入。兹简述如下：

王舜卿与妓玉堂春日久情深，不忍相舍，银尽囊罄。妓虽如故，而鸨母憎之，不得已出院，寓城隍庙中。有卖果者见之曰：“公子在此耶，玉堂春誓不接客，命我访公子所在，请勿他往。”乃走报玉堂春。妓诳其母往庙酬香，见生抱泣，与之金曰：“以此置衣服，再至我院，徐图良策。”生复往，鸨大喜，相待有加。是夜，生席卷所有而逃。鸨挞妓几死，罚为庖婢。后彭应科闻名求见，为之赎身，携归为妾。彭妻皮氏，与监生倪某通，及夫娶妓，置毒酒中，其夫饮之而死。监生欲娶皮氏，乃唆皮告官，谓妓不甘为次，故杀夫，冀改嫁，妓遂成狱。生归家，矢志读书，登甲后，擢御史，按山西。是时生之父转浙江运使，为生根究此女，脱其罪，白其冤，与舜卿为侧室。据此，则玉堂春案，不在山西而在浙江矣；且审案者不是公子本人，而为其父也。

《刚峰公案》四卷，晋人羲斋李春芳编次，金陵万卷楼虚舟生镌。全书七十一回，每回分三节，先事实，次告与诉，末海公判。卷一首有海公遗像又传，传称海公讳瑞，字应麟，别号刚峰，谥忠介，广东琼州人。四卷中插图共计四十四面。

《公案》中以奸杀之事为最多。第十七回“贪色破家”，第二十八回“七胜子”，第三十七回“奸夫误杀妇”，第六十三回“奸僧杀妓”，第七十一回“谋陷寡妇”等，皆有趣味之故事也。本书文字，并不精妙，且所述之事，多与他书重复。余向无此书，疑为无价之宝，今获见全书，实亦平常之品也。

余之《刚峰公案》系白口本，单鱼尾，四周双栏，半叶十二行，行二十三字。前有万历丙午李春芳序又目录，卷首标叶题“全像海刚峰居官公案传”十大字，又“焕文堂重校梓”六小字。据孙子书君小说目，此书有清方锦堂复明本。余书非复本，然决非明印者，疑是焕文堂购万卷楼原版而重印之也。

原载一九三三年十一月二十二日《晶报》

# 弹雀以珠

《庭闻州世说》中，有劝人不近仆婢之语，聪慧多益，兹录其全文如下：

> 时平，温饱之家，或以仆妇为可近，所谓弹雀以珠，即无失，亦于清德大有玷。

《庭闻州世说》入清《四库》子部小说家类存目一，《提要》云：“所记者泰州杂事，故曰‘州世说’，又皆闻于庭训，故曰‘庭闻’。”《四库》不载卷数，不详撰人姓氏。余之藏本分七卷，题“泰州宫伟镠紫阳述”，与宫伟镠所著之《先进风格》合订一册。《风格》《四库》不收。

《州世说》言金瓶梅之作者，与他书不同，兹特附录于此，以供研究文学者之参考：

> 金瓶梅，相传为薛方山先生笔，盖为楚学政时以此维风俗，正人心。又云赵侪鹤公所为，陆锦衣炳，住京师西华门，豪奢素著，故以西门为姓。后有《续

金瓶梅》，乃山东丁大令野鹤撰，随奉严禁，故其书不传。

余之《州世说》七卷及《风格》一卷，皆焦（循）里堂手写本，每半叶十一行，每行二十四字。《州世说》前有自序一则，又说例二则。《风格》前自序三则，末有跋语一则，卷首第一叶有“里堂”二字朱文方印，又“焦循手录”四字白长文方印。《州世说》卷七末叶，有里堂手跋两则，如下：

（一）嘉庆十一年冬，十一月二十三日，录七卷讫，是日雨，天气微寒，盖一冬未雨雪，此日乃两也。

（二）嘉庆十五年，五月十九日，里堂老人复阅一过，明日夏至。

《风格》末叶，有里堂手跋云：

是日午后，写《庭闻州世说》讫，又写此卷，完时二鼓后。

焦循，字里堂，江苏甘泉人，清乾隆进士，所著有《易通释》《孟子正义》《天元一释》等等。

原载一九三三年十一月二十四日《晶报》

# 视为奇货

张化行售妻与崔明旺，索诈不休，并速之讼。去帷之妻，视为奇货，明旺拒之不能，啖之不饱，只得上控以御之。夫田产贸易，价或有昂于旧者，然自一加再加而外，亦自赧焉，不能出口。化行所售，实一妇人，而求多不已，可谓贪而忘丑矣，非杖之以死其心不可。

上节录《楮辞》卷七中之一。

《楮辞》(一名《芜尔集》)全十二卷，明云间张肯堂撰。肯堂字载宁，天启进士，崇桢间以右佥都御史巡抚福建。唐王入闽，加太子少保。王败死，复从鲁王于舟山，城破死之，其书应入子部法家，清《四库》不收。

《楮辞》所载，皆判词也，有极趣者，兹全录卷十二中最短者一条，如下：

韩小四通于邹自有之妻。麀聚视为固然，鹑奔殊多碍手，所以必杀之为快耳，尤可怪者，杀人之夫，而明告之于其妻，拐氏欲逃，而即借钱于共雌之张继善，盖直行其意，而不顾世间有持三尺者也。

余家藏之《僭辞》系明刊本，全白口，半叶七行，行二十字，字旁有圈点，前有崇祯七年成靖之序，又司惟标序，又目录十叶。北平图书馆亦有此书，其他藏家均无有。

原载一九三三年十一月二十六日《晶报》

# 紫须蟹

相传太湖产紫须蟹，自烂溪以东至分湖，皆可得之。昔人谓蟹腹有真稻芒，霜降后入海，输与海神，此大诞妄。蟹子未成时曰黄，黄中有细骨，黄依以生，非稻芒也。入海则黄化为子，而芒亦渐长，至春深散子，则芒亦输出，蟹腐矣。好事者傅会大率如此，不但蟹芒也。

上见《吴兴掌故集》卷十三物产类第二十叶。《掌故集》共十七卷，明徐献忠辑（吴梦赐阅，茅献征校），入清《四库》史部地理类存目三，《提要》称其“考订多未详审”，故入存目。

徐献忠，字伯臣，松江华亭人，嘉靖进士，官奉化令，有政绩。《掌故集》乃其寓居吴兴时所作，全书分十三类，曰“宦业”（一卷），曰“乡贤”（一卷），曰“游寓”（一卷），曰“著述”（一卷），曰“金石刻”（一卷），曰“文苑”（二卷），曰“名园”（一卷），曰“古迹”（一卷），曰“山墟”（一卷），曰“水利”（一卷），曰“风土”（一卷），曰“物产”（一卷），曰“杂考”（四卷）。

余之藏本，系明万历间原刊初印者，白口，单鱼尾，左右双栏，半叶八行，行十六字。前有嘉靖庚申范唯一序，万历乙卯茅瑞征序，又献忠自序；后有李松跋，又茅献征跋。闻此书有近年吴兴某氏重刻本，尚未见过，不知确否。

卷十五“杂考”（人物录）中，有吴兴妓张珍奴一则，似为他书所无，兹节录之如下：

宣和中吴兴妓张珍奴，色华美，性淡素，每夕沐浴更衣，炷香告天，求脱甚切。吕公幻作一士访之。奴见其风神秀异，殊敬之。既而即飘然去，明日又至，如是月馀，终不及乱，珍奴曰：“荷君眷顾甚久，独不留一宿，岂妾鄙陋，不足以奉君子乎？”士曰：“不然，人贵心相知，何必如是。且汝每夜告天，实何所求？”珍曰：“失身于此，又得何为。但念入是门中，强施粉黛，以假为真，歌讴艳曲，以悲为乐，本是一团臭脓皮袋，借伪饰以惑人。每叹世之愚夫，……睹我如花，情牵意惹，留恋不舍，非但伤财，多致殒命，妾……唯昕夕告天，早期了脱。”士曰：“汝志如此，何不学道？”珍曰：“陷于此地，何从得师？”士曰：“我为汝师可乎？”珍即拜叩。士曰：“再来乃可”，遂去。珍日夜望不至，深自怅怅……（后）士忽来……

珍大喜，士乃以太阴恋形丹法与之，珍自是神气裕然，若大开悟……投荒地密修其诀，三年尸解而去。

原载一九三三年十一月二十七日《晶报》

# 围　筹

清代北方有极文雅之游戏名“围筹”者，其谱见《王际华日记》。兹将原文抄录如下：

围筹谱（系钱状元所说）

狐（得者人供一雉，凡得黑者，罚一雉饷之。有么则否，他人不得放鹰犬。有二只者仍放。但衔獐鹿，不取雉兔。）

鹰（准放兔，放者得黑则罚偿。）

鹰犬二合取獐鹿，三取豹，四取虎。

狮准夺，不准他物取。

（么二三为顺水鱼，二三六为双飞燕，黑四同，么四同，二三五夺，为夺钱五六金夺，为六夺钱五。）

“围筹”想是骰子戏之一种，玩时人数至少若干。及一切进行方法，王氏日记中，皆不说明。本《晶》同志有知之者，务乞详细见告。

《王际华日记》世无刊本。余家藏者系清乾隆三十七年手写稿本，红丝栏，半叶十行，每行字无定数，封面有“王际华”及“白斋华”二方印。际华，清钱塘人，字秋水，号白斋，元彬孙，云廷子，乾隆乙丑一甲第三名进士，由编修历官至户部尚书。修《四库》全书时，王充总裁，并兼武英殿事，卒谥文庄，有《白斋诗存》。

王氏日记中，尚有值得注意之事数则，兹附录于后：

（一）（元月）初八（晴）

上幸瀛台，予因先期派出重华宫联句，遂不赴孟春时享陪祀。辰初入直，巳初上回宫，宣召大学士高公（晋）……于公（敏中）……共二十人，诣重华宫茶宴。演戏三出，即席恭和御制七律二首，赐碧玉如意一枝，金星砚一方，张渥《雪夜访戴》一轴，沈周《溪午纳凉》一轴，皆有御书题句，续入《石渠宝笈》上等者也。拜恩而出，甫巳正二刻也。申初归家。

（二）（元月）廿三（晴）

……开筵四日，极洽宾主之欢。然外顾体面，内耗物力（且大费精神），大非寒素所宜。虽不得已而为之，然自此当知止知戒，并刻自俭约，以补此过，凛之慎之。

此后再不可在家搭台演戏矣，戒止。

（三）七月朔（丑大雷雨）

雨止交寅初，自署趋太庙殿中待礼。礼毕，遂趋午门朝房（朝房二间，为宗伯办公之所，自来离披无状，予亦因循至今，顷命笔帖式巴燕宝作芦席顶，隔改木坑为五，为正堂左右堂，如署中之式。不独予迩来时奉命办公到此，即外国使臣，亦往往于此待礼，亦须稍饬观瞻。所费不过十六金，而整齐严肃，无复当日败落景象矣，志之。）看则例。俟至辰正二刻，奉命偕冢宰托公（庸）……验看六月分月官……看验毕，各散……

（四）腊八（大酺）

睡起徐徐，巳已初矣，遂入直，作诗竟日。初归，至前门遇一鬼，面青蓝色，出门洞者五尺。熟察之，似将有所陈诉，出一呈纸，则云云，似尚谓前者贵州告状之虚。因叱而醒，始悟梦也（真如梦，梦如真，奈何景，奈何人）。

原载一九三三年十一月二十九日《晶报》

# 唯是痴情消不去

余家藏书中，有杂剧一种，题名曰《补春天传奇》。全书二十二叶，每半叶七行，每行十六字，著者槐南小史，即日本人森泰二郎也。《补春天传奇》演清人陈文述为冯小青修墓之故事。文述字云伯，号退庵，又号碧城外史，浙江钱塘人，于授职县令后，告假一年，在杭州之孤山别业游息，与屠琴坞、郭祥伯为友，曾作《小青曲》。

一日深夜，文述有心事不能睡，剪灯端坐。忽而小青走来，观其所作之诗，并云："我的坟墓，只在咫尺之间，你若有情，当为过访。"文述知其为小青离魂，遂决定修墓之举。

同时与冯小青受屈于泉下者，有周菊香、杨云友二女，闻文述将为小青修墓，颇现羡慕之意。小青慰之曰："姐姐们放心罢，那陈君真真是个情种，已修奴的墓，决不令姐姐们饮恨于重泉矣。"

后文述因三女皆绝世佳人，又因同葬在孤山，断无取此舍彼之理，果然将三冢一并修理，又于墓旁另造一大宅，名曰"兰因馆"。文述真情种也。

森泰所作词白，一依汉文格律，全无日文气味。虽间有小毛病，然非善于学外国语者，不能到此地步也。

余之藏本，系日本明治十三年印本，前有学海居标序，又石埭生题句。卷首标叶，卷末版权均存。此书在我国不多见，余本为某书友所赠。

全书四出。第一出《情旨》，第二出《梦哭》，第三出《魂聚》，第四出《馀韵》。本篇题目，取第一出之第二首词中。

原载一九三三年十二月二日《晶报》

# 其性淫

养蚕首在择种，择种必先提蛾。余家藏《吴兴蚕书》稿本中，有提蛾之法，兹将其全文附录于后：

> 俗云，十八日蛾头转，言蚕蜗化蛾之期也，然此正难预定。自采茧之日算起，大约至半月，当候出蛾。凡蛾之破茧，多在子丑寅三时，其性淫，出茧即交，须时时照了。出一娥，即提一蛾，分雌雄各贮一器（器内密竖草帚，使蛾群集帚上，不致鼓翅盘旋，游走无定。）不可任其自相配偶。任蛾自偶，则蛾出有先后，即交有迟早，不能齐一矣。

《吴兴蚕书》稿本一卷，白蘋洲征士撰。白蘋洲指吴兴，征士姓氏不详，遍查志书，亦不能获。余之藏本，系素纸写者，半叶十行，行二十字。全书四十六叶，述《眠起》《分𧖴》《原病》《下地》《上山》《灼山》《回山》等门。文字简洁易明，可作养蚕教科书之用。惜华丝不销，人造之丝又廉而美，此类书籍已成废物矣。

《蚕书》稿本有陆树藩题字，又有陆树屏藏印。树藩、树屏均心源子。其为皕宋楼旧物无疑。

原载一九三三年十二月四日《晶报》

# 羹献

“羹献”，犬之别名。犬肥则可为羹以献，此宗庙中之美号也。犬之美号极多，余所知者，尚有“义畜”“守门使”“恋主”“地狼”“锯齿”等等。明嘉靖本《记事珠》中，又有下列美号：

（一）宋猎，又鹊苍（古良犬）

（二）黄奴（廖习犬，识喜怒）

（三）吠云（杜光庭犬，能行万里）

（四）黄耳（陆机犬，能传书）

（五）黄苍（张彪犬、彪被杀，黄苍哀号）

（六）桃花（宫中犬）

（七）周狗（识人指意）

（汉文“狗”字之音，颇与西文 cur 字之音相似。cur 者恶犬也。）

嘉靖本《记事珠》不分卷，明刘国翰撰（国翰，耀州人，官秦王府教授）。大黑口，上中下三鱼尾，四周双栏，半叶八行，全行极少，十六字或二十字不等。前有嘉靖十年国翰自序，嘉靖丙申朱安须跋，又目录。

《记事珠》分天文，地理，时令，花木，鸟兽，宫室，器用，人物，人事，文史，身体，衣服，饮食，珍宝等十四门。各有子目，颇似《事类异名》。然许氏后出之书，反不及本书之详尽也。

《开元遗事》载张说为相，有人惠一珠，绀色有光，曰“记事珠”，或有遗忘，即玩此珠，心神顿悟。本书命名取此。

本书清《四库》未收。

原载一九三三年十二月五日《晶报》

# 施粉无朱

余家藏卧云山房素纸抄本《厘正宣和高丽图经》中，有值得注意之事极多，兹于《妇人》篇及《杂俗》篇内任意抄录二事，以供本《晶》同志之阅读：

（一）妇人之饰，不善涂泽。施粉无朱，柳眉半额。皂罗蒙首，制以三幅。幅长八尺，自顶垂下，唯露面目，馀悉委地。白纻为袍，略如男子。……秋冬之裳，间用黄绢，或深或浅。公卿大夫之妻，士民游女，其服无别。或云王妃夫人，以红为尚，益以绘绣。国官庶民不敢用。

（二）俗尚洁净，每笑中国人多垢腻，故晨起必先沐浴后出户。夏日再浴，多在溪流中，男女无别，委衣冠于岸而沿流亵露不为怪……。

《宣和高丽图经》四十卷，宋徐竞撰，入清《四库》史部地理类四。余之藏本，系明姑苏吴岫删节者，故曰“厘正”，分上中下三卷。吴序云：“宋宣和间，徐竞出使高丽，归录其所见闻者为《图经》以进，有图有书。传未久，经存而图亡。为卷凡四十，为则凡三百馀，何其侈哉。洋洋乎使人居华夏而知海外风景，且得其立国规模，裨益见闻，咨拓经略，何其有用乎哉。然中多衍文，似涉冗繁，予不量，乃为剪削，约为上中下三卷，而其‘则’视前去半有零。盖文有所裁而事不敢逸，敢僭附述者之末耳，有志崧山鸭水者或有采焉，矜而许其简迳，亦予望也。”

吴序不见他书，岫之事迹未详。余藏之卧云山房抄本，每半叶十行，每行二十二字，前有吴岫序，徐竞原序，又目录。收藏有“孔继涵印”“荭谷”两图记。卷下第三十四叶末有朱笔跋云：

> 徐竞，吾郡人。此书姚叔祥、胡孝辕曾刻之嘉兴。吴岫非通人，剪削恐未当。康熙庚长至以银四铢买于金陵承恩寺。归舟阻风燕子矶，阅一过，因识卷末。何焯。

原载一九三三年十二月七日《晶报》

# 未曾相唤

杨诚斋善谑，尝谓好色者曰："阎罗王未曾相唤，子乃自求押到何也？"此劝人不可自戕其身也。语见《鹤林玉露》卷之十四题《戒色》者一则中。

《鹤林玉露》十六卷，宋罗大经撰，入清《四库》子部杂家类五。所载皆文章道德之事，甚有益于心身者。兹录卷之五中题《猫犬》一全则于下，以见本书之文字：

> 东坡云，养猫以捕鼠，不可以无鼠而养不捕之猫；蓄犬以防奸，不可以无奸而蓄不吠之犬。余谓不捕犹可也，不捕鼠而捕鸡则甚矣；不吠犹可也，不吠盗而吠主则甚矣。疾视正人，必欲尽击去之，非捕鸡乎？委心权要，使天子孤立，非吠主乎？

《鹤林玉露》有《稗海》本、谢氏增补本、万历本。余家藏者系明刊小字本，即传世之最佳者，半叶十一行，行二十一字，黑口，单栏。字近柳体，刻印均精，市上不易遇见。

**原载一九三三年十二月九日《晶报》**

# 逐日苦逢迎

《漪庵遗集》中有甚雅之乐府一首云：

（琥珀猫儿坠）烟花堕落，逐日苦逢迎。叨荷君家青眼，怜合欢，令夜证三星。叮咛。惟愿取莲枝比翼，世世生生。

《遗集》未见传本。余家藏者，系焦里堂（循）手写，每半叶十一行，每行二十四字。前段所引之乐府后有漪庵自记一则云："此余昔年试事失利，旅馆无聊之作也，借以涤闷，实无所指。偶检敝笥得之，附录于此。"

漪庵不独精于词，且精于诗，兹任便录二首以见其才：

思酒二绝

春来俗绊触心痒，打算便宜入醉乡。才典鹔鹴余不惜，世情都付酒中藏。

沽酒呼童问渡过，为欣烂醉助吟哦。迈年勾当无多事，不著诗魔即酒魔。

《遗集》前有焦氏长跋，略言漪庵事及其著作，附录如后：

漪庵诗一帙，三十年前余得之姑夫范琨仲家，前后残缺，不知作者姓名。唯题中有“漪庵”二字，盖其号也。吊梁饮光诗云：“犹忆文坛叨丽泽，悲思往事悼黄昏。”则尝与饮光友者。饮光湖中人，崇祯癸未进士，死于万安县白之裔之乱。漪庵盖明末隐居湖中者也。诗中与叶博之往来。博之名弥广，所称湖中三高士之一也，漪庵与之游，其慨可知矣。诗多抑塞牢骚之气，而幽爽之音，有不可淹者。嘉庆丁卯六月大病之后，继以足痹，处室中不能行，偶阅此本，惜其沉沦于虱鱼毁啮之余，将至于尽，乃摘而录之，得一卷，名之曰《漪庵遗集》，乐府附于末。鸣呼，姓氏虽不传，而一字一句孰非心神血气之所在，自有是录，又可永数十年或百年，或由是即传之不朽，皆数之不可知也夫。里堂老人焦循题。

里堂老人手抄诗文集，与此合订者，尚有下列十二种，均杰作之未见传本者也：

（一）《蒙谷诗》一卷　王方岐著

（二）《霞江诗馀》一卷　罗煜著

（三）《既上人诗集》一卷　姜生齐撰

（四）《瑶房诗》一卷　张瑶房撰

（五）《闲情偶寄》一卷又附录　徐去疾稿

（六）《梦砚居遗诗》二卷　吴寅著

（七）《清渠诗抄》三卷　吴寅撰

（八）《玉山集》二卷　郭嗣龄著

（九）《鹤墅诗抄》二卷　谢九成著

（十）《学步编》二卷　谢九成著

（十一）《遣闲偶集》一卷　谢旭著

（十二）《来青阁诗抄》一卷　谢天霁撰

原载一九三三年十二月十一日《晶报》

# 瞽者善听

余家藏董士锡手稿三种：（一）《阴符经解》，（二）《烟波钓叟歌章句》，（三）《决胜赋注》，皆子部道家类书也。兹将每种中采录最易明者一节，以见董氏之所谓“解”，所谓“章句”，所谓“注”也：

（一）瞽者善听，聋者善视，绝利一源，用师十倍，三返昼夜，用师万倍（《明符经》）。（解）夫时未至而不能退者，则必胜而后可进也。专则心胜，慎则身胜。所谓舍其二而用其一，缓其利而急其害。生杀之机，斯可执矣。用师者，非得已也，待时两已，知机而已。

（二）节气推迁时候定，阴阳顺逆要精通（《烟波钓叟歌》）（章句）推迁节气而定时候，易耳。要在精通阴阳顺逆之理，则刑德飞伏，主客先后，各得其宜矣，所谓妙难穷也。

（三）春勿东伐，夏不南征，秋天不可西攻，冬月岂宜北战（《决胜赋》）。（注）避四时旺气。

董士锡，清武进人，字晋卿，一字损甫，嘉庆副贡，精虞氏《易》，兼通壬遁之学，著有《遁甲因是录》《齐物论斋集》。其手稿三种，不见传本，想尚未刊行也。

余藏之董氏手稿，每半叶八行，每行二十三字，涂改之处极多，有用朱笔者，亦有用墨笔者。卷首护叶有焦循手跋云：“嘉庆戊辰四月江都焦循借录一过。”下钤“焦循手录”四字白文长方印。

原载一九三三年十二月十四日《晶报》

# 年与日长

明李开先著《中麓山人拙对》卷之上散对中，有一联云："礼攻吾短，曲礼三千，毕竟百千万礼以尽；年与日长，行年五十，始知四十九年之非。"此联正合余意，惜不善书，否则可以抄录以为座右铭也。

《中麓山人拙对》分上中下三卷。上中两卷八十五叶，下卷七十六叶，共一千六百二十一联。下卷最后一联云："对择千联，其余不足观已；字过二万，虽多亦奚以为。"

卷中四十一、二叶有一联，甚合现今时事，兹特照录如后：

国虚黠虏来侵，清宵传箭。攘外少良谋，梦中还说梦。

路涩穷民作梗，白昼操戈。赈饥无奇策，愁上更添愁。

李开先所撰之对有极精者，兹再抄录数联于后，以见其才：

（一）惭无食肉相，别有养自资。（卷上三十三叶）

（二）六月初离，似月行而云住；风霜俱厉，必风息而霜飞。（卷中六十一叶）

（三）久别不通信；相看知是谁。（卷中七十四叶）

（四）见死无人救，浮生往自忙。（卷下十三叶）

（五）娶妻莫恨无良媒，书中有女颜如玉；有名何必钻顽石，路上行人口是碑。（卷下四十一叶）

余家藏之《中麓山人拙对》系明嘉靖中刊本，大黑口，双鱼尾，四周双栏，每半叶九行，每行十八字。上卷前有嘉靖壬子李开先序；中卷后有嘉靖癸丑李开先后序，又李思禄、高明、裴克恭，马晖、陈安德、袁学诗等跋；下卷前有嘉靖己未李开先序，后有开先后序三首，又卞蛟、张自慎、逯希闵、沈仕、虞得琴、田江、高明、朱懋修、徐慎独、王烈、李逢春、魏北、王枝、王任、王应诏、卢应龙、王梗、胡士荣、姪春溪、春田等跋，及中麓自跋。

李开先，明章丘人，字伯华，号中麓，嘉靖进士，官至太常寺少卿。罢归，治田产，蓄声伎，精于词曲。其所著及所刻之书，极不易得。余家藏者，除《拙对》外，尚有《宝剑记》《塞上曲》《张小山小令》《词谑》等等。《拙对》北方某馆有之，似欠一卷。

原载一九三三年十二月十八日《晶报》

# 贪得肉麻忘肉痛

五六年前，余曾购得一书，题名曰《热河行宫欢喜佛像真迹》，连史纸初印，共计十二叶。第一第二叶书名及题句，第三至十二叶为图，皆木刻，粗陋之至，虽易阅视，不便复制。惟各图题名，尚不恶劣，如“佛门车战”“花毡狎鹿”“龙氍戏牛”“春透一枝”“逾山胜境”。“花毡狎鹿”之题诗最佳，云：“花毡贴地脚朝天，兽欲熏心颠倒颠。贪得肉麻忘肉痛，是人是畜两情牵。”第二叶总题亦极佳，云：“男贪女爱，无窒无碍。一点灵犀，成此世界。俗士何知，大惊小怪。”按：纪晓岚“昨宵师母脚朝天”句，载于某笔记，与此花毡贴地之脚，可谓双翘。

原载一九三三年十二月十八日《晶报》

# 贵贱同归

下列之诗，含意深而且广，余甚好之，恐年岁较大之故。本《晶》青年同志，未知亦有喜此者否：

细推今古事堪愁，贵贱同归土一丘。汉武玉堂人岂在（《汉武故事》云，玉堂去地土十三丈，阶基皆用玉），石家金谷（晋石崇有金谷园）水空流。光阴自旦还将暮，草木从春又到秋。闲事与时俱不了，且将身暂醉乡游。

上列者，薛逢诗也，题曰《悼古》。逢字陶臣，唐蒲州人，会昌元年进士，此诗见余家藏之《唐诗鼓吹》。

《唐诗鼓吹》十卷，金元好问编，郝天挺注，入清《四库》集部总集类三。据莫友芝《郘亭知见传本书目》，此书有经厂本、明廖文炳本，及清陆贻典本。后二本莫云不佳。余家藏者，系明书林刘氏本诚堂刊本，莫氏所未见者也。

刘本每叶分上下两截，上截每半叶十一行，行七字；下截每半叶亦十一行，行十六字，小字双行，字数同。上下截均白口，下截双鱼尾，其间题书名及卷数，或作一似㐅字之记号，下鱼尾下则记叶数，四周双栏，版匡高约七英寸又四分之一，广约十英寸。卷首有元至大元年赵孟頫序，其开首云："鼓吹者何，军乐也，选唐诗以是名之者何？譬之于乐，其犹鼓吹乎？遗山之意则深矣……。"

卷四上截新增便蒙诗中有《冬至》一首，极合时，兹照录如下：

> 黄钟应律好风摧，阴伏阳升淑气回。葵影便移长至日，梅花先趁小寒开。八神表日占和岁。六琯吹葭动细灰，已有岸边迎腊柳，参差又欲领春来。

余藏之《唐诗鼓吹》有"范氏天一阁藏书"七字朱文方印。人谓天一阁藏书，只写书根，而无图记，其实不然，早年收入之书，书根图记两者皆全也。

原载一九三三年十二月二十二日《晶报》

# 已非复童体矣

清《四库》史部杂史类存目三，有一书题名曰《先拨志始》者，照文秉撰，分上下两卷。上卷起万历讫天启四年，下卷起天启五年讫崇祯二年。所载者多宫中秘事，为正史所无，阅之颇觉有味。兹节录上卷第四叶一则如后：

> 光庙于万历十年癸未诞生，年十三矣。犹与孝靖居景阳宫，同起卧。郑贵妃于神庙前，言皇长子好与宫人嬉，已非复童体矣。神庙遣使验之。孝靖大恸曰："我十三年与同起卧，不敢顷刻离者，正为今日。今果然矣，使还以实告……"书中不言以何法验童体，并不言使者之姓氏与性别，甚可惜也。

《先拨志始》余家藏者，系明代原刻竹纸初印本，每半叶十一行，每行二十一字，白口，单鱼尾，左右双栏。前有文秉自序，其收尾云："首纪国本，著门户之所由始也，终以逆案者，贞佞之所由判也。名曰《先拨志始》，所谓辨之于早也。后之君子，流览于此，其于邪正之辨，得失之政，亦洞若观火矣乎。”逆案，指魏忠贤乱政。案中首逆二人，一魏忠贤，一客氏。首逆同谋者六人：崔呈秀，李永贞，李朝钦，魏良卿，侯国兴，刘若愚是也。其馀交结近侍等共二百零二人。当时原奏中，各人应得罪名，均一一开具。魏忠贤之罪名为“凶残祸国，僭肆逼尊，罪恶贯盈，神人共愤，逆形已著，寸桀允宜。”客氏之罪名为“乳保恃恩，凶渠朋结，凌尊窃势，纳贿盗珍，阴逆首奸，死不尽罪。”

除魏案外，书中尚有“妖书”“红丸”两大案。妖书案已失时间性，目下无甚趣味。红丸案可节录如后：

> 光庙御体羸弱，虽正位东宫，未尝得志。登极后日亲万机，精神劳瘁。郑妃欲邀欢心，复饰美女以进。一日退朝内宴，以女乐承应，是夜一生二旦，俱御幸焉，病体由是大剧，……鸿胪寺丞李可灼自云有仙丹，介内阉奏闻，……甚合圣意，……可灼调药以进，……次日五鼓，内宣召甚急，诸臣趋进，龙驭上宾矣。

按仙丹红丸，想是“春药”之一种，其方不传。

《先拨志始》据余看来，大有历史之值，惟市上不易遇见。

原载一九三三年十二月二十四日《晶报》

# 独眠丸

言浙江杭州之西湖故事者有《西湖二集》《西湖拾遗》《西湖佳话》等书，皆极有兴味之小说也。《佳话》不论大字小字本，均易购得；《拾遗》有小字刻本与申报馆铅字本两种，亦易遇见；《二集》罕见，然海内外公家私人尚多藏本。余家藏一“正”本，题曰《西湖志类抄》，内载西湖轶事极多，他家有之者，似乎极少。兹先录卷上末叶一故事，以见此书之文字焉：

> 包宏斋恢，年八十八，登眺湖山，怡然畅适。贾似道诇之，意为有摄养奇术。恢曰：有一服丸子药，及不传之秘方。似道欣然叩之。恢徐徐曰：“恢吃了五十年独眠丸。”满座大笑。

《西湖志类抄》，明俞思冲纂，分卷首又上中下三卷。卷首有图三十八面，又文字六面。图皆新安汪弘栻所作，刻印精美。卷上专载诗词轶事；卷中分：山，峰，岭，石，洞，亭，堤，台，江，泉，涧，井，桥等类；卷下分：宫，院，祠，庙，寺，庵，观，塔，墓，楼等类。皆有名人记述。卷首前有武林黄克谦序，又目录。

本书系白口本，左右双栏，半叶八行，行十八字，小字双行，字数同。此书清《四库》不收亦不存，想是当时馆臣未及寓目之故。

原载一九三三年十二月二十六日《晶报》

# 胎教之道

本篇用以为题之四字，引自贾谊《新书》之《胎教》篇，其首段中之后半云："凤凰生而有仁义之意，虎狼生而有贪戾之心，两者不等，各有其母。呜呼，戒之哉，无养乳虎，将伤天下，故素成胎教之道，书之玉版，藏之金柜，置之宗庙，以为后世戒。"

《新书》十卷，入清《四库》儒家类一，明清刊本极多，有《汉魏丛书》本，《子汇》本，胡维新本，抱经堂本等等。最古者当为吉府本。

吉府本，即宋本之明印者，吉府未尝刊刻此书，购得宋版后重印之也。最初重印者，卷六第三叶后半三、四、五等行，缺"之食　民无饥　良珍"七字，自成一椭圆形。后印者字皆补足。关于此点，吴兴陆心源《仪顾堂文集》曾有考据，嗜古书者，可参阅之。

余家藏之吉府本《新书》，半叶八行，行十八字，黑口，双鱼尾，四周双栏。前有宋淳熙辛丑胡介序。卷六首叶有蓝色"吉府图书"四字方印，旧封面有袁克文题"新书十卷　乙卯八月　寒云"十字。收藏有"寒云秘笈珍藏之印""梁印清标”“蕉林收藏”“宗室盛昱收藏图书记”诸印。即此数印，已足使余之藏本珍贵矣。

原载一九三三年十二月二十九日《晶报》

# 三男取一女

黄霸，魏人也，字次翁，汉宣帝时为丞相。燕代之间，有三男共取一女，因生二子，及欲分居，各争其子，遂讼于台省，求断之。霸曰，非同人类，当以禽兽处之，遂戮其三男，以子还母。

上故事见《疑狱集》。余意三男并不犯死罪，母非生产者，以子还之，不知霸有何意。今之断案者，决不如此。本《晶》同志多大律师，可否将摩登法见告。

《疑狱集》三卷，五代和凝与其子㠓同撰，入清《四库》子部法家类（作四卷）。据莫友芝《郘亭知见传本书目》，拜经楼曾藏吴太初手抄本三卷。余家现藏者，即吴太初素纸手抄本，半叶九行，行十八字。前有㠓序，及至元十六年杜震序，后有吴太初（长元）长跋、序。第一叶有“吴”“太初”二印，跋末钤“太初”“延陵季子”二印，旧封面有吴兴皕宋楼主人陆存斋（心源）手跋，略言此书之历史，兹特照录如后：

此书原本四卷，南宋时已佚一卷，故陈伯玉侍郎《书录解题》所著录，已只存三卷矣。今《四库》著录四卷本，乃后人分下卷为二，以合四卷之数，亦非足本也。此书从元本录出，乃旧本之可贵者。同治壬申初夏，得之吴兔床先生后人，因识。

原载一九三三年十二月三十一日《晶报》

# 昨夜清香入梦来

购求古籍，以元人诗文集为最难得，而元人诗集中，尤以《汉泉曹文贞公诗集》为最罕见，余家有之，且为名抄也。

余家藏之《文贞集》系明山阴祁氏澹生堂蓝丝栏抄本，每半叶十行，每行二十字。全书十卷，前有总录（即目录），卷十后附后录，末有至元戊寅吴全节跋。祁氏澹生堂主人名承㸁，字尔光，万历进士，富藏书，精校勘，其家抄校诸书，艺林视为珍宝。

《文贞集》元曹伯启撰，其子复亨类集，胡益编录，入清《四库》集部别集类十九，《提要》云："伯启生于宋末元初而家世江北，不染江湖末派，亦不沿豫章馀波。所作乃多近元祐路。惟五言古诗，颇嫌冗沓。其余皆春客娴雅，沨沨乎和平之音，虽不能与虞杨范揭角立争雄，而直抒胸臆，自谐宫征，要亦不失为中原雅调矣。"

兹录七绝一首于后，以见曹方贞之才：

索李副使画梅

酷爱孤根暖独回，吴缣光拭向谁开。小诗欲寄司花手，昨夜清香入梦来。

余家藏之澹生堂抄本《文贞集》，总录首叶有“澹生堂经籍记”“旷翁手识”“山阴祁氏藏书之章，“子孙永珍”四图记。卷一首叶有“莫尧”“范印毓瑞”二图记。卷首护叶有《旷翁铭》，为自来藏书章之最长而最有味者，其文云：

澹生堂中储经籍，主人手抄无朝夕，读之欣然忘饮食，典衣市书恒不给，后人但念阿翁癖，子孙益之守勿失。

原载一九三四年一月七日《晶报》

# 约为夫妇

正书而有闲书兴味者，不外子部法家类，如《疑狱集》《折狱龟鉴》《棠阴比事》《清明集》等等。（《清明集》日本静嘉堂只有残本，惟余家有足本，拟即影印之。）本篇所述，为清《四库》所未收未存之一书，题名曰《敬由编》。

《敬由编》者，刑名史也，上起唐虞，下迄宋代，凡十二卷，明淝上（即合肥）窦子偁纂。余之藏本，每半叶十行，每行二十字，白口，单鱼尾，四周双栏，前有万历己亥子偁自序，称是书因少司寇吕新吾之嘱，汇次而成者也。子偁，字燕云，万历进士，授大理评事，官至浙江布政司。

《敬由编》载有趣之故事极多，兹录卷七中一则，以见本书所取之材料焉：

韩职方，讳绎，字仲连，从晏元献公辟为永兴倅。有富家子悦娼女柳，约为夫妇，而父母强为子娶。乃谋之市卜，教以厌蛊，期妻必死，可娶娼，则厚酬之。既而妻果病垂死，妻之父母闻而告官。晏公醇儒，不信，曰：世固有是耶？职方固请鞫之，遂得实，发地藏木偶人，书其妻名氏生时与咒诅，晏公大惊，乃奏抵法。

原载一九三四年一月九日《晶报》

# 奇 方

余于旧藏医书中，得一奇方，言“妇人私痒，三虫作祟”，其治之之法如下：“猪肝切圆一大条，以花椒葱拌猪油煎肝，待冷纳痒中。少顷取出，再换一条，其虫附肝俱出。”又一方治妇人私处生疮，法以“蛇床子三钱，杏仁（炒研）五钱，白矾五钱，煎水洗之”即愈。余不行医，并不知药性，所以录此二方于此者，愿国医专家之研究试用也。

上录二方，见《奇方类编》。同书中又有一方，治茎痒，法以“白粱粉三钱，石菖蒲三钱，为末扑之”即愈。

余藏之《奇方类编》系清康熙中鄂奇善校刊本，每半叶九行，每行二十二字，辑者吴世昌。全书分上下两卷，计头面，须发，耳目，口鼻，牙齿，咽喉，心胃，噎膈，痰嗽，脾胃，血症，膨胀，水肿，痢泻，疟疾，风瘫，疝气，伤暑，伤寒，痔漏，损伤，疮毒，急治，保养，补益，小儿，杂治等门，后附经验秘方。全书前有康熙五十八年孙元龙序，又细目。

《奇方类编》中尚有治淋病方，简便易行，未知能有效果否。兹姑照录如下：

（一）治白浊

鸭蛋顶开一孔，入生大黄末五分，银簪搅匀蒸熟，空心黄酒服。

（二）血淋疾

鸡蛋一个，顶开一孔，以熟大黄末三钱入蛋内，银簪搅匀蒸熟，黄酒下。

据西医云，淋病极不易治。旧医书视之若此之轻，想是当时不能确知病因之故，然吾国固多可以气死名医之方也。

**原载一九三四年一月十一日《晶报》**

# 平得心来处处平

下节中所引各语，简洁易明，然含蓄甚深，虽为宋人笔墨，颇似近代西洋哲学也。引语如下：

> 夫目以明见，而识寓其中。见则有限，识独无穷，是故识者神用也。今夫群众环于前而皆见焉，则目所同也。至于视其进退静作，而人不人默定于中者，则非目见之所可及，识而已矣。

上引者，宋郑侠《上泉守蒋大夫书》中语也。侠字介夫，福清人，治平进士。屡上书王安石，言新法之害民，不答。后久旱，流民无计求活，扶老携幼，蔽塞道路。侠绘所见为图，设计上之银台司。神宗览图长叹，下诏悉罢青苗新法。及安石去，吕惠卿执政，侠又上书论之，几遭横死。侠自号一拂居士，所著有《西塘集》十卷，入清《四库》集部别集类七。

宋刊《上泉守蒋大夫书》已佚，行世者明万历己酉叶向高重刊本也。余家藏者，即叶氏本，白口，单白鱼尾，单栏，半叶九行，行十八字。前有万历己酉叶向高序，又隆兴二年黄祖舜旧序，收藏有“臣印士濂”一印。清《四库提要》称《西塘集》本二十卷，明季重刊，叶向高更为删汰，存奏疏杂文八卷，诗一卷，附本传、谥议、祠记等为一卷，具见向高所作序中，盖已刊除大半，非复宋本之旧。《提要》又云：“王士禛《居易录》称其文似石介，而无其怒张叫呶之习；古诗在白居易、孟郊之间。今观其集，良如所说。”

郑侠奏疏杂文皆极长，不便抄录于此。下列五七言绝各一首，已足以见其诗才矣：

（一）论诚

万事以诚立，不诚心不专。诚心非铁石，铁石被诚穿。

（二）题灵峰平步亭

天险尝闻不可升，人间危堑更难名。欲知平步亭中意，平心得来处处平。

原载一九三四年一月十三日《晶报》

# 此身飞入紫微宫

人必有梦，而梦各不同。最通常者，自高处下坠，或在空中飞翔是也。据现代科学家言，此皆因人类远祖，野处难安，往往有跳跃奔逃之举之故，应以遗传称之。若少年人梦与姣好者亲近，或狂叫，或斗遗，则因日有所思或日有所见而起，非遗传也。

余每岁九月间必作一梦，身似在苏州葑门一带，拟往观前，觅路不得。久之则入一巨观，见无数偶像集于一堂，有身高三丈者，亦有一、二寸长者；有断首者，亦有目发亮光者。八九年来，年年有此一梦，总在九月初七与十九之间。前二年与内子同进此观，吾二人略一观看，即战战自后门而出。前年之梦，不甚明白。去岁则进观如故，惟偶像已移去矣。此梦决非遗传，因余之父母，皆不信释老者也，而余又不常往苏州，亦不入道观，则显非有所思或有所见也。本《晶》同志必有研究精神学者，请为我一解释之。

本篇言梦，下列七绝二首，有元人纪梦诗之佳者，内言身飞，鹤飞，海风等事，均可以遗传二字解释之，诗曰：

（一）四面青山拥翠微，楼台相向辟天扉。夜阑每作游仙梦，月满琼田万鹤飞。

（二）纷纷鸾鹤满虚空，耳畔如闻度海风。直上云霄千万里，此身飞入紫微宫。

上元杨载诗也。载字仲弘，杭人，博涉群书，年四十不仕，以布衣召为国史院编修官，旋举延祐进士，官终宁国路推官，所著有《翰林杨仲弘诗》八卷，入清《四库》集部别集类二十。

《杨仲弘诗》，有浦城遗书本，汲古阁本，明嘉靖本（即四部丛刊所影印者）。余家藏者，明蓝丝栏抄本也。半叶九行，行二十字。收藏有“梁印清标”“蕉林藏书”“德启借观”“世异长寿”“秋碧”“苍岩”“寒云藏书”七印记。此为余家收得袁氏旧藏书之一种。袁氏书市上罕见，极可珍贵。

仲弘诗以雅洁著称。兹再录其五古一首于下，题曰《胡氏刺虎图》：

宛有烈妇人，胡姓嫁刘氏。从夫枣阳戍，车宿水之澨。夜半猛虎至，衔夫入蓊翳。夫人自惊起，不暇生为计。直前执虎足，尽力与牵制。呼儿抽佩刀，刃剚虎立毙。夫命复不救，复仇古所贵。呜呼流俗弊，人义日以废。妇不失其夫，臣子竞为利。患难图苟免，闻此得无愧。吾故作此诗，于以告万世。

原载一九三四年一月十五日《晶报》

# 越缦藏书

李莼客藏书，虽无宋椠元刊，然多手校、手批、手跋者，可珍贵也。全书未售以前，其戚某某曾以草目寄申，余得见之，后均为北平购去。

莼客手稿六种，即《史记札记》《汉书札记》《后汉书札记》《晋书札记》《宋梁北魏隋书札记》《南史北史札记》，已由北平图书馆印行。其散见于各书之批跋，恐未必能付印也。

余家藏李氏所跋之书，旧有光绪壬午大兴傅节子（以礼）重编校刊之《孶经室经进书录》四卷，已被焚于“一·二八”难中。惟李氏之跋为难前友人抄去，未失，兹转录如下：

> 此据《孶经室外集》所刻，为之编排次序。订正无多，本不必刻，且为改撰书名，尤属无为。至末附归安人陆□□一序，妄言轻诋，更足为累。节子刻此时，未尝见商，惜不得阻之耳。光绪丁亥正月五日雪夜。
>
> 越缦老人识于京师

观此一跋，足见“老人”用笔之健矣。老人于陆序之末作一短跋，称陆为“小人”，其用字太直，不便附录于此焉。

莼客尚有未刻日记两巨册，内多讥讽当时名人之词，闻为某公设法取去，已焚之矣。

原载一九三四年一月十七日《晶报》

# 年方笄

下列二事中，所谓“上”者，指明太祖也。

（一）金华有民献一女子，年方笄，能作诗。上怒曰：“我取天下，岂以女色为心耶？”命诛于市，以绝进献。

（二）江西行省以陈友谅镂金床进，上观之，谓侍臣曰：“此与孟昶七宝溺器何异？以一床工巧若此，其馀可知。陈氏父子，穷奢极侈，安得不亡？”即命毁之。

上二事见明陈建辑著之《皇明启运录》中。建有《学蔀通辨》入子部儒家存二。《启运录》（即前编）八卷及《皇明通记》三十四卷（即后编），清《四库》不收亦不存。余家藏者，系明代原刊，白皮纸初印本。《启运录》每半叶十行，每行二十二字；《通记》每半叶十一行，每行亦二十二字，白口，双鱼尾，单栏。全书前有嘉靖乙卯建自序，又目录，采据书目，及凡例。此书富于史料，且不多见，可珍贵也。

《启运录》载冷谦事，与《左慈绝》相类，似涉诞幻，然事迹散见于《震泽长语》《皇明提要》等书，则其事固不可谓无也，兹节录如下：

> 冷谦，字启敬，杭州人，尝遇异人，传仙术。有友人贫不能自存，求济于谦。谦曰：“吾指汝一所往焉，慎勿多取过分。”许之，乃于壁间画一门，一鹤守之。令其人敲门，门忽自开，入其室，金室充牣，盖朝廷内帑也。其人恣取以出，而不觉遗其引。他日库失金，守库吏得引以问，执其人讯之，词及谦，因并逮谦。将至，谓逮者曰：“吾死矣，安得少水以救吾渴。”逮者以瓶汲水与之。谦且饮且以足插入瓶中，其身渐隐。逮者惊曰：“汝无然，吾辈皆坐汝死矣，”谦曰：“无害，汝但以瓶至御前。”既至御前，上问之，辄于瓶中应如响。上曰：“汝出见朕，朕不杀汝。”谦对：“臣有罪，不敢出。”上怒，击其瓶碎之，片片皆应，终不知所在，自是不复见。移檄四方物色之，竟不能得。

原载一九三四年一月十九日《晶报》

# 鲁九皋

出言仁义，持论中正，而不甚为世所知者，有清一代鲁九皋其一也。九皋，江西新城人，原名仕骥，字絜非，号山本居士，乾隆辛卯进士；越十年选山西夏县，有惠政，以劳卒于官。尝至福建建宁，受古文法于朱仕琇，又与桐城姚鼐善，故其为文，合于归方正轨，而冲夷和易也。所著有《山木居士集》。兹录其《种兰说》之一节，以见其笔墨焉：

> 往年客有以兰数本，遗山本居士者，花馥郁，置诸几案间，香氤氲盈一室也。居士于是爱之甚，求洁缶而植焉，加护视之，且日灌溉之，冀来岁之花之复然也。逾年，当花期矣，叶青青，有善种兰者过之，曰此兰不花矣。……居士曰，何故？曰："兰之生于深山大谷也，资天地之清气以自养……今子置诸阶户之间，与众卉杂列，户以其垢腻之馀灌溉之，叶虽美，而其性已失矣，其不花也宜哉，……"

《山本居士集》有家刻四卷本，计文七十九篇，为最初刻本；又有道光甲午九皋孙应祥校刊全集本，皆极罕见。

余家藏者，系孔荭谷素纸抄本，半叶十行，行二十一字，前有乾隆三十七年韩梦周序。全书不分卷，计文一百零八篇，首叶有“孔继涵印”“荭谷”两图记。韩序末有孔氏手跋，附录于后：

> 《山本居士集》，同年江西建昌府新城县鲁洁骈兄所著。乙未之冬，寄周书兄，借抄其福（副）。孔继涵记。

观于此跋，可知余本为未有刻本以前，照原稿誊写之本，其珍贵固在刻本上也。

原载一九三四年一月二十一日《晶报》

# 天下无路

余家旧藏明代初学历史教科书一种，题名曰《通鉴橐钥》，不著撰人姓氏，共计十卷，起三皇，至正德十六年止，每卷首列混一图，次叙，次歌，次论，末则总论。卷六《唐纪》之叙如下：

> 唐有天下，始于李渊，盛于太宗，中微于玄宗，亡于昭宣，其君二十一，其历年二百八十九也。其歌曰："高太高武中睿玄，肃代德顺宪穆传，敬宗文武宣宗续，懿僖昭帝与昭宣，高宗以后多女乱，肃宗以后藩镇叛，更有奄宦窃大柄，竟为唐室之世患。"其论高宗曰："高宗……即位之岁，地震晋阳，武氏入宫，水入寝殿，天之谴告再三，而曾不悟也，卒致屠戮忠良，权移内嬖，武曌之世，嗷嗷恐恐，天下无路，而莲花六郎，白马寺主，淫秽无极。幸而狄公桃李，五王夹日，鹦鹉梦醒，水土泥合，而卢陵反正，李唐复辟，恨敬晖之辈，不能声大义以诛罪人，而馀烬不灭，吹而复起，竹槎涡杖，野葛毒愤，琼环不已，

反为所屠，可胜叹哉。”

《通鉴纂钥》应入史部史抄类。清四库不收亦不存，恐因便蒙书外省不送，故馆臣未曾寓目也。余家藏者，系嘉靖婺东镛溪书堂刊本，白皮纸初印，白口，白单鱼尾，左右双栏，半叶十一行，行二十五字。刻工有黄氏一名，又汜一名。前有嘉靖辛亥主编人（无姓氏）序，谓与同志多人，分类比合，萃为此编。是则嘉靖时，已有编辑教科书之风矣。序又云："幼学之士，能由此而熟之，则虽未能尽悉其事，而亦可以得其梗概；虽未能尽玩其词，而亦可以窃其精华。白首罔得之患，亦庶乎其少兑矣。”此自许之词，而实为一极有“引诱”性之广告也。

原载一九三四年一月二十三日《晶报》

# 约誓不相离

周亮工有《懊侬歌》四首，其一、二首，简明易读，兹照录如后：

约誓不相离，梦里与欢远，侬意正可怜，欢言梦是反。

欢询侬小名，婉转不成吐，爱欢枕上呼，故意打鹦鹉。

上见亮工所著《赖古堂集》。亮工，字元亮，一字缄斋，又号栎园，祥符人，明崇祯进士，清康熙初为江安粮道，坐事论绞，遇赦得释，寻死。工古文，尤喜为诗，有《书影》《赖古堂集》等。《赖古堂集》二十四卷，附录年谱、小传、神道碑、墓志铭、墓碣铭、行状、行述等一卷。入清代禁书目，因卷八、卷十二、卷十三有涉钱谦益字样，经奏准“三处应请抽毁”也。查此三处实无“干碍”文字，所以必抽毁者，有钱之姓氏耳。兹录三处之原文如下：

（一）卷八第十三叶有诗题曰：“钱牧斋先生赋诗相送，

张石平、顾与治皆有和，次韵留别”。

（二）卷十二第八叶有诗题曰：“章丘追怀李中麓前辈”者，其小注中有“近虞山刻列朝诗选，始为阐扬，小传颇悉公生平”等语。

（三）卷十三第七叶，在《顾与治诗序》一文中，有“复走虞山乞钱宗伯为墓表”一语。

以上三处，今人视之，皆无关紧要者也。当时必禁必毁者，恨钱之名耳，意欲消灭之也。然身可杀，名岂得灭乎！此诚愚鲁者之行为也。

卷二十第十七叶“与张瑶星”第六书中，有“闻牧斋先生，手撰前人遗事，高至数尺许……”等语，当时“大臣”未见，故未奏禁。然全书中类此者，想必尚有数处也。

亮工精于诗文，前列两诗已足见其才。文之长者，不便抄录于此。下引者《与何次德书》也，虽极简短，亦足以见其言事之妙：

> 弟幼时见傀儡戏，二尺许长，线索累累，任人捉弄。近则变为数寸许，以木板推之，全似自用聪明者。嗟夫，傀儡亦且惭小，何况于人。傀儡亦不由人线索，而欲自运聪明，可畏亦可悲夫。

余家藏之《赖古堂集》系康熙十四年原刊初印本。大黑口，双鱼尾，半叶十一行，行十九字。前有吕留良序、钱陆灿序、钱谦益序、毛甡序、周在浚（亮工子）识语，又细目四十叶。

原载一九三四年一月二十五日《晶报》

# 杨台柳

经部训诂之书，清《四库》故意入子部小说家类者，据余所知，有《埤雅广要》一种。

《埤雅广要》四十二卷（《四库》作二十卷，误也），明牛衷增修。《提要》云："衷里贯未详，官蜀府护卫千户，蜀王以（宋）陆佃《埤雅》未为尽善，令衷补正为此书，佃虽以引用王安石字说为陈振孙等所讥，而其博奥之处，要不可废，衷所补庞杂饾饤，殆不成文。甚至字谜小说，杂然并载，为荐绅之所难言……今退而列于小说家，俾以类从。"又云，蜀王"当为悦㷿"。

下节中所列者，为三十五卷第十二叶题曰《妓饮书字》者之前半。据此，足证《提要》之不妄言也：

宋文潞公之在蜀也，颇多宴集。有飞语闻于朝，上令御史何圣从访其事。潞公惧。张少愚曰，圣从之来不足虑，前在汉洲宴会，有营妓善舞，圣从爱之，问其姓。妓曰姓杨。为之喜曰，所谓杨台柳耶，遂取项帕题字云：蜀国佳人号细腰，东台御史惜妖娆，从今唤作杨台柳，舞尽春风万万条。此可以见其守也，圣从至，少愚乃迎其妓。杂府妓中，歌是诗，圣从为之大醉，潞公之谤遂息。

余家藏之《埤雅广要》，系明万历间刊本。白口，单鱼尾，半叶十行，行十八字。前有宣和七年陆宰序、万历庚戌陈懿典序，同岁殷仲春序，又孙弘范跋。

《埤雅广要》所采材料，有极奇怪者。兹录短者数则于下，以见其多小说性，而少字书性也：

（一）有士人漂海落长须国，王以女妻之，有须数十根，盖虾国也。（卷六）

（二）宋仁宗每视朝之暇，在宫中好赤脚，有道人云，赤腿大仙也。（卷九）

（三）善化国贡蟹，长九尺，百足四股，煮以为胶，胜于凤啄。（卷二十三）

（四）阮瞻素执无鬼论，一日有客诣瞻，谈名理，有才辨。良久，及鬼神之事，客作色曰：鬼神圣贤共传，君何言无耶？仆便是鬼。变为异形，须臾消灭。（卷四十一）

原载一九三四年一月三十一日《晶报》

# 酷似其妻

数日前杭州某旧书铺寄来最近出售书目，内有《岱史》一种，明万历间刊本。白皮纸印，有图，分钉十二册，定价二百四十元（九折），可谓贵之至矣。目称此书“原装两函”其实非也。余家有原装者，计分七册（原著人取中庸，质诸鬼神而无疑句以命各册）。目又称此书“入清代禁毁书目”，此固不误，然其价之所以如是之昂者，或即因此之故乎？近来书价，余常以数语括之，曰：无禁不贵，无志不贵，无皮不贵，无图不贵。杭州《岱史》之定价恐亦依此四“无”也。

《岱史》十八卷，明谭耀裁定，甘一骥校阅，查志隆编辑。白口，无上下鱼尾，单栏，每半叶九行，每行二十字。前有万历丙戌毛在引、万历丁亥谭耀序、同岁于慎行序。万历十四年岱史公移，凡例，又总目，每册前有细目，第一卷有图二十面（不精），馀皆为文字。

《岱史》实无禁毁之必要，亦鲜有用之史料或精美之文字。兹摘录卷八《张仙》一则，以供本《晶》同志之阅读：

（唐）张仙，不知何许人，开元中与李某同至泰山学道久之，李以宗室辞归，仕至大理丞属。安禄山乱，携家襄阳，寻奉使扬州，途覯张子，邀李同宿，门庭壮丽，傧从璀璨，李视女妓中有持筝者，酷如其妻，及罢，张呼持筝者以林檎系裙带上，各散去。明日，李复至，门馆荒秽，无行人迹，询邻人，曰此刘道玄宅，已十余年无居者。寻还襄阳，索其妻裙带，果得林檎，问其故，云：夕梦见五六人，追云张仙唤搊筝，临别以林檎系裙上。于是知张已得仙矣。

原载一九三四年二月二日《晶报》

# 曲罢美人犹不见

明代诗人，有所谓前后七子者。前七子李空同、何大复、边华泉、康对山、徐迪功、王九思、王廷相是也；后七子李沧溟、王弇州、宗子相、谢四溟、徐中行、梁有誉、吴国伦是也。本篇所述，徐中行与其诗也。

徐中行，明浙江长兴人，字子与，嘉靖进士，入李沧溟、王弇洲等诗社，称后七子，官至江西左布政使，有《天目山堂集》十二卷（附录一卷）及《青萝馆诗》六卷。前者万历甲申徐咏刻本，后者隆庆辛未汪时元刻本。余家藏者，隆庆本也。

中行之诗，有讥其“摹古太似”者，亦有称其“左准右绳，靡所不合”者，或褒或贬，世无定评。兹抄录其七言五言各一首于后，俾本《晶》读者，得自见其优劣焉：

（一）停舟溪上怀子相

夜阑星斗挂千峰，吹笛江楼思万重，曲罢美人犹不见，空悬明月照芙蓉。

（二）活水池

池分襄阳水，岸夹武陵花，但得高阳侣，宁须问习家。

中行善于古歌，下列《捕虎词》较上引两诗，似更多兴味也：

湖边野人何太武，赤手山中捕两虎，卞庄之术何足数，安得一骑疾于风，鼓行而西击胡虏。

隆庆本《青萝馆诗》，白口，白单鱼尾，左右双栏，半叶九行，行十八字。前有细目，刻工有孝、才、学、魁、进、宗、仲坤、臣明、元冏、朱大、相虎午、时人、二、训安等人。此书世不易见，叶德辉、郎志九有跋。余本即叶氏旧藏者。

《青萝馆诗》已经汪时元删汰其少年时代之作品，故较全集，即《天目山堂集》为菁华也。

原载一九三四年二月四日《晶报》

# 泥沙锦绣

余家藏《廿一史弹词》有十一卷本与二卷本两种。前者清康熙间树玉堂刊，末卷分上下，明纪弹词也；后者乾隆间无心阁刊本，止于元末，无明纪弹词。康熙本白口，单鱼尾，半叶十一行，行二十一字；乾隆本白口，单鱼尾，半叶九行，行二十字。余家藏之二种，均原刊初印者，市上不易遇见。

十一卷本有注解，二卷本有圈点。二种文字不同，后者改前者之误也。兹举一例以明之：

> 隋炀帝，攘青宫，辜仁背义（原本作“不成才，凶强恶劣”）。幽储兄（原本作“杀尊兄”），逼庶母（原本作“逼作谋”），犬彘其心。大宝殿，弑而翁，六宫衔痛（原本作“称尊即位”）。手署封，贴金合，遽肆蒸淫（原本作“倚强资，矜智勇，恣意荒淫”）。渔女色，纵奢华，泥沙锦绣……

《廿一史弹词》入禁书目，然非奏准抽毁者。故市上十一卷本之非初印者，售价极小。二卷本不普通，亦不常见。

原载一九三四年二月六日《晶报》

# 此鸭善人言

传世极广之书籍，如《中吴纪闻》者，往往不为世所重视，实则内含有兴趣之材料甚富。兹录《斗鸭》一则以明之：

陆鲁望有斗鸭一栏，颇极驯养。一旦，驿使过焉，挟弹毙其尤者。鲁望曰："此鸭善人言，见欲附苏州上进，使者奈何毙之？"使者尽以囊中金以窒其口。使徐问人语之状。鲁望曰："能自呼其名尔"。使者愤且笑，拂袖上马。复召之，还其金，后曰："吾戏耳"。

卷五有《虾子和尚》一则，明清小说中常用以形容得道之僧。兹录其全文如下：

承平时，有虾子和尚，好食活虾，乞丐于市，得钱则买虾，贮之袖中，且行且（原本无此"且"字）食。或随其所往，密视之，遇水则出哇，群虾皆游跃而去。后不知所终。

《中吴纪闻》六卷，宋龚明之撰，入清《四库》史部地理三，有元刊本，未见。明清重刻本极多。余家藏者，汲古阁刊本之初印者，大黑口，上中下三鱼尾，左右双栏，半叶九行，行十八字，前有明之自序，末有卢熊及毛晋跋。收藏有"瑞轩""小西山房""独山莫氏铜井文房藏书印""草棠楚生父印""莫棠所藏"等印记。序末及目录后有苓氏手跋，转录如后：

（一）乙丑九月，据缪艺风校本转写，缪得旧写善本，多可从也。

（二）元徐大焯《烬余录》，记明之所著，尚有《齐东野语》四卷，甚秘，以所载皆犯时禁也，书名乃与周公谨同。

明元之《齐东野语》似无传本。世如有见之者，乞告我为幸。

原载一九三四年二月六日《晶报》

# 维民之道

“无苛政，无暴刑，无重役，无厚敛，维民之道尽”，此宋刘子翚之言也。凡为政者当以原理视之。

刘子翚，字彦冲，朱熹之师。其所著《屏山集》二十卷，入清《四库》集部别集类十。卷一至四为论，卷五记与序，卷六杂著，卷七表与札子，卷八启，卷九祭文、墓铭及墓表，卷十赋与诗，卷十一至十九均为诗，卷二十诗与词。《提要》称其文“辨析明快”“洞悉时势”，又引王士祯《池北偶谈》，称其诗“多禅语”，皆至论也。

子翚之文皆长，不便附录于此。诗有短而美者，如下列三首是也：

（一）早行

村鸡又报晨，晓月渐天色，行人马上去，残灯照空驿。（卷十第十二叶）

（二）明皇览镜妃子剪发

不复青铜照瘁颜，耄荒从谏若移山，只将女子论贤否，陶母当时亦翦鬟。（卷十五第十五叶）

（三）燕子

燕子营巢得所依，衔泥辛苦傍人飞，秋风一夜惊桐叶，不恋雕梁万里归。（卷十七第十二叶）

《屏山集》有清福建刊本，明黑口本及元刊本。余家藏者即元刊本，亦即清内府所藏者，大黑口，上下鱼尾均下向，左右或四周双栏无定，每半叶十行，每行十九字。前有胡宪序，朱熹跋，墓表谥议等等。每册首末护叶有“五福五代堂古稀天子宝”“八徵耄念之宝”“太上皇帝之宝”三印。又每册首叶有“天禄继鉴”“乾隆御览之宝”“谦牧堂藏书记”，末叶有“乾隆御览之宝”“天禄琳琅”“谦牧堂书画记”诸图记。谦牧堂，即清宗室揆叙，字恺功，明珠之子，藏书极富，大半为清宫所收没。

原载一九三四年二月十日《晶报》

# 十世同居

陈褒，江州德安县人，故唐给事中京之后也。其家十世同居，长幼七百口，不蓄仆妾，上下敦睦，人无间言，每食群坐广堂，未成人者，别为一席。有犬百余，亦置一槽共食，一犬不至，诸犬亦皆不食。有彭李者世为其佣，父久丧明，尝闻褒之子弟言舜至孝，为父瞽叟舐目而致明，归而效之。不数日，父目开朗，陈氏尝建书楼于别墅，延四方之士，肄业其间。乡里率化，争讼稀少。

上故事见明吴兴陈霆所撰之《唐余纪传》卷第十六。现今苏俄共食，人称不便。陈氏群坐广堂，全无困难，虽好争如犬，亦知合群。不知褒所施者，何种魔力也。褒尝设立图书馆，使四方之士，肄业其间，是则褒又似一极提倡公共事业而非专用计者。

《唐余纪传》共二十四卷。余家藏者，系明嘉靖二十三年刊本，大黑口，单白鱼尾，四周双栏，每半叶九行，每行十八字，前有霆序，后有霆跋。昔年扬州吴氏测海楼有此书之抄本，出售时定价数百元。余有传世极稀之原刊本，可谓幸矣。

《唐余纪事》入清《四库》史部载记类存目，《提要》极不称善其书，谓为“进退无据”“漫无刊削”，固定论也。惟嘉靖本少见，藏书家甚珍视之。卷十七《列女传》中有《聂氏》一则，颇有味。兹抄录于此，以供本《晶》同志之阅读：

聂氏，太平县民聂某女，父早殁，女与母居。一日，随母入山采薪，母为虎攫去，蹲踞方食。女持柴刀自虎后跃登其背，用手按，连割其颈。同樵见者，呼噪助砍之。虎奋掷不得脱，遂自囷死。女舍之。归告邻里，共救母尸。时女年方十三岁，众皆异之。

原载一九三四年二月二十二日《晶报》

# 交交白骨谁家子

交交白骨谁家子，漠漠黄沙何日春，战败空怜能死士，功成只是偿权臣。

上引者，明中麓山人李开先《塞上曲》之一也，语极痛心，且含反对战争之意。然中麓非崇尚和平主义者，试读下列二首自明：

不经大挫不知惧，怪得胡儿犯顺多，复套既然蒙重戮，捣巢罪复合如何。

小卒翻能分主忧，貂蝉多是出兜鍪，生擒塞上知名寇，归作朝中赐姓侯。

《塞上曲》一卷，计一百首，后附《从军行》。清《四库》不收。余家藏者，系明嘉靖刊本，大黑口，双鱼尾，四周双栏，每半叶八行，每行十六字。前有嘉靖乙丑中麓自序，后有中麓自跋，及高运、杨博两跋。收藏有“索”“少仲”“大兴朱氏竹君藏书之印”“钖庚阅目”诸图记。旧封面有海宁王国维手书“塞上曲百首，《从军行》附，明李伯华太常著”等字，此书世不多见，甚可珍也。

原载一九三四年二月二十五日《晶报》

# 对镜画眉

昔邯郸才人，嫁为厮养卒妇，仆无邯郸才，又不屑为厮养妇，将欲对镜画眉，学步邯郸乎？则又麝幌阑珊，卫娘发薄，不胜膏沐，懒对镜画眉矣。诵“古镜菱花暗，愁眉柳叶颊”之句，不能无憾也。君繁华丽色，可谓才人姣无双矣，亦敛容缄怨，未入深宫中何欤？……

上引者，明吴兴凌约言致宋石楼书之前半也。约言，字藻泉，一字季默，中应天乡试，授全椒知县，历刑部员外郎，所在有政迹，性开爽疏朗，与人和而介，其所著有《凤笙阁简抄》等。

《凤笙阁简抄》四卷，又附录一卷。前引用之致宋石楼书，见卷一第四叶。《简抄》世不易见。余家藏者，明嘉靖间原刊白皮纸印本也。白口，双栏，无上下鱼尾，半叶八行，行十七字。前有吴彭年序、王世贞序、王问序、李幼滋序，又目录。附一卷，自叙及友人题跋也。

原载一九三四年三月十七日《晶报》

# 起于起处

吾国古时，全然无人研究电学。余于旧书中得于极明白之证据，兹录之如下：

> 邵尧夫谓程子曰："子虽聪明，然天下事亦众矣，子能尽知耶？"子曰："天下之事颐所不知者固多，然尧夫所谓不知者何事？"是时适雷起，尧夫曰："子知雷起处乎？"子曰："颐知之，尧夫不知也。"尧夫愕然曰："何谓也。"子曰："既知之，安用数推之，以其不知，故待推而后知。"尧夫曰："子以为起于何处乎？"子曰："起于起处。"尧瞿然称善。

邵尧夫（雍），程正叔（颐），均宋代大儒，其答问如是，难免后人以滑稽或滑头讥之。所谓"起于起处"者，不合名理之至，等于不答也。而尧夫"瞿然称善"，抑何故耶？宋儒崇尚虚玄，又好多话，其皆"白老虎"（bluffer）乎？上引用语，见《伊洛渊源录》卷五第六叶。

卷十二第十叶中，又有一事，读之极可发笑，转录如下：

人有父在，而身为祖母忌日饭僧者，召侯子，侯子不往。或问之，侯于曰：“主祭祀者其父也，而子当之，则无父矣，吾何往焉。”

依此，则祭祀亦有专权，倘为父者，终日在旅行中，其子又不可代替，亡故之祖父祖母，永不得食矣。侯子即侯师圣，名仲良，有《论语说》及《侯子雅言》。

《伊洛渊源录》十四卷，宋朱熹撰，吾国最早之道学宗派史也。入清《四库》史部传记类一。有元刊本，未曾见过。明清刊本甚多。余家藏者，系明初本，大黑口，双鱼尾，双边，半叶十一行，行二十一字。前有至正癸未黄清老序，又同岁苏天爵序；后有至正己丑李世安序。收藏有“濮氏家藏”“云溪千乘画家范氏雍睦堂记”“竺删”“望贤”四印记。昔年有人视余书为元刊者，误也。去岁市上尚有一种，黄皮印本，其字体形式无一不似元代物，余几出重价购之。经余友人查明校刻者身世，始知为嘉靖间出品而退还也。闻此书现已由某公司向外埠购得，断定为元本，行将影印矣。

原载一九三四年三月十八日《晶报》

# 或者云

书有因禁而反宝贵者，未有因禁而失传者。清代禁书五百数十种，现十九存在，一明证也。余家藏《海防纂要》十三卷，系奏准全毁书之一，而今一叶不缺，一字不少，且纸张洁净，未受任何损伤。设当年不犯禁令，原藏者恐未必如此珍视也。

《海防纂要》，明王在晋撰，防守东南之策略也，内述沿海事宜、外国考程途针路、御倭方略、船器攻围法、经略事宜、行军法令、占验等，实无禁之必要，或者书中有“狂谬”之字句，“刺讥”之词语乎？余未细读，不及知也。惟据余粗粗一视，内有多量之知识，可为现今用兵者之参考。兹录一则于下以明之：

> 或者云，今之议者，不思练兵，而数欲调兵。昔山东兵尝调矣，而无救于败狼；广兵再调矣，而无救于败蕃；士兵又调矣，无救于败而害益滋。其所至如乳虎，而其临阵如鸟散。居则为民蠹，出则长贼威。故民苦调兵与苦贼等，以其练之不精而驭之无统也。

夫兵法平原旷野，此用众之地也。如群鹿獐，以多者胜；道狭险要，则如两鼠斗穴，以勇者胜，虽众无所用也。

上录者，见卷七第七叶。卷末第廿七叶有“占天”法，甚有味，抄录如下：

朝看东南黑，势急午前雨；暮看西北黑，半夜看风雨；东南翱黑云，风急午时霖；西北暮黑云，半夜风雨均；朝看天顶穿，日出渐炎炎；暮看四脚悬，明日必晴天；游丝天外飞，久晴便可期；清早起海云，风雨霎时辰；风静郁蒸热，云雷必振烈。

余家藏之《海防纂要》系白口本，单鱼尾，单栏，每半叶十行，每行二十字。前有万历癸丑王在晋序、同岁高举序、图说及图十二叶、凡例、目录等等。

原载一九三四年三月二十一日《晶报》

# 《八面锋》

预拟程式，假作答问，专供场屋中用者，皆"科举"之书也。最新有《中学汇考指导丛书》，最古者，则有《永嘉八面锋》。

《永嘉八面锋》十三卷，不著撰人，卷末有明弘治癸亥都穆跋，谓《八面锋》一书，宋尝有板刻，第云永嘉先生，而不著其氏名。考之宋陈傅良君举，叶适正则，当时皆称永嘉先生。相传此为君举所撰，或曰叶氏为之。今观其间多君举平日之语，其为陈氏无疑也。

全书凡提纲九十有三（每纲又有子目），清《四库》收入子部类书类。《提要》称"凡提纲八十八"者，误也。叶氏郎志五称"九十有四段"亦误也。

《八面锋》专言时务，其议论之大部份，已不适用于今日，然含普通性，足为吾人之读物者亦不少。兹录卷一中一段以明之：

天下之患，莫大于逆其所不可为而止。以其可为而为之，庶乎其有成也。逆其不可为而止，则天下无可成之功矣。何者？天下未尝有百全之利也。

举事而待其百全，则亦为无时而可矣。圣人之举事也，利一而害十，有所不忍为；利十而害一，当有所必为；利害之相当，有所不能为。以其害之相当，虽得其利，而其为害，亦足以偿矣，不若安于无事之为愈也。

《八面锋》有湖海楼本、巾箱本等。余家藏者，明大字写刻本，白口，单鱼尾，四周双栏，半叶九行，行十八字。前有张益序、万历辛已陈世宝序，又目录；后有管稷后序。收藏有“藉书园”“曹溶私印”“法躬”“震甲之章”“东木”“安乐堂藏书记”“曹曰宗耀”“龙舒氏”“藉书园本”诸印记。

藉书园主人，清周永年；安乐堂主人，清宗室允祥及曹溶，均著名之藏书家也。

原载一九三四年三月二十三日《晶报》

# 《太　玄》

世有明刊之书，而其价值等于宋刊者，《太玄经》其一也。何哉？因宋本失传而明翻刻者，精美绝伦故也。

《太玄经》十卷，汉扬雄撰，晋范望注。《说玄》一卷，唐王涯纂。《释文》一卷，宋林瑀撰，专言阴阳五行、生克制化之术数书也。术数为易之支派，命相之书皆属之。《太玄经》入清《四库》子部术数类一。余家藏者，系明嘉靖中郝梁复刻宋两浙茶盐司本也，白口；单鱼尾，四周双栏，版心下方题“万玉堂”三字，半叶八行，行大十七字，小双行，字数同。收藏有“四明卢氏抱经楼藏书”“如皋李犹龙元德甫海岳山房藏书记”“畏天畏人心法积书积德吾家”“子孙保之”“莫棠楚生父印”“独山莫氏铜井文房藏书印”“公白”等图记。

卷首旧护叶有莫楚生（棠）手跋，言此书之来历，详附录于后：

乱世而古本书册，翔贵于承平时，可怪异矣。

殆天闵士夫□蹶，故族流亡，亡开此创格乎，于是书棚黠侩，四方钩致，始则鄞之天一阁，继则卢氏抱经楼书，先后为上海估人捆载以至。其初无不构讼，盖利以所在，攘夺兴焉，非主家计保全也。此万玉堂太玄，卢氏群籍之一，余得之柳蓉村，二十年前尝收不全本，借章石卿影写本补完，并临何屺瞻校郝梁本，义门亦盛称是刻之善。光绪辛丑在厂市获玉镜堂本、黄忠端本残帙，皆从此出，加入刊人名氏一行，而玉镜本尤为目录家所罕。辛亥冬以视杨惺吾，广文摹首叶以去，谓将入《留真谱》云。丁巳冬十二月既望，莫棠记。近见印怀素《自叙帖》后，有嘉靖丙申曲水记，其印文二：一曰“志新”，一曰“万玉堂”。

莫氏手跋，多近人情，余藏书中不少。闻其书散出时，其后人未曾抄录其所题之跋，故今不能印行。世有好事者，为之访求而刻一《莫棠书跋》乎？

原载一九三四年三月二十五日《晶报》

# 车马寂

明沈石田诗，每于平衍中露新警语，读之使人心满意足。兹录《新燕》一首以明之：

今朝见新燕，犹似去年见。主人头发白转多，只有乌衣不曾变。年去年来来不差，分明记得主人家。柴门大开风满屋，飞出飞入随杨花。君不见，相国门前车马塞，一朝去相车马寂。车马寂，草萋萋，燕子还来梁上栖。

沈石田，名周，博览群书。文学左丘明，诗拟白居易、苏轼、陆游，字仿黄庭坚，又工于画，与唐寅、文徵明、仇英并称为明之四家。其诗选十卷，入清《四库》集部别集类二十三，《提要》称“周以画名一代，诗非其所留意”者，非谓其诗不佳也，谓其画胜于其诗也。

石田诗，余家藏者有二本：一题《石田稿》三卷，明弘治癸亥集义堂刊本；一题《耕石斋石田诗抄》九卷，附钱谦益辑事略一卷，明崇祯甲申瞿式耜编刻本。弘治本半叶九行，行十九字；收藏有“宜武”“臧毂之印”“画图”“宪奎”“琴剑诗书为吾所好”“平阳汪氏藏书印”“汪士锺藏”等印。崇祯本半叶十行，行二十二字；收藏有“宝砚堂”“胥江”“蔼初”“人淡如菊”“粲华馆”“吴兴”等印。弘治本几成孤本，崇祯本亦不多见。余书皆经名家收藏，甚可珍宝也。

石田善作悲情诗，其题《石节妇》《烈女死篇》《贫女吟》等等，读之使人心痛。下引之《弃妇辞》亦属此类：

> 弃妇下堂去，六亲尽彷徨。弃妇无所弃，弃之家不祥。忆初来嫁时，惟家以为庆（叶）。搰搰理乱丝，为君事流黄。札札把长线，为君补衣裳。虽劳君莫察，持心罔失常。虽工君莫信，扪心无怨伤。竭力奉君欢，群小亦莫容（叶）。君心岂不谅，背憎由舌长。黄金亦销铄，礼义安足防。去去出君门，落日照大荒。辐脱难复行，弦绝难更张。事乖理当去，但念未分明（叶）。割皮以为纸，沥血以为浆。前书《柏舟》篇，后书《绿衣》章。进君期为悟，视听付茫茫。复书于太空，愿助日月光。万古丽元气，上下流无方。倘或沦君心，他时省糟糠。

世之读此者，设有“弃妇经验”，能不暗泣乎？

原载一九三四年三月二十七日《晶报》

# 美景良辰

《吊谱折中》卷末《赔例歌》开始数句云：

美景良辰，名园夏屋。嘉宾戾止，叶子相角。不有赔例，何以折服，率成短歌，用告初学。

可知赌有文武粗雅之分，而尤非择时、择地、择伴不可。至于资本，亦宜充足。

吊谱，世无刊本。数日前余在申市某古书铺购得素纸精写本，鸥侣主人所撰，半叶八行，行十九字，前有松衲老农序、鸥侣主人自序；后有清泉居士跋及法斋跋。全书一卷，分凡例、本义、缘起、吊经、场规、罚例、不斗色样贺例、斗上色样贺例、冲出色样贺例、冲例、散例、发张赔例、捉张赔例、臧张赔例、留张赔例、桩家赔例、百家赔例、化桩赔冲例、谱辨、眷言、赔例歌等。

“吊”即马吊，形似纸牌，以军令行之，法分四垒，用叶子四十张，各执其入，而虚入为中营主将获之，以纪殿最，定尝罚焉。每一叶子为一种，共分四种：曰“十万贯”，曰

“万贯”，曰“索子”，曰”文钱”。万贯索子，均始于一，尊于九。十万贯自二十万贯始至万万贯，共十一叶，俱绘人形与万贯同。文钱一种，最尊者空汤，次枝花，次一二以至于九，亦共十一叶。文钱中空汤，亦绘人形。所谓人形者，《水浒传》中之人物也。

马吊，俗称“打马吊”。古称“马掉脚”。

余之《吊谱》，抄写既精，文字亦雅。兹试引《吊经篇》中”论吊”一段以明之：

> 牌无大小，只要凑巧；不凑巧，不能吊也。一牌死，二牌生，三牌则死一；四可以死二，五可以死三矣。将欲取之，必姑与之，将兼取之，必各与之。假之张先出，重张先得；利则速往，败则改图。美不欲尽，禽不欲早。与其起桩，毋宁纵散；与其苟活，毋宁殉敌。故单或呈巧，多或见拙。先后人己之间，可不审欤？

马吊类似朴克之点极多，他日吾人“抵制”（Boycott）洋赌之时，当有复兴之机会也。

原载一九三四年三月三十日《晶报》

# 交易变易

易之定义曰："易者，交易变易也。交易者，阴交于阳，阳交于阴也；变易者，阴变为阳，阳变为阴也。"易居经部之首，因其为书，推天道以明人事也。经部易类之书，清《四库》所收所存者，几六百种，而馆臣所不及见者尚多，例如余之《易在》是也。

《易在》不分卷，清谢济世撰。余家藏者，系素纸誊真稿本，每半叶十五行，每行三十字。前有总目，又凡例；后有雍正乙卯伍世拔跋。世拔，字萃伯，世袭三等男爵，正红旗夸兰大，系济世之门生。济世，桂林人，字石霖，号梅庄，康熙进士，雍正间官御史，直声振天下，以劾田文镜遣戍，又以注释《大学》不宗程、朱，论死，得旨宽免。高宗登位，授湖南粮道，复坐事，解任，事白，改授驿盐道。其所著有《十经史评》《西北域记》《纂言内外篇》及《易在》也。

《易在》一书，据世拔跋云：

书成于羌戎入境，兵戈扰攘之馀。名曰《易在》，在者未丧之辞也，亦在兹之辞也。书中会合六爻，快复象爻原序，皆前人所未发者，济世可称知易者。

近来日人喜购易类书籍，吾国书估莫不竭力为之搜求，因有利可图也。

《易在》未入彼等之手，且虽遭“一·二八”之难，未曾被焚于闸北，可谓幸矣。

原载一九三四年四月一日《晶报》

# 洗不净

芬陀利室主，武进胡君复君，精于古文诗词，余旧友也。昨以其大作《黄花冈纪念》一章见示，读之“感不绝于余心”，即付本《晶》，以供众同志之阅读。胡君复君著有《芬陀利室诗存》上下两编，已于前年印成。

黄花冈纪念　芬陀利室主

雨雪洗不净，大风吹不干。（此日大风雨，各地有雨雪者）此是烈士血，点点复斑斑。去日既苦多，来日复大难。一日更一日，思之徒心酸。登堂作纪念，还家恣笑欢。一般傀儡剧，搬演已凋残。门前褦襶子，扶杖冷眼看。去去且禁声，斜阳满西山。

原载一九三四年四月二日《晶报》

# 重修文庙

“十四年丁酉春，重修文庙成。”

上清顺治十四年（一六五七）事也，文庙指在广州者言。吾国各地，均有文庙，年久失修，皆呈颓废之象。蒋军委员长曾提倡修复，然近来地方经济不充裕，“士人”又有打倒“孔老二”之说，恐实行之处甚少也。据常游历者言，世间最宏壮之孔庙，目今不在中华，而在日本之东京。余不善旅行，未曾见过日之文庙，确否难定。

清顺治十四年之重修广州文庙者，平南王。平南王即为清初异姓封王者四人之一，其五十年事略，起于明天启甲子，止于清康熙癸丑。

由今释与尹源进二人编成一书，题曰《元功垂范》，分上下两卷。前有尹源进序，后有释跋。尹称平南王“镇粤二十馀年，边境乂安，民乐其业，休息长养，日以藩庶。”今释谓“古之大臣，惟郭子仪、曹彬功德俱全，辉映典册。今释故于王所建竖，缘功溯德，未尝不三致意焉，亦欲使天下后世，不徒以力征经营，毕勋臣之能事，则苍生与有厚幸矣。”

《元功垂范》每一事分三段。首事实（用大字印），次说明（低一格印），最次论赞（低两格印）。兹将顺治十四年重修文庙一事，完全录出，以见每事三段之作用，且以见全书之文字焉：

十四年丁酉春，重修文庙成。

广州府学，肇宋庆历，屡有修举，兵火之余，师儒散逸，庙貌颓废。乙未冬，王见而悯之，捐金倡率，遣郡丞黎民贵董其役，至是落成。大成殿、明伦堂、棂星门、泮池、廊庑，焕然一新，弦歌之声洋洋矣。

论曰，礼乐之化，无一日不行于天地间。鲁二生乃谓百年后兴，真目论耳。学宫之设，萃礼乐之涣而表其微。在承平时，则一郡首力所能举；值用武之际，非王不行者亦势也。岁乙未，王追李定国于粤西始归，投戈解甲，未议息肩，而加意文治。孳孳若是，岂非礼乐之在天地，无一日不行。而萃涣表微，王固先得夫人心之同然者耶。识此，则李曹公兼国之祭酒，非分外事。化民成俗，皆可闻王之风而兴起也。

《元功垂范》虽为清初刊本，然市上不常见。余家藏者，系原刊白纸初印本，白口，单栏，半叶九行，行二十字。全书连前序共一百十八叶。

原载一九三四年四月三日《晶报》

# 婺仙女

余家藏书中有一怪书，为各家书目所不载，其名曰《南史纂要》。南者，指越南而言。

全书开始记“泾阳王”事。兹将原文抄录如下，以见纂者之笔墨也：

> 初，炎帝三世孙帝明生帝宜，既南巡五岭，接得婺仙女，生王。王圣智聪明，帝明欲使嗣位，王固让其兄。于是封王为泾阳王，治南方。王娶洞庭君女神龙，生貉龙君；貉龙娶帝来女曰妪姬，生百男（俗传生百卵），是为百粤之祖。

泾阳王，讳禄续，神农之后。上段史事后，有编纂者之论赞，其言曰：“圣贤之生，必异乎常，乃天所命。吞玄鸟卵而生商，履巨人迹而兴周，皆纪其实然也。帝明得婺仙女而生泾阳，是为百粤始祖。王娶神龙女，生貉龙君，娶帝来女，而生育有百男之祥，此其所以能肇吾越之基也。

《南史纂要》余家藏者，系木活字本，间夹手写之叶，白口，双鱼尾，四周双栏，版心下方题“硕亭正本”四字，半叶九行，行十八字，前后无序跋。全书分两卷，编修者吴士连，删补者阮辉僅，均越南人，事实不详。

原载一九三四年四月六日《晶报》

# 百媚妾

人不可有癖好，有癖好者，其心偏而其行为亦往往狂乱。叶德辉《书林清话》卷十转载《逊志堂杂抄》中一节云：

嘉靖中朱吉士大韶，性好藏书，尤爱宋时镂板，访得吴门故家，有宋椠袁宏《后汉纪》，系陆放翁、刘须溪、谢迭山三先生手评，饰以古绵玉签，遂以一美婢易之，盖非此不能得也。婢临行题诗于壁曰：“无端割爱出深闺，犹胜前人换马时，他日相逢莫惆怅，春风吹尽道旁枝。”吉士见诗惋惜，未几捐馆。

叶氏谓此“为不情之举”，诚哉是也。

然世间为此种不情之举者，非吉士一人也。古人有以爱妾换马者，亦有以美人换剑者。明顾正谊曾咏其事，兹照录如下：

（一）爱妾换马

移宠偏怜骏，雄心自不同，还将百媚妾，来博五花骢。凤去缑山杳，龙归渥水空。横行万里外，展战立奇功。

（二）美人换剑

脱剑意难酬，明珠掌莫留。千金轻越艳，三尺重吴钩。匣启春雪吼，帏空暮雨收。平生负任侠，不是慕封侯。

顾正谊，松江华亭人，字仲方，号亭林，别号瀼西居士，又宝云居士，仕为中书舍人，画山水得元人精意，称华亭派。上引之诗见其所著之《百咏图谱》。

《百咏图谱》二卷，上卷四十一叶，下卷亦四十一叶，每叶纪一事，前半为图，后半为诗，全书前有陈继儒序，又万历丙午冯大受序，卷末有万历丙申顾正谊自序，每卷前均有细目。余家藏本，系白皮纸初印者，陈序首叶有“华亭顾正谊仲方氏”八字白文方印，可知其为撰人自藏本也。

《百咏图谱》后附《新词图谱》一卷，计二十八叶（内图十三面），前有王稚登、杨继礼、陈继儒等题跋。其第一篇《江南春》中有词一首，极风雅，兹转录如下：

（园林好）趁早早，行行画船，醉花阴纷纷管弦，且去寻芳觅艳，花密处隐婵娟，花笑处见婵娟。

又《春景闺情》篇中，亦有一极佳之词，如下：

（桂枝香）看花早起，惜花无主。谁怜人面如花，人面似花能语。想墙外碧桃，墙外碧桃和那人儿相倚。脸匀花倚，谩嗟吁，去年人在花相笑，今日花开人去矣。

《百咏图谱》及《新词图谱》虽为明刊本，清《四库》不收亦不存，想馆臣未之见也。此书刻印既精，行世又稀，余极珍视之。

原载一九三四年四月八日《晶报》

# 外或从之

清初有一子部法家之书，名曰《雪史》，汉阳张之异撰，虽不甚著于世，然可取之事极多也。所以称《雪史》者，据康熙十年严沅序云："公以雪名其书，谓宽则已白，不受纤翳之诬也。雪而以史名，谓是书可无愧作史，而千秋万世，可为金鉴者也。"下录者为本书中有趣味之事之一：

> 复看得李科之通奸王氏，王氏之私恋李科，殷勤绸缪，隐谐好合之情，似漆如胶，顿起鲸吞之计，欲宣尽淫而独乐，思斩草以除根。此李科谋在台钟，致张四身沉井底也。口供确据，尸骨见存，律科以斩，夫复何辞。独是王氏则不能无疑焉。夫果王氏与李科而同谋也，随科同往余家店，遇伊兄国然，弥缝惟恐不密，肯以真情吐露，自驱诸陷阱也哉？想苟合之情虽浓，结发之恩不忍，外或从之，而内实憾之，未可知也。第夫死之后，不能鸣冤。相从一载，始为发觉，纵情有可原，而心已先死矣。相应仍绞，以为淫恶者戒。王国然惊闻奸杀，即转报知，亦不

可谓非忿极之举。何得以李科怀憾，拖扯同谋一言，
而遂律以知情之罪？相应与李养心一同开释，以为
公举得实者劝。

《雪史》不分卷，全书计一百五十八叶。余家藏者，系嘉庆戊辰横经草堂重刊本，白口，单鱼尾，下方题“书三味楼”四字，左右双栏，半叶九行，行二十字，前有严沆、姜天枢、来集之、叶树德、高登先、彭而述、方孝标、列明孝、杨兆仪、张如榜等序及撰人自序，又旧记、王履昌题辞、张叔珽序。收藏有“真州吴氏有福读书堂藏书”一印。吴氏旧时书目入史类，其原价八角。余购得时，则五元矣。

原载一九三四年四月十一日《晶报》

# 木下人

余家藏残本书中，有极可珍贵者数种，今先言其一，即《方舆胜略·外夷》是也。其所以珍贵者，因有毛、戴两氏图记，屡经各人收藏之确证也，又因现存二卷中，有鞑靼、兀良哈、朝鲜、女直、日本、琉球等国，适合吾人之考查也。

本书《日本》篇中，言秀吉事极趣，兹节录如下：

> 隆庆初，平清盛秉政，父子兄弟据要路，竞为淫虐。万历十四年而平信长为开白，得秀吉为之义子。秀吉母为人婢，得娠生，欲弃之，有异征，育之。秀言幼微贱，贩鱼为业，醉卧树下，信长出猎，吉惊起冲突，欲杀之，以吉舌辩，留养马焉，名木下人。

余家藏之《方舆胜略·外夷》存卷一、卷二两卷。卷一题“程百二纂，吴勉学辑”；卷二题“方以巽纂，吴养春辑”。全书前有王锡爵引，又程百二跋。卷一前有图解，地球，图略，图说，各国度分，及程氏跋四十叶，别成一卷，题“唐时升、焦尊生、列一灿、程百二同辑”。此书亦入禁目，惟非全毁者。余藏之本，白口，单鱼尾，双栏，半叶十行，行二十字。收藏有“戴芝农氏收藏书画印”及“毛扆之印”二图记。南北藏家如有缺此书之两卷者，余愿奉赠。

原载一九三四年四月十三日《晶报》

# 红尘污人

《三馀集》，宋黄彦平著，世无全本。今存者，清《四库》馆据《永乐大典》所存编为赋诗二卷，杂文二卷之本，即阁本也。余家藏者，系浙江吴兴陆心源（存斋）手写，白口，单鱼尾，乌丝双栏，半叶九行，行二十一字。陆氏以藏书著名，其手写书，甚难遇见，故可贵也。

黄彦平之文，持论平允。今试录卷四中《书汉书评后》一短篇以明之：

> 读书当自具眼，若但以成败为是非，毁誉为曲直，则侏儒观俳优尔，不知笑果何事也。王太初西汉评，谓轮台之诏，一日克己，天下归仁。叔孙通制礼，为能恕己量主。金日殚比百里奚，赵营平成，功由魏相。笑范增不疑项伯。王嘉死犹荐孔光，而深恶爰丝父子，谓果同心，则汉廷诸公为全书者，此岂雷同道听者所能辨哉？用意详切，自成一家，可传也。

黄彦平，字季岑，号次山，宋丰城人，宣和进士，靖康初坐与李纲善贬官，南渡后，官吏部郎中，数上札子论事，多所建曰，其所著有《三馀集》，入清《四库》集部别集类九。三馀者，“当取三国董遇三馀读书之意”，宋史作《玉馀》误也。

彦平诗不甚难读，兹录卷二中七律一首以明之：

三月十三日　步至杏亭

禅房幽处有谁期，竹径穿花蝶不知。山拥暮寒斜照里，树含芳思欲开时。和风第放千林喜，胜日闲成一段奇。何必红尘污人后，始从萧鼓看繁枝。

陆抄《三馀集》之封面有“三馀集”又“存斋题”六字，其首末两叶有“归安陆树声藏之印”九字朱文方印。树声，字叔桐，存斋第三子也，已于去岁作古矣。

**原载一九三四年四月十五日《晶报》**

# 纷然而灭

五代高彦休《阙史》二卷，传本极多，有《说郛》本，《龙威秘书》本，《知不足斋丛书》本等等。其中以鲍氏刻本为最佳。余家藏者，系蓝丝栏明抄本，其字句常与别本不同，然较好处，并不多也。《阙史》入清《四库》子部小说家类三。高彦休，自号参寥子，事迹不详，其《阙史》中可取之材料极富，兹节录一事如下：

京兆韦氏子举进士，门第甚盛，常纳妓于洛，颜色明魅，尤善音律，以是韦颇惑之。十七归京兆，二十一而凋落。韦悲咽悼痛，弃事而寐，意其梦睹。一日，家童有言嵩山任处士者，得返魂之术。促令见之，乃妙择良辰，斋除方室，绾帏于壁，穗香于炉，仍须一经身之衣，慰导其魂。韦搜身尽箧，惟馀一裙之金缕者。任曰："事济也身。"是夕，韦洁服敛泣，一禀其诲。任香裙在手，面魂而招，如是者三，忽闻吁叹之声，俄顷，映帏微出茜服，少顷，斜睇而立，幽芳怨态，若不自胜，惊喜拜泣，任曰："无庸恐迫，

以致倏回。”生含泪揖坐，无异平生，或与之言，

可否以首，鼎居逾刻，烛跋及期，郑欲逼之，纷然而灭。

上一事见卷下第十三叶。

余家藏之《阙史》，每半叶十行，每行二十字，前有参寥子自序。收藏有“抱经楼藏书印”“浙东沈德寿家藏之印”“药安珍玩元宋秘本”“吴兴抱经楼藏”“五万卷藏书楼”等图记。

原载一九三四年四月十七日《晶报》

# 尔何足以知此?

“一·二八”前，余家居闸北，曾自筑藏书之处曰“言言斋”，难中损失，除房屋衣服用具等等外，尚有古书约一百五十馀箱，西书约三千数百种。最可惜者，稿本及名家手写手跋本也。手跋本之最佳者，《华阳国志》十二卷也。

《华阳国志》，晋常璩撰，入清《四库》史部载记类，传世之本极多，惟无佳者。余家遭劫者，系明何宇度梓本，卷末护叶有黄丕烈及顾湘舟两跋，其文字曾由友人借抄，故尚存在，兹取还重录如下，以供崇尚黄、顾二氏手跋者之阅读:

（一）黄跋

《华阳国志》，向无宋刻传世，余所藏为钱罄室藏旧抄本，几几乎以祖本视之。此外，即明刻无足取者。癸酉秋，书友自金陵归，携示此本，谓“较诸本为胜”。余曰：“尔何足以知此？是必有所受之也。”因举涧蘋所属为对。爰取钱本较之，果不大差；遂收而重装之，志其缘起如此，十月十五日荛翁识。

（二）顾跋

道光辛卯九月望日，长洲顾湘舟藏。

上跋不见《荛圃藏书题识》，亦不见后来所辑之本，故可珍视之。友人王欣夫君重辑题识，行将告成，此二跋已送去。

余家被焚之《华阳国志》，系白口本，白双鱼尾，四周双栏，半叶十行，行二十字，前有万历壬寅李长春序，又宋吕大防序，又宋嘉泰甲子李𡌴序；后有万历壬寅何宇度序。收藏有“黄印丕烈”及“荛圃”二印。

原载一九三四年四月十八日《晶报》

# 砍不断爱根

砍不断爱根，好向根下头着力。洗不清心垢，急从源上面加工。

上引之语，含劝导性质，似对联非对联，似格言非格言，读之颇饶兴味。原著者张子远也。

张之远著作，余家藏者，有《爨下语》二卷。爨者，灶也。语曰爨下者，“意其以太虚为冶，二气为炭，妙理为糜，不疾不徐为烹炼，一动一静为火候，大道寸心，讵必起炉作灶；玄功日用，只须运水搬柴，盖不离爨下，而证入世出世之因，近而远，简而文，此语之所以为妙欤”（见天启壬戌无姓氏序）。子远对于人生，甚为达观，试读下三段中之引语自明：

鸟语花香，肯向闲中偷受用。风清月白，便当忙里强优游。

千里路必有到时，及到时精力都已竭。百年人终有死日，来死日神气要先留。

好酒招非，好色致病，不知好懒何如。争长反短，争胜却输，不识争闲是否。

众家藏之《爨下语》，明黄士孝校刊本，白口，白鱼尾，单栏，半叶九行，行十九字，前有无姓氏序，又瞿九思序。此书传世极多，价值亦低，如有好之者，余可奉赠。南北书估，不必因余之提及而增价也。

原载一九三四年四月二十日《晶报》

# 乱中同死

《梧溪集》七卷，元王逢撰，入清《四库》集部别集类二十一，《提要》云："集中载宋元之际忠孝节义之事甚备，每作小序，以标其崖略，足补史传所未及，盖其微意所寓也。"兹录卷四中《李哥》一首以明之：

李哥（有序）

哥灞倡女，年甫十二三，母教之歌舞，哥泣曰："女率有红紧，我独无，乃为此乎。"母先以倡不可废。哥曰："若此，听媪，媪亦当从我好。"母阳许之。自是不粉泽茹荤，所歌多仙曲道情。有召者，必询客主姓名乃往。人亦豫相戒，无戏狎。哥凝立座间，酒行歌阕一赐之酒，不饮，霸州判官尝忤哥，径还，誓不与见。孟津县监赂哥母，夜抵舍，哥怀利刃，闭卧内骂监曰："汝职风化首，而狗羯行，不去，血污吾刃。"监惭去。明日知州事者闻之，叹曰："州有贞女，不知，吾失也。吾次子明经举秀才，真若配也，以礼聘娶之。"未几，红巾入寇，夫妇被执，以哥美将杀其夫，哥走前拖夫项大呼曰："吾断不从汝求活。"寇并杀之。河南理幕沈易云。

以上小序，原本中每行低一格，咏李哥诗两首（顶格）如下：

蝉蜕污尘配凤难，乱中同死义尤安，灞津落尽垂杨叶，月魄清游奈薄寒。

女长优倡解爱身，士遭离乱各安贫，艾萧荆棘兰参伍，毕竟幽香独占春。

王逢，字原吉，元江阴人，自号席帽山人，至正间被荐不就，隐于上海之乌泾。及明洪武初征召敦迫，又以老疾辞。清《四库提要》称王逢之诗"才气宏敞，而不失谨严"，诚至言也。逢所著《梧溪集》有洪武中刊本、景泰中补刊本、《知不足斋》本。余家藏者，系素纸精写本，每半叶九行，每行二十二字，前有至正丙戌汪泽民序，后有景泰七年陈敏政序。收藏有"后壁藏书""黄直亭藏书记""善化贺瑗所藏书画印""醉经楼""礼培私印""扫尘斋积书记""黄印锡蕃""拥书万卷""湘乡王氏秘籍孤本""葴升过眼"等图记。卷末有王礼培手跋如下：

莫友芝有旧抄本，云鲍刻所遗皆全，余未见鲍刻，据陈序似无第二本。阎征芝书目有明刊抄配本，吴方山、袁又恺、黄荛圃均藏过。甲子秋分检记，湖乡王礼培。

湘乡王氏旧藏书籍散出时，余购获多种，内以抄本《吴兴志》为最佳，已借与同郡学者俞君矣。俞君云，此本非独不缺叶，不缺字，并有数处为他本所不及也。俞君现在从事校刊此志。

**原载一九三四年四月二十二日《晶报》**

# 开得簿

西人之“开得簿”（guidebook），直译为导引书，即游览指南也，因印行游览指南而全世著名者，有德人贝德凯（Baedeker），生于一八〇一年，卒于一八五九年。

“开得簿”之名称，英人于一八二八年始有之，可知此类书籍，在欧西发现之期，最早当在十九世纪之初。而吾国则不然，至迟明天启癸亥（一六二三年）已有相似之书印行。余家藏之《金陵图咏》《金陵图考》及《金陵雅游编》一实例也。

《图咏》一卷，杜士全撰；《图考》一卷，陈沂撰；《雅游编》一卷，叶向长撰。陈氏《图考》入清《四库》史部地理类存目二，其余两种，《四库》不收亦不存。《图咏》中有《莫愁旷览》一题，其文字尚佳，兹转录于下，图印刷太劣，不便复印：

（莫愁湖）在三山门外之右偏，去城甚近，昔有妓卢莫愁家此，故以名湖。

漫将西子比西湖，卢女声称擅帝都。胜境因人

传往事，澄波生色写山图。虚亭杰阁堪舒抱，白月
青樽可共娱。听取莫愁愁尽遣，直须渔艇隐菰蒲。

余家藏之《图咏》《图考》《雅游编》三种，合钉一册，均白口，单鱼尾，单栏，半叶九行，行廿或廿一字，每种前均有撰人自序，全书有图三十七叶，卷首有天启癸亥朱之蕃序。之蕃，字元介，茌平人，南京锦衣卫籍，万历乙未进士，曾出使朝鲜，官至吏部右侍郎，有《奉使稿》。

原载一九三四年四月二十五日《晶报》

# 世人皆自病

世间多病，大者如肺痨伤害，小者如头痛咳嗽，新式者如杨梅白浊，患之者皆不得不求医求药，以求其速治也。其实病由自生，亦能自治，此非吾之言也，深于养生者之意也。试读下引之诗自明，诗题《孤山道士》，作者明赵汉。诗曰：

> 孤山道士来，卖药当湖市。湖人每问医，相传有灵异。子试一讯之，乃谓无他技。世人皆有病，但能令自治。百思遣以理，诸疾断以志。心与痛俱忘，勿药而有喜。良哉道人言，其术简而易。此方人所有，冲和出无制。但苦不下咽，要得好汤使。悠悠迁化徒，三生动之死。居常日复日，终焉安抵止。一为道人书，请质岐黄氏。

上诗见《渐斋诗草》，著者陆汉，字鸿逵，平湖人，正德辛未进士，官至山西布政司参政。其诗草两卷，入清《四库》集部类存目三，《提要》称其诗“于尔时为别调，然风格虽异，兴象未深，究不能独绝一时也。”诚至论也。

原载一九三四年四月二十七日《晶报》

# 人寿

自古所难得者莫如寿。人寿虽以百年为期，然至七十者，世已稀矣。有逾焉者，非病即衰。未有老而康强，可服官政者也。然古之明君曷尝不欲得老成人以为用哉，书曰，“即我御事，罔或耆寿，俊在厥服。”又曰：“尚猷询兹黄发，则罔所愆”，其望思悔悟之意，至深切矣。由是观之，《礼》有“大夫七十致事”之文，特以优衰老，非为老而不衰者设也。今之大臣，老而不衰者，惟太子少保吏部尚书王公一人而已。

上引者，明文宪公《庆吏部尚书王公八十序》之开首也。彭文宪名时，字纯道，安福人，正统戊辰进士第一名，官至文渊阁大学士。立朝三十年，持正存大体，有古大臣风，明史有传，所著有《可斋杂记》及《彭文宪集》。前引之寿序，见其集卷二之第十一叶。

《彭文宪集》四卷，入清《四库》集部别集类存目二，《提要》称：“其原本十卷，岁久散佚。此本乃其六世从孙笃福所刊，掇拾残剩，取盈卷帙，不足见所长也。”可知当时馆臣所见者，实一恶劣不全之本也。

余家藏者，系文宪卒后七年，其子集录之八卷本。卷一、卷二、卷三，序四十七篇。卷四，记十一篇、传二篇。卷五，神道、碑铭八篇、墓表三篇、墓碑铭、基碣铭各一篇。卷六，墓志铭十五篇。卷七，五言古诗七首、七言古诗廿六首、五言律诗廿一首、五言排律二首。卷八，七言律诗七十首、七言绝句四十首。疑是最早最足之本。《四库》云原本十卷，不知何据。

彭文宪生平主张利民，赞成建设，试观下段所引《浮桥记》中之语自明：

> 安福为县濒泸水，泸水出县西百馀里山谷中，合众流东注而势益大，人不可徒涉。然距城愈近，则涉者愈众……旧立浮桥于城北近地曰凤林，屡修而屡坏，后有梁石以为固者。至元季复毁，至今又百馀年矣，而讫不可复。所凭以渡者，惟一舟也……覆溺相继，民之病此久矣……黄岩李侯会来知其事……欲兴复此桥……乃躬自营度，相地于凤林西半里，迭石为堤，以固两旁。比舟三十馀艘，加板其上，贯以铁锁，縻以石柱机，其旁二舟时上下之，以通往来舟楫，而诸舟联亘，与水升降，浮空而行，如

履平地……民老稚创见其成，而不见役之及己，莫不忭舞歌颂侯德……。”

文宪不独长于文，亦长于诗，兹引卷末中《独坐有感》一首以明之：

四十年前得意秋，便寻岁月不知愁，近来骨肉频相弃，触物伤心泪自流。

余家藏之《彭文宪集》系明成化中刊本，黄皮纸印，大黑口，单鱼尾，双栏，半叶十行，行二十字，前有成化十八年杨守陈序又细目。收藏有“雪庐”“蓂尧”“李青”“范印毓瑞”诸印记。

原载一九三四年四月二十九日《晶报》

# 新粪尤佳

凡疯狗毒蛇咬伤者，只以人粪涂伤处，极妙，新粪尤佳，诸药不及此。

此《在园杂志》卷四所载治病法之一也。《杂志》非医书，其内容“或纪官制，或载人物，或训雅释疑，或考古博物”，虽皆为小品，然写心怡情，无嫌无忌，读之得益颇多。兹录卷一中最短之二事，以见其所载皆有价值也：

江南、陕西、湖广省分太大，有上江、下江；湖南、湖北之称，故设两巡抚分隶其事。所属司道，亦分为二。惟先祖为江南布政使司，则十四府四州俱属一司。先祖历任九年，任满后始分。

缎与鞍同，多贯切，音段，履之后帖也，今厚缯通名曰缎，有五丝、八丝、内造、汉府官素、平花帽缎、闪缎、倭缎各种。花纹颜色，随时变幻，亦穷工极巧矣。前代惟绫锦绸罗、刻丝衲纱之类，至于缎不独未见，亦来闻也。近由东洋入中国者，更有羽缎纱、哔叽、哆罗呢，据云可为雨具，试之终逊油衣，其价甚昂，亦前代所未闻者。

《杂志》卷二，有言及《水浒》《三国》《西游》《金瓶梅》四书者，其言《金瓶梅》一节，甚有趣味，兹抄录如下：

……深切人情世务，无如《金瓶梅》，真称奇书。欲要止淫，以淫说法；欲要破迷，引迷入悟。其中家常日用应酬世务，奸诈贪狡，诸恶皆作，果报昭然。而文心细如牛毛茧丝，凡写一人，始终口吻，酷肖到底。掩卷读之，但道数语，便能默会为何人。结构铺张，针线缜密，一字不漏，又岂寻常笔墨可到者哉……

《杂志》中间述佳妙之故事，为他书所未有。兹录一则于后：

广平赵进士（昌龄）云，明崇祯末年，京师一痴汉，能变美人。初延痴汉于家，使之醉饱，卧于室内，遮藏甚密，不许人见，设镜台衣服之类。少顷装成绝色女子，冉冉而至，坐南面，设香烛供奉，自言名申生，已登仙箓，不食人间烟火，惟啖果而已。人稍稍近之，便觉昏闷。一日，诸恶少置数大爆竹于香炉内，香尽，竹响如霹雳声，出其不意。美人大惊，卸去衣饰，乃现真形，如犬大狝猴，跳跃升屋而去。始悟“申”者猴也；不食烟火，爱啖果者，猴性然也。回视痴汉，欠伸曰：“我半年在醉梦中，今日方醒。”

《在园杂志》四卷，清刘廷玑撰，入清《四库》子部杂家类存目六。余家藏者，系原刊本，半叶九行，行十九字，前有康熙乙未孔尚任序，又同岁廷玑自序。收藏有“莫棠字楚生印”“独山莫氏铜井文房藏书印”等图记。

原载一九三四年五月二日《晶报》

# 养以之福

《左传》，“民受天地之中以生，所谓命也，是以有动作礼义威仪之则，以定命也。能者养以之福，不能者败以取祸”。《注》谓“威仪以致福也，福本自有，故曰‘之’；祸自外来，故曰‘取’。”旧本作“养以之福”为是，“养”训作往也、致也。今本作“养之以福”，误矣。

此明杨慎著作中考证之一也。慎勤于考证，虽间有疏舛之处，然精华亦复不少。王世贞讥其“工于证经，而疏于解经；详于稗史，而忽于正史；详于诗事，而疏于诗旨，求之宇宙之外，而失之耳目之内”，未免太苛也。慎撰著之书，入清《四库》（或收或存）者，多至二十馀种。本篇专言《丹铅总录》。

《总录》二十七卷，为其门人梁佐所刻。《总录》者，裒合诸录为一编，删除重复而成者也。先此有《馀录》《续录》《摘录》等等，自《总录》出，其馀诸录均无用矣。

《总录》分天文，花木，人事，史籍，字学，诗话等二十八类。兹任意抄录数事于后，以见本书所取之材料焉：

（一）红姑娘

徐一夔《元故宫记》云：金殿前有野果名红姑娘，外垂绛，囊中空，有子如丹珠，味酸甜可食，盈盈绕砌，与翠草同芳，亦自可爱。（卷四，花木类）

（二）乡里夫妻

俗语云："乡里夫妻，步步相随。"言乡不离里，如夫不离妻也。古人称妻曰"乡里"，沈约《山阴柳家女》诗曰："还家问乡里，讵堪持作夫。"《南史》张彪传曰："我不忍令乡里落他处……"。（卷九，人事类）

（三）荆公字说

王荆公好解字说而不本《说文》，妄自杜撰。刘贡父曰：《易》之观卦，即是老鹳；《诗》之《小雅》，即是老鸦，荆公不觉欣然，久乃悟其戏，又问东坡鸠字何以从九，东坡曰："鸤鸠在桑，其子七兮，连娘带爷，恰是九个。"又《字说》，波者水之皮，坡公笑曰："然则滑是水之骨也"。（卷十五，字学类）

《丹铅总录》，余家藏者，系嘉靖三十三年刊蓝印本，白口，单鱼尾，双栏，半叶十一行，行二十四字，前有梁佐序，又慎自序。

原载一九三四年五月五日《晶报》

# 《太平乐府》

曲有丛刊，自明代始。最著者，如《元曲选》《六十种曲》；最近者，则《奢摩他室曲丛》也。清代曲丛亦多，然皆易见易获。余家藏者有《玉勾十三种》，一名《太平乐府》，为各藏家所无，即王氏《曲录》亦不载。兹将十三种之名称，出数，及大旨，开列于后：

（一）《换身荣》，十四出。言小书生虽有才学，无地呈身，常受乡豪之凌辱，后观音大士施法，化为女子，破寇有功，位据公卿之上。

（二）《无降福》，十三出。言荀秀才因欲续弦，遍游秦晋，得缔姻贵家孀妇而封侯也。

（三）《世外欢》，十三出。言建筑师蔡琄游洛阳，遇赵俨，由彼作伐，得娶二美为妻。

（四）《泰州乐》，十三出。言李洪之之妻，非酸罐也，洪娶张英为偏房生贵子。

（五）《成双谱》，十三出。言文武兼全之李冲，得配才女，可称双俊。

（六）《乐安春》，十三折。言徐纥之附于三姓，志在求贵，及王瑛等故事。

（七）《生平足》，十三出。言李迁哲之风流。

（八）《万年希》，十四折。言柳誓因刻诗稿，得一知己；因做戏法，得一良妻。

（九）《闹华州》，十三折。言李国士愿纳老媪而得娇妻等故事。

（十）《临濠有》，十三出。言刘崇俊因避豪强，得一佳人。

（十一）《人难赛》，十三出。言刘子娘、张耆英诸人之事。

（十二）《三多全》，十三出。言“帝胄还为帝婿”一事。

（十三）《地行仙》，四十六出。谓地上有仙，有遇之者，不必升天矣。

《玉勾十三种》，清乾隆中刊本，白口，单鱼尾，上题“太平乐府”四字，下题各剧之名，四周单栏，半叶九行，行大二十字，小不顶格，十九字，全书前有乾隆壬申厉鹗序、题词、自序、演习凡例，又总目，每种前均有细目。《三多全》后有东城旅客书后，《地行仙》后叶有“重来倒好嬉子编，武林田翠舍梓行”二行十四小字。重来倒好嬉子，不知何人，既与厉鹗为友，其品学可知矣。卷首标叶尚存，题”击壤馀音”四大字，又“玉勾斜畔书屋传奇一十三本”十二小字，上栏外题“谈助声馀”四字。

原载一九三四年五月七日《晶报》

# 忠孝节义

忠孝节义，旧道德所主张，亦新生活所赞成者也。余家藏明金陵富春堂刊曲本四种，适足以表现此四善，兹特将其名称，折数，细要等，开列如后：

（一）《双忠记》二卷，三十六折。天宝中范阳兵起潼关，张巡、许远拒贼而死，后身为厉鬼，阴中杀败元凶。唐室中兴，建双忠庙以纪念之。

（二）《跃鲤记》四卷，四十二折。姜诗妻庞氏，颇知孝道，母老久病，喜欢江水。一日风狂浪急，媳不能汲水，母怒，逐之出门。庞氏寄居邻家，以纺织所得，调羹作鲙，暗送其姑。因此婆知妇孝，复使夫妻相见，而上天亦赐以涌泉鱼也。

（三）《白兔记》二卷，三十九折。言五代时刘智远与李三娘事。智远好赌倾家，不得已出门投军。三娘之兄嫂，欲其改嫁，不允，遂虐待之。三娘生产时，无人收生，自咬儿脐。智远战争有功，十五载后，夫妇母子，得重逢也。

（四）《十义记》二卷，二十八折。韩朋妻李翠云仪容俊雅，德性幽贤。关中某富户托钱婆为媒，欲娶之为妾，朋打骂以拒之，因此被拿，弟韩福替死以救之。翠云名节既全，韩朋灭贼亦有大功，后均受皇封。

上曲本四种，均明金陵唐氏富春堂刊本，白口，单鱼尾，上题书名，中记卷数叶数，下题“富春堂”三字，每半叶四周花边，十行二十一字，小双行，字数同。《双忠记》有图十面。《白兔记》，谢天佑校，有图十三面。《跃鲤记》有图二十六面。《十义记》，罗佑音注，有图十八面。收藏有“王国维”三字方印。卷首标叶尚存，题“绣刻演剧十本”六大字，又“第一套：双忠记，白兔记，琴心记，东窗记，升仙记，跃鲤记，青袍记，和戎记，金貂记，香山记”等三十三小字。查富春堂曲本，市上最不易见，公家藏之最多者，惟北平图书馆，然《琴心记》《青袍记》《升仙记》及《双忠记》尚无有也。

原载一九三四年五月十一日《晶报》

# 双 塔

雷峰塔，系吴越王妃黄氏所建，以藏佛螺髻发，故亦名黄妃塔，在浙江杭县南屏山净慈寺北，塔始以千尺十三级为率，然仅成五级，明嘉靖时毁于火，十馀年前，全体倒坍。今将重建，想不久即可完成。

言雷峰塔者，无不忆及白蛇、青鱼、许宣之故事。白蛇、青鱼相传系达摩踏芦渡江，脱落芦叶，被彼等吞食，遂有悟而苦修云。一千余年后，白蛇、青鱼顿忘皈依佛法，堕落尘埃。许宣本系佛尘前一捧钵侍者，因与白蛇、青鱼有宿缘，故令降生凡胎，缔成婚媾，后恐其坠入迷途，忘却本来面目，如来因命法海下凡，委曲收服妖邪，永镇雷峰塔，接引许宣同归极乐。此许宣白娘娘故事之大要也。记此事最详之书，则为吴从先之《小窗自纪》。好事者从而摭拾之，编成剧本弹词及章回小说。

《雷峰塔》剧本，余家有二种：一蕉窗居士填词，大字写刊本也；一岫云词逸改本，小字巾箱本也。大字本二卷，三十二出；小字本四卷，三十四出。二本出名不同，兹特全抄如后，以便比较：

大字本三十三出，其名为：（上卷）《慈音》《荐灵》《舟遇》《榜缉》《许嫁》《赃见》《庭讯》《邪崇》《回湖》《彰报》《忏悔》《话别》《插标》《劝合》《求利》《吞符》。（卷下）《惊夫》《浴沸》《被获》《妖遁》《改配》《药赋》《色迷》《现形》《掩恶》《棒喝》《赦回》《捉蛇》《法剿》《埋蛇》《募缘》《塔园》。

小字本三十四出，其名为：（卷一）《开宗》《付钵》《出山》《上冢》《收青》《舟遇》《订盟》《避吴》《设邸》《获赃》。（卷二）《远访》《开行》《夜话》《赠符》《逐道》《端阳》《求草》。（卷三）《疗惊》《虎阜》《审配》《再访》《楼诱》《化香》《谒禅》《水斗》。（卷四）《断桥》《腹婚》《重谒》《炼塔》《归真》《塔叙》《祭塔》《捷婚》《佛园》。

大字本黑口，单鱼尾，左右双栏，每半叶十行，行十九字，前有乾隆三年蕉窗居士自序。小字本白口，单鱼尾，四周双栏，每半叶七行，行十五字，前有乾隆辛卯（三十六年）方成培序。

雷峰所以如是称之者，因有道人雷就筑室于其处故云。白蛇事有无，今不可考，惟极有味，虽孩提亦乐道之。中涉佛数，因不合时；然较言仙道之小说，似少损害也。

原载一九三四年五月十三日《晶报》

# 小四梦

《藤花主人四梦》，俗称“小四梦”，皆杂剧也。“大四梦”，即明汤义仍之《还魂记》《紫钗记》《南柯记》《邯郸记》等传奇，传奇出数无定，杂剧大概四出。“小四梦”者，《园香梦》《昙花梦》《断缘梦》《江海梦》也。“大四梦”版刻不一，有极易购得者。“大四梦”有明吴兴臧晋叔改本，其全套初印有图者，亦不易求获。“小四梦”虽为清刊本，市上反不多见。余家藏者，大小四梦均有之。今先言“小四梦”，均藤花主人填词，其每种大纲如下：

（一）《园香梦》四折。言风流才子庄达，于门户人家遇一女子，姓李小字含烟者，遂深神契。一年后庄中举人，应上京会试，惟李不愿彼去，彼自己亦不愿去，然庄有不得不去之苦。庄在途中梦见李姬已死，立即赶回，而李果死矣。庄大哭，自写经典，为彼超度。后有人扶乩，忽来男女两仙，男为众香园主，女即李姬。李与庄谈论多时，末谓彼已成散花仙女矣。

（二）《昙花梦》四折。言张氏女曼殊，年十八嫁毛西河为妾，三年不身而大妇忽南至。毛恐其不能安身，欲遣之去。曼殊不肯，痛哭气绝，经葛先生力救始醒，嗣是气虚多病，不久即卒。其婢金绒于主母亡后七日亦死（参观西河集中之《曼殊葬铭》及《金绒从葬铭》）。

（三）《断缘梦》四折。言高仰士常于梦中见一佳人，姓陶名四眉者，“体态形容，一一如绘。若说是噩梦无凭，何以时常示现。若说是因缘有在，却又幻境全空”。最奇者，陶氏亦常梦见仰士。一夜，二人互梦，仰士梦寻陶氏，陶氏亦梦访仰士，两不相值，还家各醒。后经梦王道破幻缘，情丝遂解。

（四）《江梅梦》四折。言江采蘋被选为妃，受尽宠爱，因杨玉环入宫遭中弃。后安禄山造反，唐天子与杨妃奔避，惟江妃独留宫中，见贼大骂而死。

余家藏之“小四梦”，系清道光间原刊初印本，白口，双鱼尾，双栏，半叶八行，行六十八字，小不顶格，十六字。每种前有图四叶（前见全集本无图）。《园香梦》系藕香水榭订谱，有龚沅序、各家题词及藕香水榭、畸农两跋。《昙花梦》系红豆村樵评校，有藤花主人自序及附录。《断缘梦》系辫红醉客点论，有藤花主人自序。《江梅梦》系养花精舍点论，有藤花主人题词及自题。

原载一九三四年五月十五日《晶报》

# 《苏沈良方》

吾国古书,有人人知其已经散佚,而今忽然发现者,其《苏沈良方》乎?

《苏沈良方》者，宋沈括所集方书，而后人又附益以苏轼医学杂说也。入清《四库》子部医家类一,《提要》云:“案明晁瑮《宝文堂书目》，有《苏沈二内翰良方》一部，是正嘉以前，传本未绝，其后不知何时散佚。今据《永乐大典》所载，掇拾编次，厘为八卷。史称括于医药卜算，无所不通，皆有所论著……轼杂著时言医理，于是事亦颇究心。盖方药之事，术家能习其技，而不能知其所以然；儒者能明其理，而又往往未经试验。此书以经效之方，而集于博通物理者之手，固宜非他方所能及矣。”可知，馆臣深善其书，而以不见原本为憾也。《良方》原本，实未失传，余日前于友人陈君处获见。兹将序文，行格，牌记等开列于后，以便研究古医书者之考查:

《苏沈良方》十卷，白口，白单鱼尾，左右双栏，版匡高约七英寸，广约十英寸，每半叶八行，每行十六字，前有永嘉金门羽客林灵素序，又无姓氏序，又总目，又图三叶（计人体之形十一，本报复印者，第一叶第一形也），卷十末叶后半有长方牌记，题“黄中南校正，康王庙前陆氏刊”二行十二字。《苏沈良方》行世者，即辑自《永乐大典》之八卷本也，市上常见，价亦不昂。八卷本无明刻卷首之两序。明刻十卷本极珍贵。

原载一九三四年五月十七日《晶报》

# 《红梨花》

梨花结构，最为奇幻，却不假托鬼神，捏名妖怪，一归之敦友谊，重交情，又何平实也。固知舍平实为奇幻者，非奇幻也。

上引者，快活庵评《红梨花记》总评之一节也。《梨花记》剧本有两种：一汲古阁《六十种曲》本，题《红梨记》两卷，三十出；一快活庵批评本，题《红梨花记》两卷，三十四出。本篇所述，快活庵本也。

快活庵本之情节，与汲古阁不同，兹摘其大要如后：

赵汝州，字君牧，樊城人，姿容朗秀，常“寻花问柳”以遣闷怀。其时有妓名谢金莲者，来自洛阳，汝州访之不值，作诗留题，诗曰：“换却冰肌玉骨胎，丹心吐出异香来，武陵溪畔人休说，只恐天桃不敢开。”金莲见之大悦，拟托终身焉。同邑有无赖子姓胡名行者，挟势求欢，女不从，遂被逐还洛。惟女感汝州知己之恩，有和诗一首，书于扇上，并约彼于洛阳相见。女之诗曰：“本分天然白雪香，谁知今日却浓妆。秋千院落溶溶月，羞觏红脂睡海棠。”汝州有同窗友，姓刘名辅，字公弼者，为洛阳太守，久别，来书招之，欲彼在署中温习经史，以备应试也。汝州见辅，即以金莲为问，闻已病死，即成想思病。辅密令金莲伪为王同知女，至园中看花，汝州见而悦之，引至水阁细谈，正欲成好事，被送药者搅散。越夕，女又来，天明即去。辅恐汝州恋女不赴试，复令一老妇，到园中排设祭礼，假哭起来，谓有王同知女死葬园中，往往夜出迷人，吾子为其迷死。汝州询其状，与所见无异，大惊，即日就道，应举及第。

当时元兵造反，樊城已破，洛阳被围。赵状元（即汝州）请兵讨贼，谢金莲弹筝却虏。事平后，由刘辅说明一切，而汝州与金莲遂结为夫妇。此剧所以名为《红梨花》者，因赵谢二人之诗，均以此为题也。

余家藏之《红梨花》系明刊本，白口，无上下鱼尾，单栏，每半叶十行，每行大小均二十一字，栏上有评。卷首有序文，不著姓氏，又总评。两卷之首，各有精图十二面。其三十四出之目抄录如下，以便有《六十种曲》本者，与之比较也：

（一）《开宗》，（二）《选胜》，（三）《寻春》，（四）《期故》，（五）《空题》，（六）《寄酬》，（七）《开隙》，（八）《芳讯》，（九）《诡逝》，（十）《献谀》，（十一）《诘病》，（十二）《巧托》，（十三）《密逅》，（十四）《烽惊》，（十五）《佳期》，（十六）《订姻》，（十七）《惊试》，（十八）《闻变》，（十九）《被虏》，

（二十）《砥节》，（廿一）《射策》，（廿二）《报衅》，（廿三）《误拷》，（廿四）《围城》，（廿五）《请缨》，（廿六）《试筝》，（廿七）《虏破》，（廿八）《露计》，（廿九）《谢侃》，（三十）《吟合》，（卅一）《俘白》，（卅二）《还玉》，（卅三）《参成》，（卅四）《圆合》。

《红梨花》亦《富贵团圆》之曲本也。其第一出末，有诗四句，足以包括全书。诗曰：

梨花诗无端写恨，白纨扇有意传情。刘太守全交重义，赵状元退虏扬名。

快活庵本《红梨花》有图初印者，市上罕见。

原载一九三四年五月十九日《晶报》

# 团　圆

余家有素纸精写曲本一种，系海宁王观堂（国维）旧藏，其名曰《金锁记》。《金锁记》即“京”戏中之所谓《六月雪》也，其纲要如后：

窦娥，即窦端雪，父名天章，字汉卿，因家贫母丧，年十三即归蔡氏为童养媳。蔡母鲁氏，夫早亡故，子宗昌，字元振，乳名锁儿，年十六，已入泮矣。

蔡秀才上京应试，中途舟覆，人人知其已死，实则不然。蔡与东海君之第三女有未了姻缘，入海为其婿也。三载（即水中十九日）后，龙女送入文场，得中状元，此后来事也。

一日，蔡母往赛卢医家讨债，被引至荒郊，害死之，适遇张驴儿母子路过，惊散歹人，因此，蔡母感恩，与之同住。后张图奸窦娥不遂，向赛卢医买药，欲毒害蔡婆。张母苟氏，误食而死。张诬告窦娥，幸临刑时，天六月降雪而罢。

是时窦娥之父天章，因为官清正谨慎，得任两淮廉访使，而彼办理最要之案，即窦娥冤案也。

此喜剧也。收尾时，父女母子、夫妻，虽无一不受过大苦，然重聚时，身体均无损害，其乐似愈大也。欧西之英人，最喜读此种剧本。下引者，《金锁记》第一出之标略也。阅本《晶》者可以知此书文字之一般矣。

（满庭芳）窦女冲龄，从姑未配，蔡郎却坠龙渊。窦翁名就，几载离家园。蔡母索逋被害，张驴母解救生全，感恩德移家同住。谁想又逢奸，砒霜药蔡母，误伤张妪，窦氏遭冤。幸临刑飞雪，天救婵娟，得金锁冤案昭然，还堪羡蔡郎荣贵，夫妇永团圆。

余家藏之写本《金锁记》每半叶十行，每行大小均二十二字。此书不著撰人，分两卷，三十三出。所以名之为《金锁记》者，因蔡母恐其子宗昌难养，幼时以金锁锁项，而后来窦娥之冤，又藉之为证得大白也。余之《金锁记》首叶，有“王国维”三字图记，其布套之一端，有王氏手题“稿本金锁记二本”七字，书口及上下两头风伤甚重，惟文字全无缺损。

原载一九三四年五月二十二日《晶报》

# 黄头黑面

黄承彦高爽开朗，为沔南名士，谓孔明曰："闻君择妇，身有丑女，黄头黑面，才堪相配。"孔明许，即载送之。时人以为笑乐，乡里为之谚曰："莫作孔明择妇，正得阿承丑女。"

上事见《襄阳耆旧传》。《耆旧传》有宋刻五卷本，见《书录解题》，不传；有明刻二卷本，题《重校襄阳耆旧传》，见《荛圃藏书题识》；有五云溪活字本，见《爱日精庐藏书志》；又有清任兆麟刻三卷本，题《襄阳耆旧记》见《郘亭书目》。余家藏者，系明初刊本，不另卷，即荛圃所谓"无重校字样而末有……吴琚识语"者是也。

《耆旧传》系史部传记类书籍，清《四库》不收。其所序人物，上起周秦，下迄五代，贤牧如羊祜、杜预、李密、裴度等均及之。其言邓遐斩蛟一事，颇似英文学史中之贝武夫（Beowulf），兹全录如后：

晋邓遐，字应远，勇力绝人，气盖当时。时人方之樊哙，治郡号为名将,,为襄阳太守。城北沔水中有蛟，常为人害。遐遂拔剑入水，蛟绕其足，遐挥剑截蛟流血，江水为之俱赤，因名曰“斩蛟渚”，亦谓之“斩蛟津”。

余之明刻《囊阳耆旧传》系白口本，每半叶十行，每行十八字，共计三十七叶，末叶有吴琚识语云：“系右漕司旧有此版，岁久漫不可读，于是锓木襄阳郡斋，庶几流风遗迹，来者易考焉。绍熙改元初伏日襄阳守延陵吴琚识。”荛圃藏书题识中，将“流风遗迹”之“风”字误作“以”字。有题识者，可改正之。

余家藏之《襄阳耆旧传》，有“宝德堂藏书”“铁名读过”“赏音者稀”三图记。

原载一九三四年五月二十四日《晶报》

# 《金　貂》

余家藏《金貂》曲一卷本，二十三出，清初抄本，海宁王观堂（国维）旧物也。《金貂》似无刻本，其所演薛仁贵事与正史颇多不合。兹将本中情节摘采大要如后。

薛仁贵（亦名礼），绛州龙门县人，随驾征东，平定天山，封为平辽王，掌握兵权，兼理朝政。妻柳氏，颇多贤德，子丁山，亦知孝道。惟位大功高，皇叔李道宗深妒之。

一日，翠屏女（刘班郎之妻）进园中采桑以供蚕食，被道宗窥见，以为天仙下凡，抱之入府，硬欲与之成亲。妇之夫已死，守节不从，触阶而死，其婆往有司衙门告讨媳妇尸首。而准其状者，即薛仁贵也。仁贵途遇道宗，当面说破，由是道宗愈恨仁贵。其至友张杰代为设计，捏造反诗，谓仁贵谋篡，送入天牢。丁山闻父被拿，飞报尉迟恭（字敬德），盖仁贵与敬德亦至友也。

敬德探监，问明情由，次晨往宫中保奏，途遇皇叔，愤极，将其门牙打落。朝廷因其不守国法，贬为农民。李道宗强抢民妇，有坏国法，亦贬口外为民。

是时高丽苏保童，闻天子囚仁贵，贬尉迟，朝中无人，又兴师为其叔父复仇。李世勣保举仁贵戴罪出征，朝廷准之。

仁贵远征高丽时，被困于琐阳城，幸李孝贞仙姑（即触阶而死之翠屏女）欲报仁贵之恩，授丁山以辟邪宝剑而得救也。

末言敬德之女兰英，嫁与丁山为妻，而仁贵大胜而归，诚富贵而又团圆也。

第一出开宗，总括全本，文字明白，兹抄录如后：

平辽仁贵尽忠职，皇叔道宗生忌嫉。守节甘死翠屏女，仗义退休老尉迟。天子金鸡不夜传，武将诚言举忠职。归来二姓得为婚，旌表一门光闾里。

翠屏女使心尽节，丁山子全孝克戎。尉迟恭归田仗义，薛仁贵报国精忠。

余之《金貂》系乌丝栏抄本，半叶十行，行二十五字。收藏有“王国维”三字图记，又布套之端有王氏手题“金貂记一本”五字。

全本二十三出，其目为：（一）《开宗》，（二）《满门欢庆》，（三）《道宗游春》，（四）《翠屏采桑》，（五）《奶娘劝解》，（六）《陌上鸣冤》，（七）《张杰定计》，（八）《严拿仁贵》，（九）《丁山报信》，（十）《勘问仁贵》，（十一）《敬德打朝》，（十二）《群臣饯别》，

（十三）《高丽兴师》，（十四）《戴罪出征》，（十五）《敬德钓鱼》，（十六）《对敌被困》，（十七）《母子遇难》，（十八）《敬德耕田》，（十九）《牛羊社会》，（二十）《敬德装疯》（廿一）《感恩送宝》，（廿二）《内外成功》，（廿三）《一家团圆》。

原载一九三四年五月二十六日《晶报》

# 善弈得妻

本《晶》读者，曾闻善弈得妻之故事乎？古书中有之，文字美雅，兹先录其前半如下：

蔡州有村童，能棋，里中无敌。父母将为娶妇，力辞曰：“吾门户卑微，所娶不过农家女，非所愿也，儿当挟艺出游，庶几有美遇，以偿平生之志。”遂着野人服，自称小道人，适汴京，过太原真定。每密行棋，觇视自知无出其右者，奋然至燕山。燕山为金都，而棋国手乃一女子妙观道人。童连日访其肆，见有误处必指示。妙观惧为众哂，戒他少年遮阑于外，不使入视。童愤愤，即彼肆相对僦屋，标一牌曰“汝南小道人手谈，奉饶天下最高手一先。”妙观益不平，然揣其能出己上，未敢与校胜负，命弟子之最者张生往试之。张受童一子，不可敌；连增至三，归语妙观曰：“客艺甚高，恐师亦须避席。”

此故事之前半也。故事题曰:《蔡州棋童》,见《桂山录异》。

《桂山录异》八卷，清狮桥居士顾洤编，系乾隆癸丑碧梧堂刊巾箱本，白口，单鱼尾，单栏，半叶九行，行十八字，前有乾隆五十八年编者自序。每卷前有细目，末卷末叶后半有“乾隆己亥十月山阴鲁和琴良氏校录于曲江品石山房”二十二字。余家藏者系连史纸初印本，市上不易求获。

下引者，善奕得妻故事之后半也。后半较前半为胜：

> 未几，好事者闻之，欲见两艺人之高下，共率钱二百千，约某日会战于僧舍。妙观阴使人祷童曰：“法当三局两胜，幸少下，我自约外奉五十千以酬。”童曰：“我行囊自不乏钱，非所望，然切慕其颜色，肯通衽席之欢乃可。”女不得已许之。乃对局，童果两败，妙观但酬钱而不从其请。适金之宗王贵人宴乐，呼童奕戏，询其与妙观优劣，童曰：“此女棋本劣，向者故下之耳。”于是亦呼至前，令赌百千，童探怀出金五两曰：“可赌此。”妙观以无金辞，童拱白座上曰：“如彼胜则得金，某胜乞得妻。”座客皆大笑，同声赞之。妙观惭窘失措，遂连败，既退，复背约，童以词诉于府，引诸王为证，卒得女为妻，竟如初志。

《桂山录异》中尚存《神龟》《李清》《王度》《姚氏三子》《韦安道》等，亦皆有兴味之短篇也。

原载一九三四年五月三十日《晶报》

# 六五六，尺上工

明吴炳（即粲花主人）所作《绿牡丹》传奇中，有柳五柳与车尚公两个人物，隐含“六五六，尺上工”六字之音，此以字为游戏，即英语中所谓“谚”（Pun）也，译言玩字，或字戏。西人不以“谚”为鄙，故正式文章中亦有之。吾国则只见于小说或剧本中，外此无有也。《绿牡丹》传奇中之人物，除柳五柳与车尚公外，尚有翰林学士沈重、谢英、顾粲、车静芳及沈婉娥等。静芳婉娥，两女子也。兹将本剧大要，摘录如下。

沈学士重，邀诸秀士为文会，隐有为女择婿之意。谢英馆于柳五柳家，每为其捉刀，而车尚公之妹静芳善于诗文，亦代兄属稿。沈重以“绿牡丹”为题，各赋一绝，取柳五柳第一，车尚公第二，顾粲第三。车遂图为沈婿，而以其妹许柳。静芳窥柳面貌，知秀才士，乃语兄召柳亲试，而已在帘内命题，题仍为“绿牡丹”。柳仍觅谢代作，而谢已觉其情，乃作一恶诗与之，诗曰：“牡丹花色甚奇特，非红非紫非黄白，绿毛乌龟爬上花，恐怕娘行看不出。”诗以龟自比，柳不能辨，亲笔书之。静芳大笑，而柳犹不悟。沈学士知前首取之诗，实系谢作，竟以女许之，而东妹亦赏顾之才。后顾谢二人同榜登第，于是谢娶沈，顾娶车，完成所谓“佳人才子”也。

余家藏之《绿牡丹》传奇，系明刊本，白口，白单鱼尾，单栏，每半叶九行，每行二十字。全书分两卷，三十出。吴炳，宜兴人，自称粲花主人，明万历进士，颇有才名，官至兵部右侍郎，永明王奔靖州，令炳扈王太子走，被清兵执送衡州，不食，自尽于湘山寺。其所撰曲，有《画中人》《疗妒羹》《情邮记》《西园记》及《绿牡丹》也。

原载一九三四年六月二日《晶报》

# 天下有二途

现行白话诗，其大多数终较古诗为逊，因律韵不全也。古人虽不特意作白话诗，然时有拟之者，且更优美者。兹引明周广《玉岩集》中一首于下以明之：

天下有二途，曰名与曰利。争名者于朝，争利者于市。纷纷徒白首，何时而已矣。高卧怡素心，大清究终始。

上诗题曰《偶作》，见《玉岩集》卷五第十叶。除末二句意义略深外，余均简易明白。

《玉岩集》卷三第十四叶，尚有一首字浅而意深之诗，兹照录如下：

古人爱心不爱身，今人视身如重珍。一生死槁同灰木，直向堪舆作幻尘。

《玉岩集》九卷，附录一卷，入清《四库》集部别集类存目三。余家藏者，系明嘉靖戊午杏华书屋刻本，白口，单鱼尾，左右双栏，半叶十行，行二十一字，前有遗像、诰命、嘉靖己亥周凤鸣序，归有光序，又目录十四叶。目录末叶及末卷末叶有“嘉靖戊午冬刻梓于杏华书屋”两行十二字。末卷附录，志状之属，非广之著作也。广，昆山人，字充之，弘治进士，历知莆田、吉水事，正德中以治最征授御史，疏陈四事，几为武宗义子刘宁所害。世宗时官刑部侍郎，居二年，暴疾卒，有《江西通志》及《玉岩集》。清《四库提要》称广在正德中“直声动海内，而文名不甚著”。诚至言也。

《玉岩集》卷一至卷六为诗，卷七至卷九为杂文。前已引诗二首，兹再录文一篇于后，俾本《晶》阅者，得见其才之双方面也：

广再拜，流景飞驰，奄忽五载。先慈谢世，重辱又荣，及今感德无量。恭闻先生节孝之誉，上彻宸衷，泉州新命，想敬就矣。然而养志遗禄，虽曰人子至情，而朝廷以是特恩相加，恐亦未可坚辞也。海内人士，莫不仰德，知先生必有所以处之。广自守制后，退无所修，进无所成，其惟早夜以负先生之知是惧。期年吉水，政化壅滞，亦足以明不才矣。悔吝之来，日恒抱之，胡足道哉。太夫人寿祉可嘉，先生承欢，计纳福未已。薄具青纱一端，聊充折芳，以遗所思之一赠云耳，伏惟鉴入，无任悚息。

上题《寄陈侍御时周书》，见卷七第四叶。

余家藏之《玉岩集》有“徐坚藏本”及“怀新馆藏书记”两图记。

原载一九三四年六月五日《晶报》

# 暗里门

欧美各种科学，均有纲领之书，以为初学者导，即所谓“暗里门”（elements）是也。“暗里门”译言“初步”。吾国儒家亦有“暗里门”之书籍，例如：周、程、张诸子之书，广大宏博，初学无从问津。宋朱熹与吕祖谦掇取其关于大体而切日用者编成《近思录》十四卷，叶采又为之集解，极便有志儒学者，诚精美之“暗里门”也。

上节中有“儒学”一名词。惟何为儒学？儒学者，圣贤教人处世之道也。然此定义，等于无有（即零圈，虚路，Zero 也），不如引《近思录》中数条，以见儒家教导之言：

（一）天下之理，终而复始，所以恒而不穷。恒非一定之谓也。一定则不能恒矣，惟随时变易，乃常道也。天地常久之道，天下常久之理，非知道者，孰能识之。

（二）伯淳昔在长安仓中闲坐，见长廊柱，以意数之已尚不疑。再数之不合，不免令人一一声言数之，乃与初数者无差。则知越着心，把捉越不定。

（三）世人多慎于择婿，而忽于择妇，其实婿易见，妇难知，所系甚重，岂可忽哉。

（四）人心所从，多所亲爱者也。常人之情，爱之则见其是，恶之则见其非。故妻孥之言，虽失而多从；所憎之言，虽善为恶也。苟以亲爱而随之，则是私情所与，岂合正理。故《随》之初九，出门面交，则有功也。（“出门面交”，远游他方而交结新朋友也。）

《近思录》，常熟瞿氏铁琴铜剑楼有宋刊本，半叶八行，行大小均十八字，前有淳熙乙未朱熹原序，淳熙三年吕祖谦题辞，又淳祐戊申叶采序及淳祐十二年叶采进书表。前岁曾见其书影。余家藏者，系元末（或明初）复宋本，其款式行格与瞿本无异。

原载一九三四年六月七日《晶报》

# 伸玉臂

伸玉臂，持酒与欢饮，饮亦不令欢醉。

上情歌也。字字疼热，语语帮衬，作者明谭元春也。元春字友夏，竟陵人，天启末乡试第一，其所撰《岳归堂集》《谭友夏合集》《谭子诗归》等，均入清《四库》存目。

元春情歌，尚有更妙于上引者，如：“侬家禁侬往，欢家断欢行，木钟语土鼓，尔我两无音”一首，长言想思之至。又“不共惭欢誓，只许一宵眠”两语，则贞心中暗藏淫气，妓女自负语也。

元春诗文，自来评论家皆非之，谓其无学也。上段中所引者，已足见其诗之优劣。兹再录文一首于后：

古人无不奇文字，然所谓奇者，漠漠皆有真气。弟近日止得潜心《庄子》一书，如解牛，何事也？而乃曰依乎天理。渊？何物也？而乃曰点。惑，于有何可钟也？而乃曰以二缶钟惑。推此类具思之，真使人卓然自立于灵明洞达之中。庄子曰：“言隐于荣华”，又曰："高言不止于众人之心"，今日之务，惟使言不敢隐，又不得不止于吾心足矣。半年中承使书两至，真古人举动，辱惠孙汉阳花卉，久欲致之而不可得者。李祠部《绛学碑记》叙事造语之妙，若生若脱，可以为法，第反谓书法不及耳。

上《答袁述之书》，此书与所引诗均见《谭友夏合集》。《合集》二十三卷，明崇桢癸酉刻本，白口，单鱼尾，单栏，半叶九行，行二十字，前有张泽序及元春自序。每卷前各有细目。

余家藏者有"学乐堂藏书印""吴门金氏守正庚申得收""阳湖周腾虎字韬甫""南州""耐庵""徐朝玠秉璋印"等图记。卷首旧护叶有手跋一则云："此亦胜庵所赠，据述乃阳湖周韬甫所藏本也，己亥秋七月，函青。"函青不知何人，其手跋前钤"穆如清风"一印记，末又钤"宗汾"及"函青"两印记。此书有韬甫图记，为其旧物无疑。韬甫官主事，工诗，读书通知古今，豪于论辩，曾国藩特保常州四人，韬甫与焉，有《餐芍华馆遗文》《诗集》《随笔》等著述。

原载一九三四年六月九日《晶报》

# 我技尔技

余最喜读者，小说中言奇技之故事（非现今流行之长篇武侠小说）也，试举一例如下：

> 婺郡某都司以善射闻，方盛暑剃头，飞蝇交集，其人运刀成风，随手拂之，蝇头皆落。都司知其炫技，笑颔之。剃发毕，叱缚其人百步外，胸置一扁拐，发矢射之。凡五发，皆中扁拐而人不伤。剃发者号呼乞命，始掷弓笑曰："我技何如尔技耶？"

上引者，题《剃头炫技》，见《凉棚夜话》卷三。余昔年曾有集合此类故事为一书之志，且曾抄录二百馀则，其稿本于"一·二八"难中失于闸北，今无意重为矣。世有好事者，可效行之，余决不谓其剽窃也。

《凉棚夜话》四卷，续编两卷，浙东海槎客著。余家藏者，清道光己亥书业堂巾箱本也，半叶八行，行十九字，正编前有嘉庆己未方元鹍序。此书行世尚多，售旧书者，不必因余文而抬价也。

原载一九三四年六月十一日《晶报》

# 政治经济

政治与经济并重，是故专言法度而不知理财者，虽不至害民，然决无成就也。现今大学中，政治经济合授于一科，亦因此也。古人有政治经济混合教科书，其名曰《太平经国之书》。

《太平经国之书》十一卷，宋郑伯谦撰，入清《四库》经部礼类一，《提要》云："其书为目三十，曰《教化》《奉天》《省官》《内治》《官吏》《宰相》（卷一）；《官民》《官刑》《揽权》（卷二）；《养民》《税赋》《节财》（卷三）；《保治》《考课》（卷四）；《宾祭》《相体》（卷五）；《内外》（卷六）；《官治》《臣职》《官民》（卷七）；《宫卫》《奉养》《祭飨》（卷八）；《爱物》《医官》《盐酒》（卷九）；《理财》《内帑》（卷十）；《会计》《内治》（卷十一）。其中《内外》一门，《会计》一门，又各分为上下篇。凡论三十二篇，皆以周官制度，类集贯通，设为问答，推明建官之所以然，多参证后代史事，以明古法之善。兹录卷七《官民》篇中之一节，以见本书之文字焉：

天下之事，非财则不立，天下之人，非财则不聚。财用足，然后百志成；食货通，然后民安居。此《大学》言生财，大《易》言聚人，曰财之意也。故欲知其一岁之总则会之，欲知一二三四之数则乘之，乘其出而知其出之多少，乘其入而知其入之多少。理财之法，于是为至，而建官为民之意，于是为得……后世不知其本末源流，徒见先王有长财之赏，则讽郡县以羡馀之献者有之；日进月进，剥民以奉上之欲者有之……闾里之彫耗，市井之萧条不恤也。狱讼之不戢，差税徭役之不均，不以为意也。当是时也，富民犹不免于贫，而况下户乎。平时暇日，犹不免于仰屋窃叹，而况于军期之督迫乎……

《太平经国之书》有《学津》本、《通志堂》本、《永嘉丛书》本等等。余家藏者，系明嘉靖中刊本，白口，左右双栏，半叶十行，行二十二字，前有伯谦自序，又目录，又卷之首共四图（一曰秦官制，一曰成周官制，一曰汉官制，一曰汉南北军），此书似无宋元本行世，则嘉靖本为最早之单刻本也。

原载一九三四年六月十二日《晶报》

# 《翡翠园》

《翡翠园》传奇，两卷二十六出。据王观堂（国维）《曲录》，系清朱素臣所撰。余家藏之精写本，不题著者姓氏，王氏旧物也。卷首有“王国维”三字印记，布套之一隅，有王氏手题“稿本翡翠园四本”七字。《翡翠园》似无刻本，而传世之抄本亦极稀，素臣所著剧本，大概如是，非此独然也。

《翡梁园》演舒芬事。芬父德溥，明正德间江西进贤县儒生，母极贤慧。

德溥馆于楚中卢氏，学生名大诰，系承荫官生，将入京候选，故德溥于岁暮告辞，另图他馆。途中遇同县县役王姓，诨名馒头者，亏粮鬻妻，德溥以脩金三十金全数与之，俾得赎还。自己空囊以归。除夕与妻食苦菜，夜半闻空中语云：“今夜烹苦菜，来科中状元。”后其子果中状元。

宁王长史麻逢之，与德溥邻，欲得其居以置台榭。德溥以祖遗，坚执不可。麻以盗陵罪陷德溥，遂据其室，并拟使其仆持王府令牌，往狱中擒德溥，半夜与群盗俱戮，惟为时尚早，且逢之宴后大醉，尚未实行也。麻女翡英怜其受诬，欲为解救，方苦无策。适有赵媪女翠儿至麻园，翡与翠素善，谈及舒冤，遂窃令牌，嘱翠密咐王馒头往狱中救出德溥。王感舒赎妻之恩，故愿为此：又念已无倚，且事必败露，亦即遁去。

赵媪素敬德溥，且爱芬才品，乃以翠许芬，携舒母远避。

逢之知德溥已逃，严行捕缉。

德溥学生卢大诰，赴新任，于驿中遇王役，知师被冤，并访得详情，卢因王役仗义，重用之。

后宁王造反，逢之助之，被擒解京。

舒芬改姓卢，状元及第，经抚臣奏明，诏以翡英仗义赐婚舒芬，芬奏已聘赵氏，诏许翠与翡并婚，诏云：

朕以渺躬凉德，祸起宗藩，赖诸臣效力于疆场，致兆姓奠安于衽席。先因抚臣王守仁，题叙军功，据新料状元，历陈宽迹，朕已一一洞悉。盗陵等罪，并与赦除。状元复姓舒芬，授编修。麻氏忠言谏父，赵女义侠可嘉，并赐舒芬为配，各封恭人。父德溥以军功实授郧阳府同知，母聂氏封孺人。卢大诰升南昌知府，王赏授锦衣卫经历。麻逢之助逆反叛，本应正法，姑念伊女大贤，且以抚臣办奏从宽，免罪放归田里。其所占房屋，准赐给还。特赐御书“翡翠园”金匾以示优异，钦哉。

《翡翠园》亦可称为《翡翠缘》。余家藏者，系乌丝栏精写本，每半叶九行，每行大小均二十字。

原载一九三四年六月十四日《晶报》

# 白昼身无措

蝙蝠在欧西文学中，自《伊索寓言》起，未有以善名称之者。吾国元代诗人岑安卿骂之最盛，其诗如后：

> 蠢尔不知贱，高高亦戾天。饥惟掠蚊蚋，飞不避鹰鹯。白昼身无措，黄昏意自便。缅思馋佞辈，与汝可周旋。

上引之诗，见《栲栳山人诗集》，其意完全与西方相合。山人不知西文，决非剽窃也。

《栲栳山人诗集》三卷，入清《四库》筑部别集类二十，有明初刊本，未曾见过。又有清乾隆及嘉庆两刊本，均藏而失者。余家现藏者，吴兴丁氏乌丝栏抄本也，每半叶十行，每行二十一字，全书有朱墨两笔校字，又朱笔补抄诗数十首。

栲栳山人，字静能，余姚人，志行高洁，穷阨以终。其诗戛戛孤往，如其为人。兹再引《短歌行》一首，以见其志，诗如后：

水浊不见石，雪深欲无山。利欲酷似之，翳彼方寸间。年来名利嗟已矣，如云过山，石沉水底。不如护生形，槁木心死灰，又不如瞿昙氏面壁九年身不起。物来自解鉴妍丑，事至常（朱校作“尚”）思见非是。始知至静可观动，是非妍丑皆从彼。静中有乐我素谙，字我静能斯不愧。春花灿烂秋叶零，岁月奔驰老将至。静能静能可若何，归全须曾究参旨。

余家藏之丁氏抄本，有“吴兴书富第一家丁氏”“手抄积万卷，数世之共心，流落不知处，壁出丝竹声”“咸丰辛酉月河丁白重整遗籍”“归安丁宝书印”等图记。卷首旧护叶有黄璋题诗，附录于后：

昆季多才举制科，征书不就老岩阿，咸淳进士厉无咎，瞻企师门悼逝波。长堤筑就护乡枌，垂老杜门述典坟。栲栳山人名不愧，永将冰雪寄斯文。

邑后学黄璋题（壬寅正月下浣日校毕识）

原载一九三四年六月十七日《晶报》

# 去留不常

刘伯龙以家贫，将营什一之利，忽一鬼在傍，抚掌大笑。刘曰："贫穷岂有命耶，不然，何以为鬼所笑也。"盖世间财物，去留不常，命当有之。身自不劳苦，分合贫薄，则终无所成。若分外营求，皆是妄念，安得不为鬼物窥笑。

上列古事，劝人安命，劝人不贪。虽语涉鬼神，似乎荒唐，然实有至理存乎其中，读者应于"行与行之间"求得之（read between the lines）。原文见《居家必用事类全集》癸集六十叶。

《居家必用事类全集》十卷，以十干计卷，不著撰人姓氏，入清《四库》子部杂家类存目七，内含格训，良方，食品，蓄椅，书式及一切居家日用事宜，暇时翻阅颇觉多味。兹引下列数事，以见本书所取之材料焉：

（一）嗣续有方

建平考王妃姬等，皆丽无子。择良家未笄女入内，又无子。问褚澄曰："求男有道乎？"澄曰："合男女必当其年。男虽十六而精通，必三十而娶；女虽十四而天癸至，必二十而嫁。皆须阴阳完实，然后交合。合而孕，孕而育，育而子壮强寿。今也不然，此王之所以无子也。”王曰善，未再期生六男。

（二）梦夫妻产孕交合

梦夫妻争钗，主别。梦夫妻会合，主别。梦与女交，主邪祟。梦妻有孕，主外私。梦与女同行，主失财。梦小儿死，主口舌散。梦妻出嫁，主妻亡。

（三）养生鸡令不走

鸡初到家，便以净温水些洗濯鸡脚放之，自然不走。即在前后，并不远去。

（四）小麦汤方

治老人五淋久不止，身体壮热，小便满闷。

小麦一升，通草二两，以水煮。取三升去滓，渐渐食之，须臾得瘥。

（五）收书

收藏书籍之法，当于未梅雨前，晒取极燥，顿橱柜中，厚以纸糊外门及周隅小缝，令不通风，即不蒸。古人藏书，多用芸香辟蠹，即今之七里香是也。麝香收书橱中，亦可辟虫。一法用樟脑亦佳。

乙集中之《孙氏荐飨仪范》，丙集中《赵氏拜命历》，丁集中之《周书秘奥营造宅经》，据叶德辉云：“皆不传之秘，苟非此书全录其文，则亡佚久矣”。清《四库提要》称此书“体例颇为简洁”，依此，则其珍贵可知矣。

《居家必用事类全集》系明刻大黑口，双鱼尾，双栏，版匡高约八英寸半,广约十二英寸半,每半叶九行,行十六字，每集前均有细目。现今颇多影印古书者，而独不及此，想是传本稀少之故。

原载一九三四年六月十九日《晶报》

# 清露白云

清露白云明月天，与君齐棹木兰船。风波烟雨一相失，夜泊江头心渺然。

此唐人杜牧诗也，题曰:《吴淞夜泊》，转载于明万历本《嘉定县志》。

万历《嘉定县志》，入清《四库》地理类存目三，韩浚纂修，全书二十二卷，总目作二十卷，误也。《提要》称“元至元中秦辅之始创县志，明自洪熙至嘉靖凡经四修，浚于万历乙巳复续为是编，颇胜他志之鄙陋。然亦时有疏舛，如以水利列于人物之后，已觉不伦；以古迹及寺观，叙于杂记门中，更为非例”云云，可知此书之缺点，在体例而不在材料也。

《嘉定志》二十二卷。卷一、二，《疆域考》；卷三、四，《营建考》；卷五、六、七，《田赋考》；卷八、九，《职官考》；卷十，《选举考》；卷十一、十二、十三，《人物考》；卷十四，《水利考》；卷十五、十六，《兵防考》；卷十七、十八，《杂记》；卷十九、二十、二十一、二十二，《文苑》。卷二《疆域考》，风俗篇中有一趣事，不知现仍通行否，其事如下：

> （元月）望之夕，农家以高炬照田之四隅，曰照蚕。夜阑女子以果饵迎厕姑，如扶乩之状，能画花卉刀尺。屑铁和硫硝而合之，有梅李兰菊水仙莲花之类，又有流星赛月起轮。游人多登高四望，其食菜园油饍、松豆，至十八九而罢。

卷十三《人物》中有数奇人，兹将陈光远之事实，节录如下：

> 陈光远，不知何许人，成化中侨居安亭望仙墩下，医术神异，殆非常人。（中略）鹿城富人某，父病且死，延致之，方为疗治。阅鼓吹声，问知纳妾，语其子："吾意不在金帛，脱幸活君父，愿以新姬相赠。"子唯唯，夕即出令侍寝。远笑，举所佩金牌示之，有"不近女色"四字，文且漫灭，不知年所，吾以试子，父与妾孰重。子无吝情，可谓孝矣，卒活之。（下略）

万历本《嘉定志》，余家藏者，系白口本，白单鱼尾，左右双栏，每半叶九行，每行大小均十八字，刻工姓名有郭成望、王臣、章钦、朱子静、杨文等等，前有王锡爵序，须之彦序，韩浚序，又凡例、目录、总图。卷末有龚锡爵后序。又一后序，只存二叶，不知撰人姓氏。收藏有“半卷楼”“谷士”“古畷拥百城楼主人珍藏书画印记”“四库附存”“嘉惠堂丁氏藏书记”等印记。嘉惠堂丁氏，即清钱塘丁丙也。丙字松生，富藏书。

**原载一九三四年六月二十二日《晶报》**

# 文章正轨

自著之书，由自己批点，自己赞美，付之子孙，欲其收藏学习，此类书籍，世不多见。余家藏者，亦只一种，即清石韫玉所著之《独学庐稿》是也。稿之首册目录后有朱笔手跋一则云：“道光丙申新正，雨窗无事，因自取文集点勘一过，寄福儿藏之。后人有学文者，其法尽在于是。此文正轨，不落旁门外道者也。独学翁记。时年八十有一。”

独学翁，字执如，号琢堂，乾隆五十五年庚戌科殿试第一人及第。川楚教匪之乱，韫玉佐勒保军幕，用坚壁清野法，贼次第就僇，官至山东按察使。韫玉人品端正，为理学名家，法式善《槐厅载笔》中有记其事云：“石韫玉，字执如，负文章盛名，而实道学中人也。尝谓我辈不能扶翼名教，而凡遇得罪名教之书，须拉杂摧烧之。家置一字库，名曰孽海，盖投浊流，勿使扬其波也。”依此，则韫玉所长在人品而不在文章也。然其诗文，固极循规蹈矩者。兹引散文一段，五言七言各一首于后，以为阅本《晶》者之研究：

（一）杨氏祭田记

（上略）予尝概夫吴俗波靡，奢淫相尚，一婚嫁，一燕享，必竟胜于人。虽破其产不惜，而尊祖敬宗收族之义不之讲，往往坐拥厚资，纵欲败度，以夸豪举，不再传而冰消瓦解，子孙有衣食不给者矣。（中略）今杨氏兄弟，以贸迁有无之业，勤而不匮，以起其家，而又能于慎终追远之事，殷殷然三致意焉，可谓知本矣。（下略）

（二）浣纱祠（《越绝书》载伍子胥奔吴，托食于濑水之女，今祠在和州城西隅）

谁识芦中士，遭逢会有期。关弓回楚使，鞭墓暴吴师。儿女怜才意，英雄失路时。古今无限恨，独吊浣纱祠。

（三）喜达里门

他乡虽好不如归，喜趁晨光叩故扉。万卷藏书成敝帚，十年应举尚初衣。自怜道路风尘老，渐觉亲朋慰藉稀。差胜洛阳苏季子，闺中犹有妇停机。（按：此诗虽呆板，尚较英人之*Home*，*Home*，*Sweet Home*多意味也。）

《独学庐稿》除五稿字作欧体外，馀均赵书写刊，每半叶十行，每行十八字。全书黑口居多数，五稿与馀稿有用白口者。

原载一九三四年六月二十五日《晶报》

# 怕 笑

作文宜多乎，宜少乎？宜多作以求其日通乎，抑宜少作以待其自通乎？吕留良有言，可作此数问之答，今转录如后：

作文不可畏难，即未能佳，且做去，多做自通，越缩越生疏矣。凡人何可量，只是自画，便了却一生耳。怕人笑，便终受人笑；不怕人笑，更何人笑得我也。勉之勿忘。

右见吕《晚村先生家训真迹》卷三第二十一叶。《吕家训》计五卷，入清代禁书书目，且经奏准应全毁者。余家藏者，系清康熙癸未原刊初印本。闻市上有影印本，尚未见过。

《吕家训》五卷，三原门人员赓载及嗣子无鄗共编，其卷末识语称："其间格言正论，皆可以砥挽颓波，纲维人纪"，非虚言也。兹引数段以明之：

（一）年老大而无子，理当娶妾，但不许娶娼妓且土妓之属。

子孙虽贵显，不许于家中演戏（卷一遗令之末）。

（二）虽甚忙不得废文字，吾于此验其进退，勿违也。即读亦不可废（卷二第十一叶）。

（三）闻日来外间狭邪之风甚炽，富室子弟，尽为所煽坏，举国若狂，可恨可畏。汝脚根未牢，宜更加警省，以彼曹为惩戒。匆轻出门，所谓不见可欲，使心不乱。慎（后原缺）（卷四第四叶）。

明山阴祁氏澹生堂，藏书富而且精，散出时，其一部分（三千余本）为吕留良所得，此事恐世人未必皆知之。实则晚村家训中有示其子大火诗两首，以记其事，诗曰：

阿翁铭识墨犹新，大担论斤换直银。说与痴儿休笑倒，难寻几世好书人。

宣绫包角藏经笺，不抵当时装订钱。岂是父书渠不惜，只缘参透达摩禅。

吕留良，浙江石门人，号晚村，八岁能文。明亡后，著书多种族之感，誓不仕清室，削发为僧。雍正时，以曾静文评狱牵涉，阖门被祸，著述均被毁。

原载一九三四年六月二十七日《晶报》

# 嫁女破产

松之俗，嫁女破产，虽富族亦多不举女。有逾四十不能妻者，虽其良族，亦率以抢婚为常事。君患之，始下令曰："毋溺女，溺女者重者坐之。"又以母子天性也，惟痛节其送女之费，则女可蓄，女可蓄，则抢婚可不禁而息。又下令曰："送女毋过若干，过若干，重坐之。"由是女亦浸育，然去官竟以抢婚事也。始诸生王宰聘徐女，有豪者夺而婚诸其子，君怒，将置之法，遂诬君于上官，反复辩诘，久之，事白矣，然竟以误朝觐，遂坐罢。

上言苏松嘉湖一带重男轻女之恶俗，主要之原因，经济问题也。原文见明唐顺之所撰之《荆州文集》卷十《（松阳）知县胡君墓志铭》。

唐顺之，字应德，武进人，嘉靖中会试第一，倭寇躏江南北，以郎中视师浙江，躬泛海，破寇有功。顺之学问渊博，天文，地理，兵法，算数无不精究，其所撰著之书，收或存于清《四库》者，有《广右战功录》《右编》《史纂》《左编》《两汉解疑》《两晋解疑》《诸儒语要》《武编》《南北奉使集》《文编》《荆州稗编》及《荆川文集》等十一种。顺之既有武功，而又有文才，明代罕见之人也。

《荆川文集》十二卷。卷一，策；卷二、卷三，诗；卷四、卷五、卷六、卷七，序；卷八，记；卷九，说、铭、赞、祭文；卷十，墓志铭；卷十一，行状、墓表、传；卷十二，杂著、散论。

顺之之文皆长，不便引录。其诗富于格律，兹录卷二中《题龙图》一首以明之：

> 世人画龙得龙皮，叔也画龙得龙髓。当其停手凝思时，青天飒飒生风雨。却怪三年不点晴，哪知一日飞腾去。

余家藏之《荆川文集》，系明嘉靖中刊本，白口，单鱼尾，单栏，半叶十行，行二十字，前有嘉靖己酉王慎中序，又目录廿八叶。目录末叶有“毘陵陈奎镂板”六字，又有“是集因无锡板差讹太多，乃唐公亲自增削校正无差，谨告四方贤明士大夫君子，须认此板三衢叶宝山学为真，故禀”四十六字（下有花纹二）。王序末有一牌记云：“嘉靖癸丑书林叶氏武进梓行”。余本有：“明善堂藏书画印记”“安乐堂藏书记”。安乐堂即清宗室允祥，明善堂即清宗室奕绘。

原载一九三四年六月二十九日《晶报》

# 正续《藏书》

禁书书目中，有明李贽《藏书》与《续藏书》两种，均经奏准全毁者。关于此书，余有极佳极佳之“佳话”，今述之如下。

四年馀前，一日下午忽接南京某君寄来快信，谓彼戚某某家发现一种奇而有价值之史类书籍，材料丰富，议论纵横，公私藏家均无有，必为世间孤本，现愿意廉价出售（洋二千四百元），全书在上海某路某弄某号，三日内持彼之介绍信者，可去一看，惟外间不可宣传，一恐公家收没，一恐争购之人太多也。余素好奇，立刻雇车前往，主人见介绍信，知余去意，即亲自上楼，取其家传之秘宝示余。余略一翻阅，几乎狂笑，盖所出示之秘笈非他，即李氏之正、续《藏书》，市上极多，且其价总在百元以内。余当时不便说破，与主人寒暄数语后，即告辞，允于二日内给彼回音。然余至今无信息送去，想彼必在家中骂我“言而无信”也。

李氏议论素僻，然《藏书》中所言者，皆实有之史事。其断语不多，且不偏袒，清代所以禁者，禁著者之人耳。其正《藏书》卷一《世纪总论》开始数语，说得尽理，兹引之如后：

一治一乱若循环。自战国以来，不知凡几治几乱矣。方其乱也，得保首领，已为幸矣。幸而治，则一饱而足，更不知其为粗粝也；一睡为安，更不知其是广厦也。

卷五十五《晋惠帝贾氏淫虐乱国之后》一篇中，有极香艳之故事，兹照录于后：

洛南有盗尉部小吏，端丽美容止，既给厮役，忽有非常衣服，众咸疑之。盗尉嫌而辨之，小吏云："先行逢一老妪，说家有疾病，师卜云宜得城南少年厌之，欲暂相烦，必有重报。于是随去，上车下帷，内簏箱中，行可十馀里，过六七门限。开簏箱，忽见楼阙好屋，问此是何处，云是天上。既以香汤沐浴，好衣美食。将入，见一妇人，年可三十五六，短衫青黑色，眉后有疵，见留数夕，共寝欢宴，临出赠此众物。听者闻其形状，知是贾氏，惭笑而去。时他人入者多死，惟此小吏以贾氏爱之，故得全。（按：小说中常有类似之事之纪述，人都以为清代始发明之，实则效法于晋惠帝贾氏也。）

余家藏之正《藏书》六十卷，每半叶十一行，每行二十六字。《续藏书》二十七卷，每半叶十行，每行二十二字。正《藏书》前有万历己亥焦竑序，同岁刘东星序，梅国桢序，祝世禄序，又耿叔子定力序。《续藏书》前有天启癸亥陈仁锡序，焦竑序，李维桢序。余从前另有一种《藏书》，字体似乎略大，今已失之矣。

原载一九三四年七月一日《晶报》

# 祸亟矣

誓诰绝而有参盟，参盟衰而有交质，至交质子而犹有不信者焉，两生民之祸亟换。

此数语似隐讥现代世事者，实则清李祖惠解释《论语》“子曰人而无信”章之开端也。其接下云：“世之降为春秋也，则不信有以成之也，其时故府非无文物之垂，邦交非无玉帛之接，士大夫亦多赠答雍容之致，始焉其意不足以称文，而不信在行礼用乐之际，继且其精不足以守气，而不信在发言制行之交，佞能悦心，孝能逢世，举世皆不信，而人之生其间者，几安驱之无路矣，然吾病斯人之先有以自穷也。”

上段中引语，见李祖惠所著之《虹舟四书讲义》。祖惠本姓沈，字屺望，吴兴人，嘉兴籍，乾隆进士，官高安县知县。其所著书，除《讲义》外，尚有《雍肃堂集》《西秦游草》。《讲义》入清《四库》四书类存目，《提要》云：“是编大抵涵泳章句集注之文，一字一句，推求语意，其体会颇费苦心。”余家藏本，系原刻初印者，全书二十卷，白口，单鱼尾，半叶十一行，行二十二字，卷首标叶尚存，题：“沈虹舟四书讲义”，又“归愚沈大宗伯鉴定”，又“水西书屋藏板”，又“乾隆丁丑春镌”等字。

原载一九三四年七月四日《晶报》

# 为妇画眉

余家藏《画眉记》四折，演汉朝张敞代妇画眉事，依旧史翻成之杂剧也。作者陈培脉，字榕斋，清康熙时“□下”人。兹将本剧中之大要摘录如后：

京兆君张敞，字子高，退朝归家，见其妻枚氏理妆未毕，代为画眉。后二人下棋，敞见其妻秀色可爱，不觉心醉神移，竟输一局。后又饮其妻剩下之茶，枚氏怨其狎昵之态，责之。次日二人同游章台，见柳色甚美，遂问其妻云：“夫人，你看这杨柳儿，青的青得可怜，绿的绿得可爱，昔人称为风流树，信不虚也。”

章台携酒出迎者，有八十三岁老人安公及七十九岁老人杜叟；来献茶者，有吕态，殷娟，金七七，许娇娇四女子，均妓也。献茶毕，合唱《杨柳枝》小曲，曲曰：“杨柳儿青，向东风弄态儿妍，生就儿飘飘使人怜。春当三月天，枝枝叶叶鲜，细如丝，娇似黛，淡于烟。燕子莺儿，到此流连，暗情牵，王孙驻马鞭。仕女戏秋千，蝴蝶儿，对对穿来把两翅掮。一年又一年，金茧又吹绵。冶游人，沉醉在柳花儿边。冶游人，沉醉在柳花儿边。”枚氏听后，劝彼等“及早回头”，彼等立即悔悟，求判脱籍。

其时章台有偷盗数人，隐窥张敞为怯弱书生，全无威势，拟重理旧业，“依旧法做没本的生意”。不知敞此次出游，实欲探访绿林踪迹，暗中已嘱安公、杜叟传见酋长刘大彪，令其将功折罪，擒拿史雄、□武、章英、花岳等。众盗人认罪后，敞不加以死罪，因均悟过，愿洗心改面，学做良民也。敞为妇画眉及走马章台二事，为宣帝所闻，特差内监召敞夫妇入宫奏对。敞奏曰：“敢奏君王，夫妇恩私情最长，谐伉俪，百年偕老在闺房。几曾忘，国风好色非淫荡，琴瑟和鸣乐未央，妆台傍，偶然代画春山样，小臣无状，小臣无状。”枚氏奏曰：“敢奏君王，曾读鸡鸣昧旦章，刑于姜，周南雅化自闺房。日舒长，柔桑薄采行周道，黄鸟于飞值载阳。还堪赏，依依杨柳风流样，臣妾无状，臣妾无状。”

帝因彼二人奏对合宜，不加之罪，反赐金三十斤，撤御前奏乐，送归私第。

《画眉记》系写刊本，黑口，单鱼尾，左右双栏，半叶十行，行十九字，字旁有圈点，上栏外有批评，卷首有康熙丙申叶筠序，同岁陆珧序，又管永贤、宋志益、叶筠、许廷□四人题词，卷末有周衮、杨点二人跋。据陆序及杨跋，则知榕斋所撰，尚有《花月圆》《题桥记》《旗亭会》《琵琶行》《红杏记》《西台哭》等剧，余均未见过。榕斋所撰之曲，总称《阑堂乐府》。

原载一九三四年七月六日《晶报》

# 《齐东野语》

古人校书，有于各卷之末，记其每日之事，类似日记者，此种书籍，余曾购多种，现大半遭劫，所存者只劳权（巽卿）手校之《齐东野语》而已。劳权，清仁和人，字平甫，一字巽卿，自号丹铅精舍主人，又号双声阁主人，与弟格均以治经补诸生，后遂不与试，专攻群史。时有二劳之目，格字季言。《齐东野语》各卷末权之“日记”，今一一照录如后：

据明□□刻补抄，□□本每叶二十二行，每行十八字，卷五至卷十，每行十六字。（在目录末）

咸丰戊午十月小尽日，明□□本校，权记。（在卷一末）

昨日午后归学林堂，夜间返别墅。今日申刻校完此卷，初二记于沤喜亭。（在卷三末）

初三日大雪校，朱竺夫来。（在卷四末）

灯下校完，寻抄补目录，巽卿识。（在卷五末）

初四日校，阴寒。（卷六末）

黄昏校。（在卷七末）

初五日雨窗校，昨晚已校阅过半矣。（在卷八末）

晡时校，午后雨止。（在卷九末）

乾隆丙午八月九日，陆西屏过访，言宋人《幽居录》所载李全事迹，笔意简净，为胜宋史，余亟借阅之，其书乃割裂周密《齐东野语》为之也，起卷《六解》颐条，终第十卷《冷泉画赞》，改作三卷，因属明人旧抄，以之校勘此书，颇多改正，不为无补云。十一日夜雨初霁，坐松卧居书，翌夙。

《稗海》中所刻《癸辛杂志》，亦即《齐东野语》也。此盖买得抄本，不暇详考，遽而刻之，为作伪人所误耳。书贾作伪，何所不至，明日又书于松卧居。

咸丰丁巳十一月初八日，冬至后一日，临枚庵先生校本。丹铅精舍主人劳权记。

篝灯校毕，漏已二下矣。双声阁主人记。

明刻佳处，正与吴校合者居多，巽卿又记。（以上五条，均在卷十之末）

初六日夜，巽卿校阅。（在卷十一末）

初七日校阅，有客携竹垞隶书唐元（玄）宗“早渡蒲津关”诗来看，古逸殊可爱。（在卷十二末）

初八日阴雨，校罢客至。（在卷十三末）

是日又校此卷。（在卷十四末）

黄昏后校，二鼓乃毕，夜长无寐，藉此作消遣。

苦目力愈短，灯边作朱书小字，殊不易耳。（在卷十五末）

初十日午过校，昨以先友严修能先生手校抱经堂刻本《逸周书》《白虎通》移誉一本。权记。（在十六卷末）

午夜校，巡檐延伫，霜月弥佳。（在十七卷末）

十一日秋井草堂校。（在十八卷末）

是晚校，钱□□《词源》跋，载田生《台城路》归杭词，令双□补抄《山中白云》卷尾。羿记。（在十九卷末）

十二日校完，鼎上人来索《职官分纪》书值，屏当偿之，午饭而去。丹铅生手书。（在二十卷末）

《齐东野语》二十卷，入清《四库》子部杂家五。余家藏之劳权手校本，系汲古阁津逮丛书本，半叶八行，行十九字，前有元至元年辛卯戴表元序，周密自序，又劳权补抄明正德十年胡又壁序，正德乙亥盛杲序，及目录八叶；后有毛扆识语。权所校字，用朱墨两笔，字皆蝇头楷书。此书于五六年前在申市购得，价值甚巨。

原载一九三四年七月十二日《晶报》

# 宋本无“见”

“年来读书，只觉(见)得此意分明”，此明本《晦庵文抄》与刘子澄书中之语也。宋本“觉”字下“得”字，无“见”字。余意“觉”字重复无用，可省，应依宋本。

余家藏之明刊《晦庵文抄》，即上节中引语所从出者，有前人依宋本详细校勘，累赘误刊之字，经校正者，不计其数。兹任意抄录几则，以见其工作之善：

(一)所以谨邪僻之防(安)义理之习者，自不能已。(宋本有“安”字)

(二)妨乱德政。(宋本作“妨德乱政”)

(三)后来却因汪丈之说，更欲立言，以破其惑耳。(宋本“立言”作“正名”)

(四)人三才之所为三才者，固未尝有一道。(宋本“道”下有“也”字)

(五)蒙别纸开示讲说之意尤详。(“讲说”宋本作“说诗”)

(六)姑以记其本末(“以”宋本作“为”)，

以告后之君子。

（七）恭俭言实，于妇功不少懈。（“言”宋本作“信”）

（八）女已埋铭曰：朱氏女，生癸巳，因以名，叔其字，父晦翁，母刘氏，生四年，呱失恃，十有五，适笄珥，赶聘入，奄长逝，哀汝生，婉而慧，虽未学，得翁意，临绝言，孝友悌，从母藏，亦有志，父汝铭，母汝视，汝有知，尚无畏。（铭末宋本有“宋淳熙，岁丁未，月终辜，壬寅识”十二字，此亦铭辞，不知明文何故删去。）

《晦庵文抄》六卷，明吴讷选编，清《四库》不收亦不存。余家藏者，系嘉靖间刊本，白口，白单鱼尾，左右双栏，半叶九行，行十八字，前有嘉靖十九年吕柟序，嘉靖庚子张光祖序，后有宣德五年纳自序，卷六末叶有朱笔手跋云：“咸丰己未岁三月，依王宝翁校本录校一过。松雪道人。”

吴讷，字敏德，号思庵，明常熟人，累官南京左副都御史，刚介有为，卒谥文恪，有《文章辨体》《棠阴比事》《详刑要览》诸书。

原载一九三四年七月十五日《晶报》

# 《两溪志》

购买浙江旧湖属志书，以宋谈氏《吴兴志》为最难，余有精写本，现由同邑学者俞君借去校阅，不久当可归来。其次为《武康县志》，余曾获得刊本，惜于“一·二八”难中失去，惟事前有人影写全书，当无失传之患矣。最次则为各镇之志，余所收虽不多，然有极精者，兹先言一种，即《宝前两溪志略》是也。

《志略》十二卷，清吴玉树撰。其目次如下：（卷一）序、凡例、山川，（卷二、卷三）园林，（卷四）津梁，（卷五）寺观，（卷六）祠祀，（卷七、卷八）人物，（卷九）艺术，（卷十）释老，（卷十一、卷十二）著述。

玉树，字灵圃，嘉庆中人。两溪之南为东林山，其东为菱湖，序称宋代“议筑城于宝前两溪之间曰射村，后因事乃寝”，又称其地商贾凑集，人物繁华，金漾之利，三凉之秀，宝蚌狮吼之异，奥夫卖钖之仙，蓬头之僧，又往往托焉”，是两溪亦一大镇也。

卷九艺术门载吴季常事，甚趣，兹辑录如后：

明经吴最良，字季常，因白眉，自号眉公，未冠补诸生，举明经，精医学，好藏书，尤善六壬。时有邻妇难产者，求卜于公，公曰：“产妇床上有物，中空外圆，昼隐夜出，乃灯笼也，弃之即产。”卜者归取出，妇即分娩。公造一舟，卜之曰：“十年后，此舟当毁于众人手”。后十年，舟人夜泛无火，乡人疑盗，毁之。（中略）著有《医学纂奇》四十卷，《六壬汇纂》十巨册。

余家藏之《志略》，系民国二十年海宁赵万里君所赠，白口，上题书名，中记卷数、篇名及叶数，下题“卍蕉园”三字，每半叶七行，每行十六字。此书有吴兴刘氏重刻本，行格已易矣。余家藏本卷首标叶有“蕉村散人”，又“灵圃”二印。序之首叶有“归安宋氏四乐堂”“再苏”，又“万蕉园”三印。末叶有“十快”，又“蕉村散人书画”二印。

原载一九三四年七月二十日《晶报》

# 《笔　丛》

世皆知明杨慎之博学，而不知胡应麟实不亚于彼也。应麟字元瑞，万历举人，其所著《少室山房笔丛》正集三十二卷，续集十六卷，为书十二种：（一）《经籍会通》，论古来藏书存亡聚散之述。（二）《史书占毕》，论史事，（三）《九流绪论》，论子部诸家得失，（四）《四部正讹》，考证古来伪书，（五）《三坟补益》，论《竹书纪年》《逸周书》《穆天子传》三种，（六）《二酉缀遗》，皆采摭小说家言，（七）《华阳博议》，杂述古来博闻强记之事，（八）《庄岳委谭》，皆正俗说之附会，（九）《玉壶遐览》，专论道书，（十）《双树幻抄》，皆论内典，（十一）《丹铅新录》，（十二）《艺林学山》，则专为驳杨慎而作。下引之事，见《经籍会通》卷一，收藏古书者，阅之颇觉有味：

凡书籍时代近者，势易流传，而人多弃掷；时代远者，迹多湮没，而世率珍藏。然夷考昔人书目，参以余所校雠，往往汉多于周，唐多于汉，而宋多于唐何耶？周尚韦编，汉始侧理，唐犹传录，宋则印摹，难易之辨也。

《九流诸论》卷下，有言小说家者数事，兹录一事如后：

> 小说者流，或骚人墨客，游戏笔端，或奇士冷人，搜罗方外，纪述见闻，无所迴忌，覃研道理，务极幽深，其善者，足以备经解之异同，存史官之讨核。总之，有补于世，无害于时。乃若私怀不逞，假手铅椠，如《周秦行纪》《东轩笔录》之类，同于武夫之刃，谗人之舌者，此大弊也。然天下万世公论具在，亦亡益也。

《笔丛》入清《四库》子部杂家类七，《提要》称其“虽利钝互陈，而可资考证者亦不少”，诚确论也。余家藏本，系明万历丙午原刊初印者，黑细线口，白单鱼尾，左右双栏，半叶十行，行二十字，前有黄吉士序，孙居相序，又陈文烛《馀集》序。

原载一九三四年七月二十二日《晶报》

# 露半身于户外

作画难，而说画更难，盖以文字形容景象，非具有特异之笔墨者，决不能表达其所见也。下段所引，见《画继》卷十。说画文字之佳者，以其明白如画也。

> 画院界作最工，专以新意相尚，尝见一轴，甚可爱玩。画一殿廊，金碧熀耀，朱门半开；一宫女露半身于户外，以箕贮果皮，作弃掷状；如鸭脚、荔枝、胡桃、榧栗、榛茨之属，一一可辨，各不相因。笔墨精微，有如此者。

《画继》十卷，宋邓椿撰，入清《四库》子部艺术类一。卷一，圣艺；卷二，侯王贵戚；卷三，轩冕才贤，岩穴上士；卷四，缙绅韦布；卷五，道人衲子，世胄妇女（宦者附）；卷六，仙佛鬼神，人物传写，山水林石，花竹翎毛；卷七，畜兽虫鱼，屋木舟车，蔬果药草，小景杂画；卷八，铭心绝品；卷九，杂说论远；卷十，杂说论近。《提要》称"椿双流人，祖洵武，政和中知枢密院，其时最重画学，椿以家世闻见，缀成此书。其曰《画继》者，唐张彦远作《历代名画记》，起轩辕，止唐会昌元年，宋郭若虚作《图画见闻志》，起会昌元年，止宋熙宁七年。桩作此书，起熙宁七年，止乾道三年，用续二家之书，故曰‘继’也”。《提要》又称“桩以当代之人，记当代之艺，又颇议郭若虚之遗漏，故所收未免稍宽，然网罗赅备，俾后来得以考核，其持论以高雅为宗，不满徽宗之尚法度，亦不满石恪等之放佚，亦为平允，固赏鉴家所据为左验者矣。”

据莫郘亭目，《画继》有画苑本，津逮本，学津本，及明翻宋本。余家藏者，系明初刊本，白皮纸初印、白口，单鱼尾，左右双栏，半叶十一行，行二十字，前有桩自序，是否翻宋，无从考证。收藏有“程氏珍藏”“岑仲陶藏书印”“古歙项芷□珍藏金石书画印”“包世臣印”“慎伯”“完白山人”诸印记。

原载一九三四年七月二十三日《晶报》

# 胭脂井

隋克台城，陈后主与张丽华、孔贵嫔俱入井。所谓胭脂井也，在金陵之法宝寺，井有石栏，红痕若胭脂。相传云，后主与张孔泪痕所染。石栏上刻后主事迹，八分书乃大历中张著之字，寺即景阳宫故地也（顷阅日报，知京市府有重修胭脂井之举）。

上事见王宏撰所撰之《山志》卷十。《山志》入清《四库》子部杂家类存目六。《四库》所存，只有卷六，自七卷起至十卷为二集。余家藏本有之。

《山志》者，杂志也。宏撰于卷一之首自识云："屏居山茨，读书之暇，偶有所触，随笔记之，雅俗并收，洪纤无间，久而成帙，题曰《山志》，盖窃比容斋、南村之义。不贤识小，则其无伦脊固也，然又时时有玩物之惧焉。"《提要》称其书议论多而考证少，不甚赞成之，故存而不收。宏撰，字无异，号山史，清华阴人，工书能文，精金石之学，居华山下，康熙中荐鸿博，以病辞，有《山志》《易图象述》《华山志》《砥斋集》等书。

《山志》卷二有迭字考，似非他书所有，兹录如后：

今人为书，于字之迭者下，辄作二点。昔有人以问李西涯，西涯谓非二点，乃古上字也。然后汉邓传有元二之灾，章怀注云，元二即元元也，古书字当再读者，即于上字之下，为小“二”字，言此字当两度言之，西涯未察也。钟繇帖中有宜字下作点，释者谓非迭宜字，乃迭宜字下“且”字耳，如大夫子孙等字，古俱作点，子谓以点迭字，此苟简之道，然可施之于草，不可施之于楷。至迭字之半，则其谬已甚，虽古有之，不可从也。

余家藏之《山志》十卷，系绍衣堂刊本，白口，双黑鱼尾，左右双栏，半叶十行，行十九字；卷一前有乾降戊申李荫春序，余怀序，又凡例；卷七二集前有叶封序。

原载一九三四年七月二十五日《晶报》

# 袁中郎十集

袁中郎十集者，(一)《锦帆集》四卷，(二)《瓶花斋集》十卷，(三)《破研斋集》三卷，(四)《广陵集》一卷，(五)《桃源咏》一卷，(六)《瓶史》一卷，(七)《敝箧集》二卷，(八)《广庄》一卷，(九)《觞政》一卷，(十)《狂言》一卷是也。(一)、(二)、(六)、(七)皆赵体写刻，半叶九行，行十八字。馀均作通常宋体，半叶九行，行二十字。中郎，即宏道，明公安人，万历二十年进士。选吴县知县，听政敏决。后授顺天教授，迁礼部主事，吏部主事。谢病归。宏道诗文，务求本色，不事虚饰，其势力足以涤荡当时文人摹拟涂泽之病。虽后之学之者，不免破律坏度之讥，然彼确为一大改革者。兹录其诗文各一首，以见其用字之清真：

(一)虎丘

一片千人石，莹晶若有神。剑光销不尽，留与醉花人。

(二)阳澄湖

潼子门下船，北去一里为阳澄湖，湖三面受风。

每盛夏时，游舟绮错，清歌缓板，酣呼穷日夜，亦胜游也。王百榖曰，潮上有龙王祠，西望山色，出城头如髻，不知身之为吏也。少顷，邮者报台使者至，客主仓惶，未能成礼而别。百榖又为余言，吴儿以六月之廿四日游荷花荡，倾国而出，虽鱼刀艇，顾觅皆空，士女竞为时妆淡服，摩肩簇舄。舟中之气，如煽热冶，而游人自以为乐，殊觉无谓。余叹曰：“六月乌纱，有热于此者矣。噫，今之君子，能不以苦为乐，以热恼为清凉者，几人哉。”

袁中郎十集，全集前有姚士麟序，（一）前有江盈科序，（二）前有曾可前序，（四）前有朱一冯序。

原载一九三四年七月二十七日《晶报》

# 意偏时

眼畔一株秾，在朝廷禁物中，幸亏难禁人痴梦。梦乃情所钟，梦是想已通。意偏时，姹嫩无歧用，没他衷。但须教彼也。使梦相逢。

上情歌含意甚深，非细读不能得其确义。原书中于歌后评云：“擎来始信云非梦者，抱定犹疑玉是烟也。”可谓妙极。

此种含义多且妙之歌，想本《晶》阅者必欢迎也。兹再引一首如后：

命有千般，生面相逢本苦酸，任你心铜版，见我凄惶惨，勾当宿因缘，遇风流脸，心上鸳鸯，从此无迷眩，一半抓拿一半险。

此歌之评，较上歌之评更妙。评曰：“下面的心儿痒，才使得上面心儿迷。”

上引二歌及评语，均见《南都耍曲秦炙笺》。《耍曲》为《才子牡丹亭》批评后附录之一。其他附录有：《南柯》《西厢》

《水浒》及戏目四种。《才子牡丹亭》评者，自称笠阁渔翁。翁为何时何地人，无从查考，其书刊刻不佳，惟不多见，兹将行格等开列于后：

《才子牡丹亭》不分卷，共计二百七十八叶，白口，单栏，每叶分上下两截，上截评语，下截正文；上截每半叶二十四行，每行三十二字（附录五种，均在上截，其行格不等），下截每半叶九行，每行十七字。卷首有笠阁渔翁序，又作者（汤显祖）原序。笠阁渔翁序中云："尝见有妄男子，将玉茗四梦，尽行删改，以便演唱……又精绣其板，以悦众目……岂知尔于四梦，一字不解其意，故敢如此耳……"此似专指明吴兴臧（懋循）晋叔而言。晋叔万历进士，首刻元曲选又玉茗四梦，板印及附图均佳。其自著书有《负苞堂集》等。渔翁评语，富而且佳，惜字体太小，不能影印也，其戏目载剧名一百七十九，如"百和香""没名花""古美人计""砥痴石""不丈夫"等，皆今日不易见之剧本也。

《耍曲》中尚有时字词多首，为他书所未有，兹录最有味者数首于后：

（一）抱君时，睡君时，君使侬肩搁脚时，高声乱话时。

（二）躲君时，觑君时，君在人前严厉时，非同昵我时。

（三）憎妻时，安妾时，闻婢尤佳偷更妙时，不知何故时。

（四）冷看时，历数时，颇有嫌疑弗避时，庄惟（？）吃醋时。

原载一九三四年八月十九日《晶报》

# 臭与阿魏同

现今汽车所用之发动油，西名葛司令（gasoline）者，由蒸馏石油而得。石油产于国外，运费关税，日见加增，故售价甚昂也。其实吾国自有石油，自有油井，不过无人开掘，以作正用耳。百余年前，吴兴文人范锴有诗以纪其事，如下：

## 油　井

凿井忽得水，水中有油，各不相混，去油而水仍可煮盐。其油臭甚，取浸竹木，焚之，虽大风浪不熄。

火井云已奇，油井闻更创。可知利无穷，悉生地宝藏。水火既未济，膏油一泓漾。取浸竹木然，突惊焚烈状。炎赫四野明，腾焱群怪丧。仿佛陆浑山，燎原虢迩向。燔林炽狂飙，灼水沸奔浪。爇尽乃始熄，风波莫相抗。志乘不见收，瓦缶得朋饷。或说医秃鬜，涂抹可无恙，臭与阿魏同，咫尺呕脏脏。作诗纪其事，聊补博物访。

上见锴所撰《蜀产吟》。锴字声山，号白舫，清乌程人，贡生，有隽才，好远游，其所撰所刻书，计十六种，今一一开列于后：（一）《吴兴山墟名》，（二）《吴兴记》，（三）《吴兴入东记》，（四）《吴兴统记》，（五）《吴兴志续编》，（六）《吴兴藏书录》，（七）《乐府指迷》，又附记，宋张炎撰，（八）《苕溪渔隐诗稿》四卷，（九）《若溪渔隐词》二卷，（十）《清湘楼诗选》，凌帙女撰，（十一）《汉口丛谈》六卷，（十二）《华笑庼杂笔》六卷，（十三）《剑舟律赋》二卷，沈叔埏撰，（十四）《湖录纪事诗》，（十五）《感逝吟》，（十六）《蜀产吟》。

范氏书虽道光中刊本，市上极少遇见。近年海宁陈氏有影印本，惟缺八、九、十、十一、又十三、十四、十五、十六等种。余家藏者，种种俱全，又系原刊本，甚可珍也。

第十一种《汉口丛谈》，载有趣味之故事甚多，兹录卷六中一则，以为本《晶》同志之阅读焉：

> 陈生虚谷，楚郢贫士，客游广陵，无所依托，以授经积资，娶室蔡氏，因家焉。未几，蔡氏死，中馈乏人，躬素井臼。一日晨起汲水，见锦囊若沉若浮，提之甚重，负以入室，启视之，一女郎，尚有微息。负之行室中，霍然一吐，遂张目凝睇，悲不自胜。慰解再回，曰，妾金陵张氏婉兰也，徽商

某以千金买我为妾，主母妒，置之别室，不令主人近。主人今春往汉口，近将归，主母醉妾以醇醪，沉于河，不知君子从何救至于此，再生之恩，何以为报。然生室浅陋不能藏，因商于居停，适居停与其主母为内戚，谓陈生曰："我甚怜此女之慧，而不得其所，今又如此，事可图也。"因往见其主母，寒温毕，问曰："某姬何在？"其主母失色支吾。居停曰："毋诳我，我已尽悉，及早善处，犹可掩盖，倘再迟，一到公庭，事有不可言者。"其主母跪问计，曰：陈生楚人，适断弦，若能资以千金，并出婉兰衣饰嫁之，令其西归，永无后患耳。其主母一一如之，复厚赠焉，陈生即与婉兰谐伉俪，挟以归楚。

锴所撰所刊书中，多作古体字，疑其为说文大家也。

原载一九三四年八月二十二日《晶报》

# 我自蹉跎

我自蹉跎惯后时，君来东阁亦何迟。半生心事梅花共，说与春风总不知。

上引者，王芑孙诗，未经刊刻者，见稿本《沤波舫近稿》。《近稿》有选入全集者，亦有删去未选者。上引之诗，题曰《题伊墨卿太守晚梅阁》，即删而不选之一也。兹再录未入全集之诗一首于后：

一昔江楼共酒卮，柴门相顾未移时。魁梧躯干今谁似？温雅平生自可思。古驿峭帆今夜雨，深灯听雪隔年诗。到门却作驴鸣去，此意重泉自得知。

上诗题曰《再之扬州，过京江，吊郭五舍人堃》。开首“一昔”二字原作“隔岁”二字；又“隔年诗”三字，原作“旧年诗”三字。改本固较原本更佳也。

《近稿》有诗有文，上引者未入集之诗也。文亦有未入集者，兹录一篇如下：

题自临唐人写经第五本，赠刘松岚

嘉庆甲子，余居樗园，临此十本，分藏朋旧之间。是岁吾友刘松岚亦客邗上，时同游处甚乐也。其明年君将谒选。北还以诗赠余，余既答诗，并以此卷纳之行笥。君今犹未抱子，聊取经中“善现园林，天人男女，八日生儿，七日长成”之说，以志梦熊之卜。东坡所谓“待异日添丁，长以付之”者也。他时相见，忽有瑶环瑜珥，捧卷而出。仆且重题其后，岂不快哉！装卷之岁闰六月，长洲王芑孙题。

《近稿》，系绿丝栏手写稿本，每半叶十行，每行二十一字，卷首有芑孙手跋多则，今转录于下：

（一）此五十以后所作诗文，丙寅冬重过邗上，悉已刻入集中。此为已废之稿，今应弃去。丁卯正月沤波自记。

（二）此本间有删去未刻之作，应留。壬申四月重加检点，因记。

（三）嘉庆甲子，复录近诗，续刻全集之后，于是余五十以前之作，悉已制版。其五十以后有作，当别录于此。倘天假之年，积成数卷，再当续刻，不更零星缀补也。乙丑元旦惕甫自记。

（四）此中稿本，大段均已刻入集中，无甚关系。应弃而未即焚弃者，因颇有当时删去未刻之本，可留备日后查者，子孙私自存之，异日或更将其中未刻者，合为删后稿可也。壬申四月重加检点，分别去留，因记，时年五十八。

上手跋四则，不见他书，可宝也。

余家藏之王芑孙《沤波舫近稿》有“文武世臣”“苏州渊雅堂王氏图书”“沤波”“铁夫”“沤波舫”“老铁晚年书”等印记。芑孙长洲人，字念丰，号惕甫，一号铁夫，又号楞伽山人，乾隆进士，官华亭教谕，精诗文书法，有《渊雅堂诗文集》。

**原载一九三四年八月二十四日《晶报》**

# 室　名

友人海宁陈君乃乾，近编《室名索引》一书，专为查检作家或藏书家斋名楼名之用，依字之笔划排列，诚一极有实用之便览也。

斋名楼名等（陈君总称室名）复杂难记，如清黄丕烈一人兼用“士礼居”“百宋一廛”“小千顷堂”“太白楼”“读未见书斋”等。而“读未见书斋”一名，又为清吴江陆桂馨所用，是二氏共用一名矣。二氏或二氏以上共用一名者极多，如“万卷楼”三字，用之者有（宋）方翥、张用道；（明）杨仪、方作谋、陈朝铁、项笃寿、丰坊、陈于陛、黄叔琳；（清）范必英，十人。此等事均能于陈君书中查得之。

陈君书中有“周敦商彝秦镜汉剑唐琴宋元明书画墨迹长物之楼”一名，共二十一字，此为室名之最长者。普通室名三字或四字居多，如“天一阁”“琳琅秘室”；最短者二字，如“一所”（明金贲享），“弓斋”（清姚觐元）；五、六、七、八字，用者不多；至于九字，陈君之索引中有赵之谦之“仰视七百二十九鹤斋”，朱昌燕之“朝经暮史昼子夜集楼”及叶昌炽之“佛顶尊胜陀罗尼经堂”。名不宜长，长者不易读，不易记，不易写，前人所以用之者，无非好奇耳。

字典体之书，所“索引”者为“室名”，从来未有，陈君首创之，故特以本《晶》作相当之介绍。

原载一九三四年八月二十七日《晶报》

# 天地人和

牙牌十六对中，以人牌为最美丽，昔人有以李白“红妆二八年”句称之者，诚不谬也。其他天地和三对，亦可以名家之句称之，惟不及人牌之艳耳。天地和三对之句如下：

（一）天　牌　　万里无云河汉明（宋之问）

（二）地　牌　　相看成四皓（李华）

（三）和　牌　　鸿飞冥冥日月白（杜甫）

牙牌除此四对外，其余十二对及不同之二扇或三扇，均可以诗句称之，如九点（即三六与四五）一对，可以“花明柳暗统天愁”称之，李商隐句也；又如天牌与地牌一对，可以“才分天地色”称之，朱庆馀句也；又如人牌一对，四六一扇，可以“老醉花间能几人”称之，刘禹锡句也。

上述者，见《宣和谱》。《宣和谱》者，牙牌谱也，琅槐河上渔人杏园辑，博昌散人云庵氏重订。余家藏者，系清光绪戊子宏文斋刻本，白口双栏，半叶九行，行二十四字，前有乾隆丁丑河上渔人序，又光绪丙戌博昌散人序。此书誊写者，当时士人胡景桂，庞玺，武勋朝，孙翰章，承翰，王仁堪，韩杜，陈冕，黄思永，刘恩溥，苏聚奎，庞鸿文，朱文声，蒋良，郭昭，谢乔年，孟宪彝，屠仁守，苏志沂，苏景辉，俞象恒，陆润庠，冯文蔚，朱巘，张有禄，刘敦谨，戴彬元，萧震峰，吴树梅等二十九人也。

《宣和谱》以牙牌为消遣，不在赌赛，而在适情，其用意固甚妙也。卷二中《西征记》两出，以牙牌为兵，有歌曲，有说白，奇极精极。兹将《演兵》一幕全文，照录如后：

（生戎装引众上）(点绛唇)雄骨无成，挂印西征，练精兵，钦赐牙牌，宣和皇恩重。

（登坛坐介）天时地利人和，个里元机妙算多，功成振旅归来日，绿甲红袍奏凯歌。本帅骨厘子，初补牙将，旋升旗牌，只因秃爪龙造反，骚扰临海一带地方，昨有圣旨到来，叫俺挂印征西，俺须索统领六十四员健将，来此演武厅前操练一番。先峰官楚汉图听令，（末）有，（生）你与我传令三条，将皂雕旗扯起，（末应吩咐介）扯起皂雕旗，（众应扯旗介）（生）连孤舟何在，（副净）有，（生）你与我札住团营，将六甲连环阵摆开，（副净）得令。

（注：牙将即四六，楚汉图即五六，连孤舟即三六，皂雕旗即么六、么五、么三也。）

《宣和谱》中尚有占卜法，酒令，诗迷，八阵图，均极有趣。此书虽为光绪刊本，初印者市上罕见。

原载一九三四年八月二十八日《晶报》

# 工　具

研究学术，非有工具不可。如学化学者必备药品，学摄影者必备镜箱干片是也。研究古书者亦然，必购备书目、书影等工具也。书目之最完全者，莫如《四库全书总目》，然《总目》不言版本，初学者得益不多，故每喜以《郘亭书目》为参考。书影有瞿氏《宋元书影》《盋山书影》等（商务印书馆之《四部丛刊》《二十四史》等，亦可作书影看待），惟终不及获观宋金元真本之妙也。余家有宋金之残叶四巨册，约计一百五十馀种，为研究古书最佳之参考，数年前出重价购得者也。

本篇言书目，且为《四库》存而不收者之一，明焦竑撰之《国史经籍志》是也。焦氏《经籍志》六卷，卷一制书类，卷二经类，卷三史类，卷四子类，卷五集类，卷六纠缪。余家藏者，系明万历间白口本，最早刊本也，半叶十一行，行二十四字，前有焦竑序及陈汝元序。清《四库提要》称此书“丛抄旧目，无所考核，不论存亡，主尔滥载。古来目录，惟是书最不足凭”，诚至言也。但明刊原本不易见，余家藏者且有名人手跋及图记，自有不可泯没之点，故特表著于此。

余家藏之《经籍志》，有“平湖儒学记”“元照之印”“严氏久能”“芳椒堂印”等图记。卷一首叶有“芳椒堂主人严元照参阅”十字，卷六末叶有严元照手跋如后：

焦澹园《经籍志》，可谓富矣，而其脱落，乃不可胜记，盖稗贩抄录，荒率成书，明人著述，大抵尔尔。澹园能留心经籍，扰流俗中娇娇者，未可求也。乾隆壬子秋月，椒堂严元照题。

严元照，清浙江归安人，字修能，亦字久能，聚书数万卷，多宋元本；有《娱亲雅言》《尔雅匡名》。

原载一九三四年八月三十一日《晶报》

# 色若孺子

南伯子葵问乎女偊曰："子之年长矣，而色若孺子，何也？"曰："吾闻道矣。"南伯子葵曰："道可得学耶？"曰"恶，恶可！子非其人也。"

此《庄子·大宗师》中之语也，略读子类书者，必知其出处。余所以引之者，绝无以庄子教人之意。不过藉此以谈《庄子》之版本，犹说书先生之开篇也。

余家藏《庄子》多种，以吴兴陆氏旧藏元本为最精，黑口，双鱼尾，左右双栏，半叶十一行，行大二十一字，小双行，行二十五字；版心有刻工姓名张辉、张军、张火等；左栏外有耳子，记篇名、卷数、叶数；卷首有郭象序、太极说，及篇目。收藏有"虞山戴师立廉夫读书记""师立""方宁""树声""权同""天语稽古尚义""存斋""归安陆心源审定"等图记。

此书有郭象注，并附陆氏音义于注中。常熟瞿氏藏相似之本，其书目称为"宋时书肆本，元代重刻之也"。清初藏家，多误定为宋刊，盖以此也。

元刊《庄子》，即《南华经注》，共十卷。

原载一九三四年九月三日《晶报》

# 情难治

清咸同间江南文人之著作，今日只知其名，而不得见其书者甚多，因经洪杨十馀年之役，稿本板片，大半被焚。即幸而未遭劫者，难后私人经济不充，无力印行，其流传亦往往不广。今先言一种，即《齐物论斋文集》，此书少见，想曾受上述情形之一也。

《齐物论斋文集》六卷，清武进董士锡撰。卷一：说，序；卷二：序，跋，赠序；卷三：书，记，碑记，墓碑；卷四：传，行略，赋，赞；卷五：哀祭；卷六：志。

士锡，字晋卿，嘉庆副贡，精于易学。其著作世不易见，文集惟《常州先哲遗书》续编中有之。然《遗书》续编本身，市上未见出售者，想盛氏尚未印行，或印而不多也。兹录卷一中《原情》一篇于后，以见其文字焉：

人之性易节，而情难治，放而后彊之，弗可闲也。以性也者，安而存者也。情也者，感而动者也，故情有七而原于思。思也者，无穷者也。官邻于物，物接于类，爱生于类，乐始于爱，拂于恶怒而穷于哀，

受其成形而谓之吾者也。然所谓吾者，其形充吾形，
而帅之者神也。神也者思之府也。物之于吾类也，
而有不类者矣。疾病疴痒，知于身而不能知于人也，
是以思类。类也者情之倪也。神构于形，而与形为穷。
而情生焉，与形为穷，与类为穷。而情无穷，是故治
情有道，止情于神。理神于形，执中履和，而形化焉，
然则治之者何具也，曰礼乐。

余家藏之《齐物论斋文集》系写样未刻本，每半叶十一行，每行二十三字，前有道光癸卯包世臣序。

本《晶》二十二年十二月十四日有《瞽者善听》文，内述董士锡手稿三种，亦世间罕见之书籍也。

《晶报》编者按：原本署名为《齐物论齐文集》，下“齐”（齊）字即“斋”（齋）字，古“齐”“斋”通用故也。今恐阅者误会，遂改下“齐”字为今体“斋”字，合附声明。又古人论性情两字至众，大抵主性属于静而情属于动，心为嗜欲所蔽，则动而为情，故孟子曰：“我四十不动心”，即不为嗜欲所蔽耳。动心即动情，从无有云动性者。然有忍性之说，性忍得住，即不转入情之动耳。试问向风华靡丽中观之，其动于中者，又安能忍哉。阅董晋卿先生之言，辄发鄙意如此。

原载一九三四年九月三日《晶报》

# 词严义正

“词严义正”四字，昔人用以评杨继盛之奏议，诚极称也。继盛奏疏之最著者二：（一）《请罢马市疏》，（二）《请诛贼臣疏》。内如五谬十不可之直斥，十罪五奸之指摘，今日读之，鲜不令人奋然思义，凛然起敬。然继盛因之贬官，因之下狱，因之廷杖，因之弃市矣。此非有胆者不能为也。

继盛固有大胆力者，临刑赋诗，绝无怯意，足见其平素所养。临刑诗二首，兹照录如下：

浩气还太虚，丹心照万古。生前未了事，留与后人补。

天王自圣明，制度高千古。平生未报恩，留作忠魂补。

继盛非独能诗，且能绘画。试读下引之诗自明：

小儿索予画骑马官，因索诗，随吟父子问答口号我已因官累，尔何又爱官。街前骑马者，轰烈万人看。

继盛本非屑屑于文字者，以经济气节者也。后人敬其品格因重其文章，遂将其遗著编成一书，题曰《杨忠愍公集》，集三卷。卷一：疏；卷二：杂文；卷三：诗；附录一卷：载行状，墓志，祠碑等。

据郘亭书目，有康熙中章钰编刊本，道光癸卯本，容城刊三贤集本，又乾坤正人姓氏。此书白皮纸初印，且为最初刊本，可珍贵也。

前所引者，皆继盛之诗也。其文之最佳者，莫如奏疏，但太长，不便引，兹录《与继津兄书》一首，以见其散文之体格：

仰读手教，足见兄以天下为己任，敬羡敬羡。宣大系天下安危，弟岂不知？使弟在部，必为兄之所为者。乃阻抑若此者何？盖以兄处最嫌疑之故耳。况老贼报复害人之巧，入于至神者乎！此弟之所甚虑。而知己溺爱迫切之情，如何能已！此事在他人为之，如何不可，而在兄为之，则甚不可。兄才尚有大展时节，此时且敛锋蓄锐，俟时可为，则轰烈一场，勿徒惟尽其心，而不计事之成否。人皆知致身为忠，不知为天下爱其身，尤为忠之大者，请兄更思。

杨继盛，明容城人，字仲芳，号椒山，嘉靖进士，历官兵部右侍郎，武选司。因劾严嵩坐罪弃西市，卒后追谥忠愍。

原载一九三四年九月十日《晶报》

# 柳侠尤烈

“柳侠尤烈”者，谓柳湘莲为侠者，而尤三姐为烈女也，柳尤皆《红楼梦》中人物。清道光中有自称梦道人(即徐绣山，武原人)者，曾作《鸳鸯剑》十六出，专传其事。兹将全剧中大要摘录如后。

柳湘莲作郊外游，无意中得遇贾宝玉，二人一见如故，结为好友。柳请偕观大观园，宝玉允之，邀之同去。薛宝钗、林黛玉、史湘云、贾迎春四人游园，尤三姐被邀，因刺绣未完迟到，来时适遇柳玉二人。柳见尤后，呆立片时，曰：“□好奇女子也”，玉曰：“你若果有意，我小弟作冰上人，亦不难也。”柳再三道谢。

玉向尤宅言明姻事，允之。柳以鸳鸯剑为聘仪，待明年父母十载忌辰后，再行成礼。

玉约柳在大观园中饮酒观花。薛蟠因未被请，乘酒兴闯席。柳本拟立刻挥之老拳，后思大观园非用武之地，故假意约彼在芦花岸相集，待其到来，痛痛惩创之也。后柳听信浮言欲索宝剑，益决意解除婚约也。三姐还之，附绝命诗四句云:

耿耿一片心，皎皎天上月。烈女死青峰，净土埋碧血。

三姐怨柳郎薄幸，且守烈女不字二夫之主义，已自尽矣。死后，有五通神者，知其美，欲强入大观园劫去行乐，幸有花神护持，抵抗野魅，不为所乱也。

后大观园中延铁槛庵女尼超度亡魂，开放焰口，法口果见三姐有花神伴之而来。其实三姐即花城玉女应劫临凡者，而柳湘莲即丹室金童也。湘莲后至天台，得警幻仙姑之点化，遂悟前因，仙姑授以返魂丹，嘱其先往铁槛庵，生活尤女，再同去西山，白日升天也。

上《鸳鸯剑》十六出之大意也。是剧不见诸家藏目，王氏曲录中亦无有。一因时期太近，一因著者无名也。全书文字中中。兹引第六出《打薛》中一曲以明之：

（驻马听）卤莽狂颠，平白风波起浪漩，无知蠢魅，不识我斩蛟伏虎大罗仙，撞碎伊个头巅，打断伊个胁片。我是椎猪犬，打醒伊模糊，无生厌。

余家藏之《鸳鸯剑》，系乌丝栏赵体字精写本，疑是誊真稿本，白口，上题书名，下题“皮鼓轩”三字。半叶八行，行十六字。前有自序，道光十年亦道人序，又余丰玉、鲍莼、恽嘉、王涛、余鉴、高凤翰、袁直、左寿彭等题词。后有著者自识及题诗，又附记序中人。全书十六出之目如下：（一）《郊缔》，（二）《春园》，（三）《巧遇》，（四）《剑聘》，（五）《亭宴》，（六）《打薛》，（七）《剑劫》，（八）《离魂》，（九）《花战》，（十）《坛祭》，（十一）《归魂》，（十二）《炼丹》，（十三）《天台》，（十四）《赠丹》，（十五）《返魂》，（十六）《凤骞》。此剧主旨，包含于亦道人序中数语，曰："湘莲之交宝玉也，磊磊落落，不事伛偻。打薛蟠也，驳驳劣劣，快人心目。尤女之许婚湘莲，重其人也，饮剑亡身愤其遇也。故曰柳之侠尤之烈也。"

原载一九三四年九月十三日《晶报》

# 英　雄

何谓英雄？英雄者，贤豪也，此今义也。其古义则为“夫草之精秀者为英，兽之特群者为雄。”西人称英雄曰“嬉乐”（hero），即曾立大功者，或体力胆力能力过人者之意。

上节中所引英雄之古义，见刘邵《人物志》卷中《英雄篇》（第八）。《英雄篇》之文字极美，兹节录如后：

> 夫草之精秀者为英，兽之特群者为雄。故人之文武若校其分数，则牙则须，各以二分，取彼一分，然后乃成，何以论其然。夫聪明者，英之分也，不得雄之胆，则说不行。胆力者，雄之分也，不得英之智，则事不立。（中略）聪能谋始，明能见机，胆能决之，然后可以为英，张良是也。气力过人，勇能行之，智足断事，乃可以为雄，韩信是也。（中略）徒英而不雄，则雄而不英，则智者不归往也。故雄能得雄，不能得英，英能得英，不能得雄。故一人之身，兼有英雄，乃能役英与雄，能役英与雄，故能成大业也。

《人物志》三卷，凡十二篇。余家藏者，系明白口单刊本，单鱼尾，四周双栏，半叶八行，行十六字，注双行字数同。前有邵自序又目录，后有文宽夫跋，宋庠跋两则，及王三省跋。收藏有“莫天麟印”“独山莫氏铜井文房之印”“独山莫氏铜井文房”“莫棠所藏”等印记。卷末有莫棠（即楚生）朱笔手跋，今转录如下：

> 家藏南京遗编本，后得嘉靖顾定芳本，校胡本，胡脱误甚多，而胡乃据此，然此实从顾出，此固未讹阙也。

刘邵（邵或从力作“劭”），字孔才，广平邯郸人也。刘昺，字延明，敦煌人也。

原载一九三四年九月十八日《晶报》

# 《海鸥小谱》

前岁“一·二八”之难，余家藏书，大半遭劫（计一百五十馀箱），内一种题名曰《海鸥小谱》者，“无想道人”四字印记，系著者自藏本，甚可惜也。幸事前已将书内之手跋等誊写于藏书草薄中，今日尚知余曾获见此精品也。

《海鸥小谱》著者，无想道人，即赵执信。执信，益都人，字伸符，号秋谷，晚号饴山老人，清康熙进士，官右赞善，以国恤时燕饮观剧，违制去官，年未及三十也。工诗，本为王士祯甥婿，甚相契重。后以求作《观海集》序，士祯屡失其期，遂渐相诟厉，仇隙终身，卒年八十有三。所著曰《因园集》《声调谱》《谈龙录》，均分别入清《四库》之别集及诗文评两类。

《小谱》系精刊本，半叶九行，行十九字。

余家藏而被焚者，有“子馀”“季芙”“逡郡翰墨争传颂”“云水光中洗眼来”及“无想道人”五印，并有姚朋图手跋，附录如后：

《海鸥小谱》初印本一册，首叶有“无想道人”

四字印，乃秋谷自藏本也。

子馀以沈氏新刻晨风阁丛书二函易去，子乃有以羊易牛之喜。用秋谷自题原韵，赋二绝句博笑：

风花憔悴忆当时，小印猩红异代思。马滑霜浓归去晚，送行可有李师师。（美成以本事词得官事，适与秋谷相反）。

风雅年来事事乖，抱书相对好情怀。易牛须忏平生爱，附骥新添本事佳。

癸丑除夕，守岁金菊巷寓庐书。娄东姚朋图古风。（跋下钤“姚”“朋图”两印。）

原载一九三四年九月二十三日《晶报》

# 谐雅之音

“谐雅之音”四字，清《四库提要》用以称何景明之诗也。景明，字仲默，明信阳人，弘治进士，正德间历官陕西提学副使，志操耿介，有国士风，与李梦阳、边贡、徐祯卿并称四杰。其所著诗文，或题《何仲默集》，或题《大复集》，刊刻年月及卷数各不相同。余家藏者，系嘉靖三年雅竹斋刊本，全书二十六卷，白口，单鱼尾，左右双栏，半叶十行，行十八字。前有唐龙序，最早刊本也。兹引景明五言古诗及七言绝句各一首，以见其谐雅之音，如下：

（一）罗女曲

罗女年十五，自矜好颜色。山叶杂山花，插髻当首饰。蛮方立门户，男女多生涯。昨闻城中市，女出男在家。上市买黄丝，染缉作花布。裙短衫袖长，不惜双脚露。夜行山中道，何处吹芦笙？我歌连臂曲，曲罢动郎情。动郎情，与郎匹。生女复长男，三年始同室。

（二）闺情

秋风袅袅生罗衣，美人夜泣红烛微。郎骑白马临邛去，楼上年年燕子归。

景明非独善于诗，并善于文。兹引内篇中最短之一节以明之：

何子曰：天下之味五错，而味不可胜用也。天之云色五错，而色不可胜用也。天下之音五错，而音不可胜用也。错之者，和之也。和之用广矣，是故常以经变也。变以纬常也，常变经纬，用无穷也。

景明所著诗文，除嘉靖三年本题《何仲默集》外，馀皆题《大复业》，有嘉靖三十七卷本，万历三十八卷本，又有乾隆中刊本。清《四库》所收者，三十八卷本也。

余家旧有明刊三十八卷本，半叶十行，行二十字，前有康海序，王世贞序；后有乔世宁《何先生传》《创建大复何先生祠记》，汪道昆《何先生墓碑》《言行录》又《何景明传》，今已失之矣。

余家现藏之嘉靖二十六卷本，有“周氏藏书之印”“宣城李氏瞿硎石室图书印记”“宛陵李之郇藏书印”等收藏印记，书系白皮纸初印，甚为美观。

原载一九三四年九月二十五日《晶报》

# 小儿何所爱？

唐之罗隐，宋之苏东坡，明之解缙、唐寅，皆奇才也。而四人之中，以缙为最，盖五、六岁时，已见其神异非常矣。一日，缙之长者戏之曰："小儿何所爱"，即应声作诗四首，兹引之如后：

小儿何所爱，爱者芝兰室。更欲附龙飞，上天看红日。

人道日在天，我道日在心。不省鸡鸣时，泠然钟磬音。

圣人有六经，天地有日月。日月万古存，六经终不灭。

小儿何所梦，夜梦笔生花。花根在何处，丹府是吾家。

缙孩童时，父母恐其劳心，戒作诗，缙颔诺。

某夕，母扫地，挪移鸡罩，缙见之，遂口占曰："净扫堂前地，轻挪罩内鸡。"母曰："着你休吟，如何又吟？"

缙答曰："分明只说话，又道我吟诗。"一日，时雨降，族祖渊静问曰："此雨价值多少？"缙对曰："墙上三板湿，地下一犁深。问儿多少价，遍野是黄金。"缙神异如此，无怪委巷所传之诗，如"一上一上又一上，一上直到南山上。举头红日白云低，四海五湖皆一望。"又如（咏僧人犯奸荷枷）"精光顶上着紫光顶，有情人受一无情棒。出家人反做在家人，小和尚连累大和尚。"等，均以为彼孩时所作也。

缙诗才高雅，自不待言，下引者，其成年时之作品也：

（一）明月纱窗

暂借幽亭一夜眠，纸窗光露月华圆。天宫怜我孤身客，故遣嫦娥到枕边。

（二）二女踏秋千

二女娇娥美少年，绿杨影里戏秋千。两双玉腕挽复挽，四只金莲颠倒颠。红粉面对红粉面，玉酥肩共玉酥肩。游春公子遥鞭指，一对飞仙下九天。

缙不独精于韵语，亦善于散文，兹引其记之最短者一篇以明之，如下：

## 金滩刘氏冰壶记

冰壶者，清洁之至也。君子对之，不忘乎清，夫洞彻无瑕，澄空见底。当官明白者，有类是乎？故内怀冰清，外涵玉润，此君子冰壶之德也。玉本无瑕，冰也至洁，方圆相映，表里皆择地而出，如浮苕之当车，飞蓬之塞路，纷纷然与人相随也。义节之隐处似之，各轩之义，是固不能无取欤。若其曰“贯四时而不改柯易叶”者，是彦节之心有所同然者，固非有取于外地也。

本篇中所引诗文，皆见《解学士文集》，即《解春雨文集》。明嘉靖刊本，共十卷。卷一：应制集；卷二：四言古，五言古，五言律，五言绝，五言排律，七言古；卷三：七言绝；卷四：七言律，赋，词；卷五：序；卷六：序；卷七：记；卷八：行状，墓表；卷九：志铭；卷十：祭文，书简，杂著，题跋，梁文，制策，附录。据莫氏郘亭书目，尚有天顺三十卷本，又康熙乾隆两本，均十六卷，题《文毅集》。清《四库》所收者，十六卷本也，天顺本不传。嘉靖本亦为修《四库》时所未见，现北平图书馆有之。余家藏者，即嘉靖十卷本也。

嘉靖本《解春雨集》，白口，单鱼尾，双栏，半叶十二行，行二十三字，前有嘉靖壬戌罗洪先序，又黄谏及蔡朔两旧序。

解缙，字大绅，吉水人，洪武进士。初官翰林学士，出为江西参议，改交阯，为汉王高煦所谮，下狱死。明成祖修《水乐大典》，缙为总裁，遗文坠简，莫不编入。设清代无外夷及其他动乱，今日当尚存在也。

原载一九三四年九月二十八日《晶报》

# 月儿高

“月儿高”者，词牌名也。《荆钗记》中有此调，最佳之一首，见《锦香亭》，兹录之如后：

看遍闲花草，争如自家好。这样风流事，那个人不好。才子共佳人，如今正年少。看他筵席上，两处伤怀抱。

月儿高，亦名“误佳期”。“看”字平声，“那”字上声，第三第五第七句不用韵。“好”“好”“少”“抱”四字，上去去上间用，甚妙。

上引《锦香亭》中之“月儿高”，见《南词新谱》卷一第七叶。《新谱》二十六卷，吴江鞠通生沈自晋伯明重定。余家藏者，系原刻初印本，每半叶八行，每行十八字，白口，单栏，上栏外有评。卷首有嘉靖己酉蒋孝序，李鸿书序，沈自南序，沈自继词谱述，凡例，凡例续纪，古今入谱词曲传剧总目，南九宫词谱目录；后有沈永隆后序，又鞠通生小传。据余所知，此书传世不多。

**原载一九三四年十月四日《晶报》**

# 天上语

吾人于阅读烟粉小说时，常见夫妇间有“心肝”“宝贝”等称呼，殊不知天上亦有类此者，兹简述之如后。

牛郎织女成亲一月后，天帝令送归凤城居住。牛女二人在宫中时，虽云欢乐，尚有所顾忌，不敢放肆，及离宫后，则纵恣无度，女唤男非曰“可意哥”，即曰“如意君”；男称女非曰“心肝肉”，即曰“性命根”。二人并肩凝眺，对饮笙歌。对于牧织旧职，全然置之度外。

上事见余家藏之明刊本《牛郎织女传》卷二。《传》共四卷，世间孤本也。

原载一九三四年十月四日《晶报》

# 尔毋泣

李空同将易号，边华泉作下引一文，题曰《纪梦》，意欲其不改也。

> 夏日午睡，梦一青衣小鬟叩轩泣曰：“妾空同，山之灵也。主君新宠，移于大阳，无罪而弃妾。请于一言归之若何。”予告之曰：“久处甭恶生，人之情也，离骚而抱，贞女之径也。尔不见夫素贫者乎，迸之二十年，一日归焉，夫谁为之媒也。尔毋泣，行召尔矣。”青衣既去，鹦鹉呼婢于窗外，曰：“将食来，将食来。”遂寤而起。

此种似小说，非小说，含双关意义之短篇，在欧西文学中名曰“反背儿”（Fable），即寓言之意。然华泉非寓言专家，彼固因诗著名也。陈子龙《明诗选》曰：“尚书才情甚富，能于沈隐处见其流丽。”诚持平之论也。兹引四、五、七言诗数首以明之：

（一）泉之滨哀隐士也

泉之滨兮，白石磷兮。以饮以濯，育吾真兮。泉之浒兮，锡之土兮。载浚载渠，溉之博兮。人之坠兮，泉之匮兮。瞻言跂兮，众之喟兮。

（二）贞寿诗

水上双鸳鸯，一失无再偶。良人弃妾去，白发闺中守。竹老有古节，松老无柔枝。峨峨青山石，万古色不移。谁为贞寿歌，请君歌此词。

（三）自述

新年处处常为客，志在匡时哪问家。民病且惭无日减，主恩何敢向人夸。闲来愤世心如火，老去临文眼欲花。春睡醒来扶杖起，夕阳天外数归鸦。

本篇中所引诗文，均见《华泉集》。集共十四卷，内诗八卷，文六卷。清《四库》所收及余家藏者，均明嘉靖中刊本，白口，单边，半叶十行，行二十二字，前有魏允孚序。著者边贡，字廷实，号华泉，历城人，弘治进士，明前七子之一也。（前七子者，李空同，何大复，边华泉，康对山，徐迪功，王九思，王廷相也。）华泉官至户部尚书，优闲无事，游览江山，挥毫浮白，夜以继日。都御史劾其纵酒废职，罢归。平生癖于聚书，一夕毁于火，仰天大哭，遂病卒。

原载一九三四年十月七日《晶报》

# 章　草

现今书家，甚有赞成所谓章草者。章草，最古之草书也，观下列引语自明：

篆隶之作古矣，至汉章帝时，乃变而为草，骎骎至两晋，王氏羲献父子，遂进于妙。汉元蔡邕，亦一时号为子墨卿也。稽考古今法书，以秦代苦篆隶之难，不能投速，故作草书，不知杜度倡之于汉，而张芝皇象，皆卓卓表现于时。崔瑗、雀寔、罗晖、赵袭，各以草书得名，世号章草，至张伯英出，遂复脱略前习，以成今草。

上引者，见《宣和书谱》卷第十三（一百十五叶）。《书谱》二十卷，不著撰人，记宋徽宗时内府所藏诸帖。卷一，历代诸帝王书；卷二，篆书及隶书；卷三至卷六，正书；卷七至十二，行书；卷十三至十九，草书；卷末，八分书，又制诏诰命。

《宣和书谱》入清《四库》子部艺术类一，《提要》称：

“宣和之政，无一可观，而赏鉴则为独绝”者，谓著录于谱中诸帖，皆精品也。《书谱》刊本，行世者有三：一，学津本；二，津逮本；三，嘉靖本。嘉靖本即杨升庵刊本，白口，双白鱼尾，四周双栏，半叶九行，行十九字；前有嘉靖庚子杨升庵序。余家藏者，即此行世最早之嘉靖本也。

余家之《书谱》，有“叶启发家藏书”“石林后裔”“东明所藏”“叶启发东明审定善本”“叶启发印”“孙忠愍侯祠堂藏书记”“古潭州袁卧雪庐收藏”“臣印星衍”“五松书屋”诸印记。末卷之末有叶德辉手跋，附录于后：

> 《宣和书谱》二十卷，每半叶九行，行十九字，前有明嘉靖庚子杨慎序，称博古图南国子监有刊本。此书虽中秘亦缺，余得于亡友许吉士稚仁，转写一帙，冀得播无绝云。首有：“孙忠愍侯祠堂藏书记”九字朱文篆书大方印，“臣印星衍”四字白文篆书方印，“五松书屋”四字白文篆书方印，“古潭州袁卧雪庐收藏”九字白文篆书方印，盖本孙渊如观察五松书屋藏书；后移藏孙忠愍祠堂者。粤寇乱后，孙祠书尽散出，为县人袁漱六太史芳瑛所得，故又钤有袁氏印记。据《孙祠书目内编》书画第十一，载《宣和书谱》二十卷，注宋徽宗御撰，明杨慎序刊本也，即此本也。平津馆鉴藏书籍记明版内载之，云每叶十八行，行十九字，

与此合。陈宗彝编次《廉石居藏书记》云“此本最古，在诸本前”，《天禄琳琅》载一本，云“抚印虽精，字画不能工整，其为明代坊间所刻无疑”。即此本贾人又去其序者，从于定侯新得此书，取校余藏汲古阁津逮秘书本，时有胜处，不特字体古致，纸墨精良，读之令人目爽也。丙寅夏四月朔，郎园叶德辉。（下钤“郎园”二字朱文方印）

原载一九三四年十一月二十五日《晶报》

# 典雇妻女

大明法律，“凡将妻妾，受财典雇与人为妻妾者，杖八十，典雇女者，杖六十。妇女不坐。”

何谓典？归价听赎曰典，如典田之类，以价易去，而原价取赎也。何谓雇？计庸受直曰雇，如雇车之类，验日还钱，不必取赎也。妻女本非牛马，亦非田地产业，今人思之，似无典雇之可能，然世间实有其事，故明律禁阻之。盖妇既归其夫，又使其从人，是失节也；生女典雇与人，苟不归焉，犹可从一而终。今则不然，是硬使其失身也。妇女所以无罪者，因从夫从父母，非己之所得专也。

明代尚有假冒姐妹之名，将妻妾嫁与人者，法律亦禁止之，其文曰：“若将妻妾作姐妹嫁人者，杖一百，妻妾杖八十。知而典娶者，各与同罪，并离异，财产入官。不知者不坐，追还财礼。”

上引律文，见明熊氏种德堂刊本《刑台法律》。全书二十一卷，卷首《凌迟处死》等，附卷《行移体式》，副卷《为政各论》。一卷《吏律》，二卷至五卷《户律》，六卷《礼律》，七卷、八卷《兵律》，九卷至十五卷《刑律》，十六卷《工律》，十七卷、十八卷《洗冤录》。

关于典雇妻女一事，明代有禁止之告示，兹录全文如后：

> 某府某县为禁革事，窃维男女婚姻，实系人伦之大。一夫一妇，实乃斯道之原。不犯七出，具无再醮之理。受财典雇，大伤风化之端。近访得所属州县，有等丧心之徒，偶涉饥寒所迫，不顾闺门之正，有将妻妾典雇与人而受财者，或将妻妾妄作姐妹而嫁与人者。若此颓风一倡，遂使伦理荡然，纲常扫地，可恶莫甚焉，若不严禁，深为华夏之羞。为此给示，谕众通知，以后军民人等，各思礼义廉耻之风，毋忘孝悌忠信之德，正夫为妻妾之纲，勿使败常乱俗，谨有夫有妇之戒，莫为苟且玷行。敢有法外遗奸，许地方邻人呈首，依律重究不恕，须至告示者。

余家藏之《刑台法律》系白口本，单鱼尾，单边。每叶分上下两截，上截每半叶十六行，行十二字；下截每半叶十行，行大字二十，小字双行，字数相等。全书前有徐鑑序。此书不入《四库》，行世极稀，余数年前以重价之书，与友人郑君易得。

**原载一九三四年十二月四日《晶报》**

# 法家难得之书

岱庐先生台鉴：

月前由唐鸣时兄转到大著《中国历代法家著述考》一册，是时适为二小儿完姻，又因其他种种杂事，未能申谢，抱歉之至。近日细阅尊著，见其内容丰富，取去得当，佩服之至。法家类书籍，弟家劫后存者尚有数种，似为大著中所未载，兹特另单开明，以便参阅之用。专此，敬请

台安

弟周越然上十二月四日

（一）《刑台法律》十八卷，首列首卷，一卷，附卷一卷，又副卷一卷。全书前有徐鉴序，明艺林熊氏种德堂刊本。是书分类注释，律文之外附告示、判词等等，似专为当时书吏之用也。

（二）《清明集》十四卷，明隆庆三年盛时选校刻本。卷一、卷二，官吏门；卷三，赋役门、人事门；卷四至卷九，户婚门；卷十，人伦门；卷十一，人品门；卷十二至十四，惩恶门。

首有张四维序，末有时选序。是书日本有宋刊残本，弟家藏者系最足之本，亦为海内外孤本，清《四库》作十七卷，误也。

（三）《慎刑录》四卷，明王士翘辑，明嘉靖间刊本，前有士翘序。

（四）《楷辞》十二卷，明张肯堂谳，明崇祯间刊本，有成靖之及司惟标两序。

（五）《雪史》不分卷，清张三异著，清嘉庆戊辰横经草堂刊本。

**原载一九三四年十二月六日《晶报》**

# 海内孤本

本篇言余家藏之《剿闯小说》，海内孤本也。

《剿闯小说》亦名《孤忠小说》。“闯”指李自成言，“孤忠”指吴三桂言。作者痛骂自成，而称善三桂，盖见弘光南都之中兴，而不知勾结“东虏”之结果耳。此书入清代禁书目，行世极稀。孙子书在日本内阁文库曾获见一部，其所著之《日本东京大连图书馆所见中国小说书目提要》中称：“明刊本，图五叶，十面。正文半叶八行，行二十二字……凡涉朝廷皆顶格，馀一律低一格。”此与余书同者也。至称撰人为“西吴懒道人”及题序者为“西吴九十翁无竞氏”则与余书不同。余之藏本，题序者为“昆陵学士”，而撰人则为“润州葫芦道人”也。孙君所见者，与余所藏者，有此不同，似非两书对比，不能知其为一为二矣。

本书虽以小说为名，实不具小说之原素，如结构，描写等。惟其中所载重要文件，如死难诸忠姓氏，伪官名单，金坛诸生讨降檄等等，皆为正史所不及，甚有价值也。五回中附录贼事奇闻多则，均甚有味，兹录一则于后，以供本《晶》阅者之阅读，亦以见本书之文字：

有哨贼独骑一队至某村，村民尽逃，独李家姑媳二人寡居。贼入其室，因视无人，凶索酒饭，调戏少妇。妇曰："远来必饿，待我去整治酒饭。"先暖酒一壶与贼，贼尽饮而醉酣睡去。姑媳二人计议，烧起滚水一锅，先咳嗽以试之，贼不醒，又以铜器掷地作响声，贼不知觉。乃缚其手足，以滚汤满头浇之，贼熬痛不过，暴跳而死。

余家藏之《剿闯小说》系白口本，无上下鱼尾，单栏，版匡高约八英寸半，广约十英寸。每半叶八行，行二十二字。全书十回，首列甲申（一六四四年，即顺治元年）昆陵学士序，目录，又精图十面。

原载一九三四年十二月十三日《晶报》

# 迎风流泪

寄居本埠刘公，大文家也，来书欲余抄录宋版医书中之“治眼迎风流泪”一方，余已照办矣。继思本《晶》同志亦必有愿读此方者，遂重录于后，以供大众之研究。方如下：

## 治眼迎风流泪

右用鲜姜一块洗净，取甘草少许，刮去粗皮，入生姜内，以纸固济，入慢火内煨熟，闻有香气为度。取出甘草，用净磁碗一个，将甘草用细杖放于碗内，去碗底寸许，连碗放在锅内煮之。待甘草上气水滴在碗底，取洗之，不过数日即愈。

上引药方，见余家藏之宋刊《圣散子方》附录中。全书二十七叶，大黑口，单鱼尾，单边，半叶九行，行十七字。前有序文两叶，不著撰人，惟其中有“谪居黄州”一语，知为宋苏文忠公（轼）所作。

是书清《四库》不收，海内旧藏家如瞿、杨、丁、陆各家书目亦不载，惟钱遵王之《读书敏求记》中有之，其所记与余书全合，或者即是翁旧物乎？本《晶》丹翁曾见此书，谓收藏印记均佳，纸墨极古，当为宋椠本也。

原载一九三四年十二月二十四日《晶报》

# 古人文字

前辈作文，各有入门处，退之本《孟子》，永叔亦祖《孟子》，故其讲论，纯正少疵。子厚、明允集中，皆自言其所得处。明允多自《战国策》中来，视子厚为不纯，子瞻亦宗其家学，气焰赫奕，人多慕之，然少纯正。要之，自六经中出，则源深而流长，人但见正大温粹，不知其所养者有本也。此最当谨所习之始者，不谨则末流可知。

右引语见余家藏之乾隆本《金石例》卷九首叶。原书栏上有王芑孙朱笔手批云："文者贯道之器，必有所载之而出。修德饬行，是其大本，空谈经训，当非探源之论。"芑孙，清长洲人，字念丰，号惕甫，一号铁夫，善书，精古文辞，著《金石补例》，其所手批及门人借度之《金石例》行世甚多。余家藏者，系最后之正本，固卷首有王氏蓝笔手跋云：

嘉庆己巳病痁，已而苦泻，最后又得痰饮之症，几殆。自六月至于九月，始觉渐瘳。而四支浮肿，精神未复，四方文字之役，皆不能应。扫治扇榻，窗几闲静，重度此本，以遣昏散。异日门中有借度者，此本在后，以此本为正。是岁九月既望，惕甫自识。

原载一九三四年十二月三十日《晶报》

# 汝胡我爱？

钱宗伯（谦益）既娶柳夫人，特筑一精舍居之，而颜之曰“我闻室”，以柳字如是，取《金刚经》如是我闻之义也。一日，宗伯坐室中，目注如是，如是问曰：“公胡我爱？”曰：“爱汝之黑者发而白则面耳，然则汝胡我爱？”柳曰：“即爱公之白者发而黑者面也”，侍婢皆匿笑。

上故事见清王应奎之《柳南随笔》卷二。应奎，字东溆，江苏常熟人，其《随笔》共六卷。余家藏者，系精刻初印本，大黑口，单边，每半叶十行，每行十九字。前有乾隆庚申顾士荣序，极称此书之善，谓“搜遗佚，则可以补志乘；辨讹谬，则可以正沿习。以至考时笔之源流，究名物之根柢。著虞初诺皋之异事，标解颐抚掌之新闻，盖不出碎文琐语，而谈苑之质的，艺文之标准，胥有赖焉。”

《柳南随笔》行世者尚多，余家藏者有一特点，即前人已经圈点评削是也。今举二、三例以明之：

（一）陆龟蒙《江湖散人传》，“茶竈”二字，坊本误“茶鼀”，以“竈“与“鼀”笔划相近也（按此九字，余藏本中以朱笔删去），集韵者不知其误，竟收入四支。何太史义门焯见之笑曰：“此正好用对尿鼈（鳖）也”。俗以溺器为尿鼈（鳖），太史盖戏之尔。（按末十三字，余本中亦删去）

（二）明徐启新，吝啬人也，尝以试事至白门，居逆旅月余，而所记日用簿，每日止腐一文，菜一文。同学魏权子冲见之，为谐语（按此三字余本中用朱笔删去）曰：“君不特费纸，并废笔墨矣，何不总记云，自某日至某日，每日（按此二字亦删去）买腐菜（菜字下余本中加一朱笔“俱”字）各一文乎。”启新方以为然，初不知其谑己也。

（三）昆山归元恭先生，狂士也，家贫甚，扉破至不可阖，椅败至不可坐，则俱以纬萧缚之，遂书其匾曰“结绳而治”。又除夕尝署其门云：“一枪戳出穷鬼去，双钩搭进富神来。”其不经多此类。时人呼为“归痴”云。（按自“又”字起三十五字，余本中全删。上栏之上有朱笔批曰：“录此尤不堪，何不怕污笔若此。”又云：“此非但痴，乃是落魂者也。”应改署其门曰:“一枪戳出痴鬼去,双钩搭进魂灵来。”）

原载一九三五年一月七日《晶报》

# 不以智治国

余家藏《老子道德经》多种，如（一）《老子翼》三卷，明刊本；（二）《道德真经三解》四卷，明红丝栏白皮纸抄本；（三）《道德真经取善集》十二卷，明蓝丝栏白皮纸抄本；（四）《老子道德经》二卷，明嘉靖间顾氏四德堂六子本；（五）《老子口义》二卷，明张四维三子口义本：（六）《道德经台县》，明刊本；（七）新旧英译《老子》等等。其中以第一种《老子翼》为最多趣味，固有前人朱墨两笔手校也。兹引一节于后以明之：

（一）（原本）古之善为道者，非以明民，将以愚民。民之难治，以其智多。故以智治国国之贼，不以智治国国之福，知此两者亦稽式。能知稽式，是谓玄德。玄德深矣，远矣，与物反矣，乃至于大顺。

（二）（校文）古之善为道者，非以明人，将以愚之。民之难治，以其多智。以智治国国之贼，不以智治国国之福，知此两者亦楷式。常知楷式，是谓玄德。玄德深远与物反，然后乃至大顺。

原本与校本不同之点有八：（一）“民”改为“人”，（二）“智多”作“多智”，（三）“故”字省，（四）“稽”作“楷”，（五）“能”作“常”，（六）三“矣”字省，（七）“乃”作“然后”，（八）“于”字省。乞阅者注意。

以上引文见余家藏之明万历本《老子翼》，白口，单鱼尾，左右双栏，半叶十行，行大二十字，小双行，字数同。前有万历戊子王元贞序，万历丁亥焦竑序、目录、又采摭书目。卷三载附录，考异两种。收藏有“方子谨手斠定”“方佺氏读书记”二印。卷首护叶有方佺手跋三则，附录于后：

（一）阏逢阉茂九月七日以景龙本用朱笔校。子谨记。

（二）是日晚又用墨笔以景福本校，至四鼓始毕。（下钤“子谨”二字朱文方印）

（三）外舅能静先生莅易之明年，得唐景龙本《道德经》于城南龙兴观，草芥半没，字迹模糊，亟净积泥，始隐隐可读。乃命匠拓之，与今文颇有异同，盖唐元（玄）宗未改本也。越数月，余与邓文熙之，徘徊其下，断碣中复得景福本，字体遒劲，为王处存所书。孙氏《京畿金石考》所未载录。处存时官义武节度使，距明皇未远，应遵典章，何以尚有异同，此真不可解处。去秋稍暇，因校雠一过。乙亥九月十八，送吾弟子永南归，独居无聊。读馀因识数语，鼍更已四转矣。子谨记。

考异所载古本，即与景龙本无异，亦间有不同处，又记。［下钤“复齐（斋）居士”四字朱文方印］

原载一九三五年一月十五日《晶报》

# 百岁老翁

唐诗之美雅，虽在声调，然亦在描写也，例如下引者：

百岁老翁不种田，唯知曝背乐残年。有时扪虱独骚首，目送归鸿篱下眠。

乡间一老农夫，因年高不能种田，晴天在日光下曝背，有时扪虱，有时搔首，有时眠于篱下，看飞鸟归巢，其景虽雅，然实一极平常之事也。唐人以二十八字写成短诗，读之者如见一名画，其描写不可谓不精矣。诗系李颀所作，见《河岳英灵集》。

《河岳英灵集》者，《六家诗选》之一也。《六家诗选》者，唐人所选之唐诗也，计分四卷：（一）卷一，《国秀集》三卷，唐芮挺章编。（二）卷二，《河岳英灵集》上中两卷。（三）卷三，《河岳英灵集》下卷。唐殷璠集，又《中兴间气集》二卷，唐高仲武集。（四）卷四，《极玄集》二卷，唐姚合选。《搜玉小集》一卷，不著撰人。又《箧中集》一卷，唐元结编。

余家藏者，系明隆庆中白皮纸最初印本，白口，单鱼尾，四周双栏，半叶九行，行十八字。前有隆庆己巳徐熿序，中云："区判文体，犹之铨藻人材也，世贤各任怀抱，以意权衡，论甘忌辛，悦丹弃素，能辨于甘辛丹素之外，斯神矣。"诚至言也。余之藏本，系莫氏旧物，有"莫科莫祁莫堂之印""独山莫氏铜井文房藏书印"等图记。此书行世极稀，藏家视为珍品。

原载一九三五年一月十八日《晶报》

# 好与惧

“好”者爱也，“惧”者怕也。先好而后惧，未有不好而惧者，此指夫妇言也。昔人云：“天下好内之人，未有不惧内者，维其好之，故人得以中之也。汉成不纳歌者，何以燕啄皇孙，唐高不嬖才人，何以武移李祚，以天子之威，不能行于宫闱，要皆好之一念致之耳。”

上引语为《萤窗异草》三编中题“田一桂”者之末，外史氏批评之开始，至理之言也。田一桂，大梁人，聘卢姓女名四娘者为妻。四娘貌美，尤富于机智，新婚之夕，即心窃计曰：“富室之儿，骄傲性成，非有以缚束之，少纵即逝矣。”于是温柔旖旎之中，别寓峭厉棱角之意，拒之而不峻拒，予之而不轻予。腼觍之馀，微加以色笑；柔顺之内，隐示以端严，面或推或挽，忽送忽迎，女儿之情性，令人不可捉摸，只此一夕，丈夫之气既夺已。后来四娘又能善窥姑意，无纤毫失礼，人皆以贤妇称之。其实闺帏之中，一桂受四娘种种挟制，而不敢告人。最妙者，莫如所谓无动手，无动足，无动口也。此三无动者，意谓“小杖则受，大杖弗走，无挽戈夺戟之心；呼之即前，麾之不退，无突围破阵之念。至于齿牙之际，为害无多，唾面可以自干，恶声不容或反”也，凡一切诃责摈斥，人所不甘受于父兄师长者，一桂独忍于室内之人，其惧内乎？其好色乎？

《萤草异草》中，富于类此且有兴趣之故事，计分三编，各四卷。初编载四十六事，二编四十一事，三编四十九事，共一百三十六事。

余家藏者，系申报馆铅字本，半叶十一行，行廿四字。初编前有清光绪二年梅鹤山人序，二编前有光绪三年缕馨仙史序，三编前有光绪三年悟痴生序。各编均题“长白浩歌子著，武林随园老人续评，关中柳桥居士重订”。其书大旨，酷摹《聊斋》，文虽略逊，意实过之。此书向无刊本，申报馆依复本排印，故可贵也。

原载一九三五年一月十九日《晶报》

# 残礼两种

四部礼类书籍，余家藏者不多，兹开列如后：

（一）《礼记》十六卷，元陈浩集说。明刊本，黑口，双边，大字八行，十四字，小双行，十七字。

（二）《太平经国之书》十一卷，宋郑伯谦撰。明嘉靖本，白口，十行二十二字。

（三）《大戴礼记》十三卷，汉戴德撰。明嘉靖翻宋本，十行十八字。

（四）《称谓录》三十二卷，清梁章钜撰。清光绪刊本，白纸初印，九行二十一字。

（五）《礼记郑氏注》二十卷，附释文考异，清嘉庆中张敦仁覆宋本，大十行十六字，小双行二十四字。

（六）《礼记集说》三十卷。明刊本，黑口，双栏，九行十七字。

（七）《仪礼集说》十七卷，元敖继公撰。通志堂初印本，十一行二十字。有前人批校。

（八）《周礼述注》二十四卷，清李坡撰。精刊本，八行二十二字，小字双行。

除上述者认为常见之书外，其他尚有两种世不多有也。如下：

（甲）《家礼》，宋朱熹撰。元刊残叶，大黑口，双鱼尾，双栏，版匡高约七英寸又四分之三，广约十英寸。半叶十一行，行二十一字，小双行字数同。

（乙）《周礼》，郑氏注。明嘉靖覆宋本，存九、十两卷，白口，白单鱼尾，双栏。半叶八行，行十七字，小双行，字数同。余所藏之残本有“钱□懋学”“钱印□元”“文房之印”“独山莫氏铜井文房之印”等图记。卷首有莫棠手跋，如后：

此即世所称明嘉靖仿宋刊三礼之《周官》也。收于荒摊，只存第九第十两卷。黄丕烈本，即从之出。明代尚有繙相台本，行款若一，特有音释句读耳。

原载一九三五年一月二十一日《晶报》

# 樊　榭

清初大诗人厉鹗之别号曰“樊榭”。“樊”者何？黄梨洲《四明山志》云：“大兰山，汉刘纲樊夫人师事曰公，道成而飞举于此，故又名升仙山。其樊榭则樊夫人之所立也。升仙之后，后人即其地建祠宇以祀之。”

鹗字太鸿，浙江钱塘人，康熙庚子举人。乾隆丙辰，应博学鸿词科，廷试误写试题，论在诗前，被放。其诗以孤澹称，用意既超，征材尤博，读之颇难领悟。余家藏其全集注释之稿本，不知谁氏所作，惟考证详明，确有实用。兹将原书卷一第一首题《金寿门见示所藏唐景龙观钟铭拓本》者，与注释并列于后，以见其工作之善焉：

（一）原文

嗜古金夫子，贪若笼百货。墨本烂古色，不受寒具涴。便续《金石录》，明诚不是过。《钟铭》最后得，斑驳岂敢唾。照眼三百字，字字蟠螭大。抚迹思景云，往事去无那。初剪《桑条韦》，柘袍受朝贺。范钟崇玉清，构炭飞廉佐。九乳器未亡，雄词压寒饿。

装比李仙丹，征句迭倡和。虚无奚足称，懋绩于此堕。吾思景钟铭，天笔滥传播。

（二）注释

“景龙观钟铭”又“景云”：钱大昕《金石文跋尾》，景龙观钟铭并序，凡一十六行二百六十八字，后题年月二行云：“景云二年太岁辛亥金，九月癸酉金，朔，一十五日丁亥土铸成”，以纳音言之也，睿宗御制，文既典雅，而字亦奇古，金质坚久无剥蚀，可称三绝。

“笼百货”：《汉书·食货志》，置平准于京师，受天下委输，尽笼天下之货。

“寒具”：《续晋阳秋》，桓玄好蓄书画，客至尝树而视之。客食寒具，油污其画，后遂不复设。《集韵》，寒具，环饼也。

明诚《金石录》：《宋史·艺文志》，赵明诚《金石录》三十卷。《通考》，明诚，宰相挺之子，其妻易安居士李氏为作后序，颇可观。

“景云”：见前。

“桑条韦”：《唐书·五行志》，永徽末，里歌有《桑条韦》也，女时韦也，乐。

“柘袍”：欧阳原功诗，陈桥一夜柘袍黄。

“炭”“飞廉”“九乳”：钟铭景龙观者，中宗孝和皇帝之所造也，又云“飞廉扇炭，屏翳营炉。”

又云：“形包九乳，仪超万钧。乐叶图征，黄钟生一，一生万物，故君子铄金为钟，钟有九乳。”宋均曰，九乳，法九州也。

“李仙丹”：唐府书画装潢匠，则有张龙树、王行直、王思忠、李仙丹辈，要皆良工好手。

余家藏之历集注释稿本，购获时，内附丁丙不全信一件，观其意似甚重视此书。兹照录如后：

宰平五叔大人阁下，驾临语溪，未及送别。迩想有事庙祭，开院讲学，起居安吉为颂。兹据朱子清来言，塘栖劳氏，平翁之族中，有旧书数千册，意在出售，並有陆存斋来说，《樊榭诗注》，丁宝书已完(原作“完”字，系“还”字之误）平甫先生。两者丙皆神径，请先代询，或旋省时小泊彼地，鼎力一访，如须面议值之处，示下，当可即来议购。语溪想无甚收罗也。医局（下缺）

原载一九三五年一月二十七日《晶报》

# 尚　左

西人尚左，车沿左边进，字从左首起，其实例也，然未有以左手作文，左手作画且成名者。有之其唯吾国清代之艺术家高凤翰乎？凤翰，济宁人（一作胶州人），字西园，因患风症，右臂不仁，以左手书、画、琢砚，皆极精美古雅，自号尚左生，晚号南阜山人，善作古文，尤豪于诗，有《南阜山人诗文集》。余家藏者，其乾隆甲子自编之誊真稿本也。诗稿分：《击林集》《湖海集》《岫云集》《鸿雪集》《归云集》，计二千三百馀首。文稿分序，传记，书，表状，志铭，题跋，书后，碣，文，说，议，日记，纪行，赋，尺牍，杂著等门，末附高凤举《夷白草》一卷，又《骑竹集补遗诗》《杂文》《别集》，又高曰聪戊午冬《驾幸温泉应制十韵》。近年有铅字排印本《南阜山人集》载诗数百首，皆至精者，惟不及原稿十分之一也。散文与附录中之佳者，全不选入。

兹录未刊稿中诗、文各一首于后，以见山人之才，非尽于行世之铅字本也：

（一）百十四岁老翁歌

我生五十有七岁，江夏老翁加一倍。石城山下访行踪（石城，武康山名也），烧香来自普陀寺。奢愿无乃希作佛，我欲问翁翁何为。翁若无睹亦无闻，喃喃但说前朝事。前朝半过如飞烟，划空留痕何处积。古云一日是两日，无事静坐真不翅。我若准此例相推，亦当一百一十四。譬如大嚼啖全牛，半饱可想无两味。一笑别翁好归去，无事江湖弄诧异。宋卿堂工岁月荒，鸡窠别有小天地。

（二）跳铊子记

南皋山人行于市，有群哄而聚观者。一人高唱立场上，拽长索，缀铁丸于索末曰铊子，唱而舞，尽势旋掣如风轮。俯身下掠，使铊常出足下，而左右作猿猱跳，以巧避之，百跳而不一失，市人称善焉，曰跳铊子。或有窃慕而私效之，辍索绕于胫，匝之数重，不得脱，则伏地而号，更求援手始得解，一市哗然。山人旁睨而三叹之，他日与客游金山，戏说此事于山门下，瞥见江光，恍若有触，而作口号曰："实地寻来不得过，金光满眼是风波。空中楼阁水中影，造化老子也跳铊。"遂相与大笑而别，作《跳铊子记》。

余家藏之《南皋山人诗文集》稿本，每半叶八行，每行二十一字。全稿中有"珠云仙馆""介根""高南皋印""南皋农”“高印凤翰”“西园”“介国东隅人家”“五石瓠”“书城”“穷人工诗却未然”“古介东村”“南村”“凤翰”“左手”等等印记。

（附注：余搜集尚左尚右之材料颇多。他日有暇，当作一论，以实本《晶》。）

原载一九三五年二月十二日《晶报》

# 大哉孔子

当此国府提倡孔教之际，朱元璋之《孔子赞》，可以使之复活矣，兹录于后：

孔子孔子，大哉孔子。孔子以前，未有孔子。孔子以后，更无孔子。孔子孔子，大哉孔子。

上赞见明蒋一葵所编之《尧山堂外纪》卷第五十四，共三十二字，内生字十一，即“孔子大哉以前未有后更无”是也。七、八岁之小孩读之，亦明其意。赞之简易，无过于此者。余曾将其译成西诗，不久（大约本月廿日）可在《英语周刊》中发表。

蒋一葵，字仲舒，晋陵（常州）人，其《尧山堂外纪》计一百卷，所载皆记传中轶闻琐事之僻者。上起黄虞，下迄明代，每代俱以人名标目，既便翻查，又多故实，罕有之书也。清《四库》入子部杂家类存目九，《提要》称其“雅俗并陈，真伪并例，殊乏简汰之功”，似非持平之论。

《外纪》中之故事，大半皆有兴趣者，兹录数则于下，以供本《晶》同志之阅读：

（一）王荆公棋品不甚高，每与人对局，未尝致思，随手疾应，觉其势将败，便敛之，谓人曰："本图适性忘虑，反苦思劳神，不如且已。"因赋诗云："莫将戏事扰真情，且可随缘道我赢，战罢两奁分黑白，一枰何处有亏成。"（卷五十）

（二）钱勰待制尹府日，尝遇诞辰。其僚属尽以乌龟白鹤供献，用表祝寿之意。独杨次公止以老子出关图，并作小诗云："秘藏函谷关中子，将献蓬莱阁上仙。愿得须眉如此老，却教龟鹤羡长年。"钱公大悦。（卷五十四）

（三）李当当，名妓也，翻然有悟，遂着道士服。段天祐赠诗曰："歌舞当年第一流，洗妆今日别青楼。便随南岳夫人去，不为苏州刺史留。璚馆月明萧凤下，绮窗云散镜鸾收。却嫌痴绝浔阳妇，嫁得商人已白头。"（卷七十二）

（四）正德间，有日本国使者经西湖，题诗云："昔年曾见西湖图，不信人间有此湖。今日打从湖上过，画工还欠着工夫。"（卷一百）

《外纪》中类此之故事，难以计数。此书行世已稀，不知何故尚无人翻印也。

余家藏之《外纪》，系明代原刊初印本，白口，单边，半叶八行，行十九字。前有万历乙巳张大光序，万历丙午吴弈序，又一葵自序。收藏有“水竹居书樵曾赏”七字朱文长方印。一葵自号石原居士，“尧山”其读书堂名也。

**原载一九三五年二月十五日《晶报》**

# 《五代史补》

宋陶岳撰《五代史补》五卷，入清《四库》史部杂史类。《提要》云："宋初薛居正等《五代史》成，岳嫌其尚多阙略，因取诸国窃据，累朝创业事迹，编次成书，以补所未及。"又云："此书虽颇近小说，然叙事首尾详具，率得其实；故欧阳修《新五代史》，司马光《通鉴》多采用之。"是称其有助于史学也。岳书行世之至普通者，为汲古阁刊本，半叶十二行，行二十五字。艺林因其传播太广，而轻视之。余家藏者，亦系毛氏本，惟已经名家手校，不可作普通本看待矣。余家藏毛刻《五代史补》共两种：（一）沈廉仲校陈山长旧抄本（简称沈本），（二）李蕙临顾千里手校冯知十家藏本（简称李本）。

廉仲，禾人，其所藏书皆普通本，数年前散出时，余家购得多种。李蕙，系周季贶（饴）之妻，人但知季贶富藏书，而不知其妻能校书也。兹将卷四第四叶"慕容彦超擒盗"条之原文，抄录于后，并将沈李二本之校文，插附于原文之中，以见余家藏校本之善焉：

慕容彦超素有钩距。兖州有盗者，诈作大官从人，跨驴于（李本于“于”字下添一“通”字）衢中。市罗十余匹，价值（沈本云，“价值”各本同；抄本无“价”字，“值”作“直”）既定，引物主诣一宅门（沈本云，“宅门”各本同；抄本“宅”下空一字，司勋校补“入”字），以驴付之曰：“此本宅。使汝且在此，吾为汝（李本‘汝’字下添一‘上’字）白王（李本‘白王’二字，改‘白于主’三字；沈本云，‘白王’各本作‘白主’；抄本亦作‘王’，司勋校改‘主’），本使（李本删‘本使’二字）以请直。”物主许之。既而声迹悄然。物主怒其不出，叩门呼之，则空宅也，于是连叫“贼”。巡司至，疑其诈，兼以（李本“兼以”二字改“遂并其”三字）驴收之（李本“之”字下添一“以”字），诣府。彦超悯之，且曰：“勿忧！吾为汝擒此贼。”乃留物主府中，复戒厩卒高系其驴，通宵不与水草，然后密召亲信者，牵于通衢中放之，且曰：“此盗者之驴耳。自昨日不与水草，其饥渴甚矣，放之必奔归家。但可蹑踪而观之，盗无不获也。”亲信者如其言，随之。其驴果入一小巷；转数曲，忽有（李本“有”字下添一“小”字）儿戏于门侧，视其驴，连呼曰：“驴归，驴归！”盗闻之，欣然出视。遂擒之。

沈本之末，有廉仲手跋二则云：

（一）丙寅上元日，依陈山长所示宋人旧抄本校一过。未见原书，但录异文见示。

（二）五月朔得秀水夏氏所藏旧抄本重校。晁氏云云。原抄有之，而皇朝连书，知非宋抄也。

李本目录后，有朱笔手跋，附录于后：

（一）丁卯正月，外（子）于福州陈氏购得顾涧薲先生手写本一册，盖当时以赠士礼居黄尧圃主事，辗转流入闽中者。外重是名贤手泽，装成册子，属蕙掌之，乃以此册对临，以为副本。抄本与此刻间有不同，而大段以此刻为胜。字句小异，不复赘到。以所传各异，不可以彼相改，反失此刻面目也。此亦常熟派校书源流，当为顾黄诸公所许耳。今人呼官员寓庐曰"公馆"，《五代史补》周高祖擅替留守文有之，又今呼装束马驴等畜曰"鞴"，亦见于"罗邺王戏判"条，知世人俗语，大半起自唐末五代间耳。二事《恒言炉》未采，故附载于此。（中略）五月端三日，会稽女子葆谻李蕙校讫并记于福州余府巷。

（二）端五日，季贶周星诒复勘讫。

李本中有“详符周氏珑瓜堂图书”“寿潜室手校”“季贶”“星诒印信”“李蕙之印”“葆酚”“风嘉”“东林复社后门”等图记。李沈两本之末，均附宋王禹偁之《五代史阙文》，其行格与《五代史补》同。

原载一九三五年二月十七日《晶报》

# 昆山之宝

昆山之宝，余得见之。或问昆山有何宝？猪蹄乎？鸭面乎？用以供于几上作装饰之石乎？曰皆非也。余所指之宝，且已亲见者，系顾亭林（炎武）《天下郡国利病书》之原稿本。

《天下郡国利病书》之行世者，有清嘉庆间之活字本，分一百二十卷。余已见之原稿本，不分卷次，似为未成之书，末卷有黄荛圃（丕烈）及钱竹汀（大昕）两手跋，述此书之源流甚详。封面及书内，均有昆山图书馆藏印。但余见此书之地点，非图书馆，而为昆山银行。出示者为该行经理朱孟豪（毓贤）君。据本地人云，图书馆长，甚重视此书，曾云彼一日生存于世，决不放顾稿离开昆地。若然，昆人真能宝其所宝矣。彼所以提存于银行之库中者，盖因馆中房屋尚欠稳固耳。此稿不轻以示人，余因老友昆山县县长彭君之介，故得一见。

此次余夫妇赴昆，非为顾氏手稿，实为包府老太太八十寿面也。

余上次赴昆山，在“一·二八”之前一年，城中景象，似不及现在之佳。然去岁旱荒，农民叫苦连天，昆地市上店铺之顾客，大半皆为乡人，俗所谓“出钿施主”也。今歉收如此，而天气又如彼，究何故乎？后细细调查，始知有因：县长彭百川君，代人民请求，本届减收成数，故乡民不受痛苦，而手中反觉宽裕也。彭县长最近重修归震川（有光）之墓，添筑方亭、走道等等，可谓有功于文学界矣。

原载一九三五年二月十七日《晶报》

# 兴邦要道

明文宪公宋濂，字景濂，浙江浦江人。明初以聘起，仕至翰林院学士承旨，兼太子赞善卒。正德中，追谥文宪。其生卒可记之事颇多，兹录一则于后，似凡为政者所不可不知也。

上与濂论黄石公三略，且口释之。濂曰："尚书二典三谟，帝王大经大法，靡不毕具，愿留意讲明之。"尝侍上论赏赉。濂曰，得天下以人心为本。苟得人心，帑藏虽竭，亡伤也；人心不固，虽有金帛，将焉用之。上诏丞相李善长归江西，军中掠牛于其民，无牛者官给之，勿取其租。丞相退，上顾问濂曰："适所言事当乎？"濂对曰："民富则君不至独贫，民贫则君不能独富。损利于民，实兴邦之要道也。"

上事见明沈应魁所撰之《皇明名臣言行录新编》卷二第二叶。全书共三十四卷，卷一至卷十为《前集》，卷十一至卷十六为《中集》，卷十八至卷廿六为《后集》，卷二十七至卷卅四为《外集》。余家藏者，系明刊初印本，白口，单黑鱼尾，四周单栏，半叶十行，行二十四字。前有嘉靖癸丑沈应魁自序。应魁字文仲，常熟人，其书应入史部传记类。清《四库》不收亦不存，足证当时馆臣所未见也。

余书系真州吴氏旧物，有“西州”二字藏印，因其行世极稀，可珍宝也。

原载一九三五年二月二十七日《晶报》

# 卖 荒

国家田赋，固有定率，然似非依照岁之丰歉，逐年加减不可。世有贪官酷吏，往往不问秋收如何，强事追索。今读胡益谦先生《卖荒谣》，不觉心酸，下引者为其全文：

三日雨，天为霖；三月雨，天作霪。田有租，吏追呼。田无禾，吏若何？民田投荒落吾手，民田作荒出吾口。荒多荒少任转移，民能送钱吾卖之。蹉哉斯民大半室罄悬，岂知报荒一亩还需三百青铜钱。有钱吏为喜，无钱吏为怒。管汝田俱荒，十分且报五。君不见吏胥注荒回州城，囊中银帛何丰盈。乡村有人掩面哭，荒根作就瓮无粟。（原文如此）

上引《卖荒谣》见《一粟诗草》，著者胡益谦，字少冲，江苏太仓人；后附《啸屏誊稿》一卷，系明朝铨先生所著，朝铨字伯衡。两种合钉一册，总名《胡氏二叶诗存》。刊者胡粹士（端行）君，少冲先生之曾孙，伯衡先生之子也，现任交通大学机械工程学院院长。

《胡氏二叶诗存》前有唐文治序，高燮序，又徐兆玮序；后有胡粹士君跋。唐序称："少冲先生之诗，清炼得宋人法，其苦雨、卖荒诸篇，关心民瘼，有香山乐府遗意。伯衡先生之作，亦真率似剑南。"非虚语也。

原载一九三五年三月四日《晶报》

# 夫妇偕老

夫妇安然度日，到老不变，似为罕有之事。然若彼此各有对待之术，且能忍能让，不事苛求，则“百年和合”亦非绝对不能也。试读下引唐人记述，更可明矣：

> 濠梁人南楚材者，旅游陈颍岁久。颍守慕其仪范，将欲以子妻之。楚材家有妻，以受颍牧之眷深，忽不思义而辄已诺之，遂遣家仆归取琴书等，似无返旧之心也。或谓求道青年，访僧衡岳，不亲名宦，唯务玄虚。其妻薛媛，善书画，妙属文，知楚材不念糟糠之情，别倚丝萝之势（影宋写本“势”作“意”），对镜自图其形，并诗四韵以寄之。楚材得妻真及诗范（影宋写本“范”字下有“甚惭感”三字），遽有隽不疑之让，夫妇遂偕老焉。里语曰：“当时妇弃夫，今日夫离妇，若不逞丹青，空房应独自。”薛媛写真寄夫诗曰：“欲下丹青笔，先拈宝镜端，已惊颜索寞，渐觉鬓凋残。泪眼描将易，愁肠写出难，恐君浑忘却，时展画图看。”

上引故事，见唐范摅所纂之《云溪友议》。《友议》有《龙威秘书》本、《稗海》本及明小字本。《稗海》本十二卷，实不及他本三卷之足也。余家藏者，系明刊小字本，白口，单鱼尾，左右双栏，半叶十行，行十九字，前有范摅自序；刻工有章南言、章右之、章扞三名。此刻即黄荛圃称为“最善”者，卷上共二十二条，卷中亦二十二条，卷下二十一条，各条均以三字标题。前引之一条，其标题为《真诗解》三字。

余藏之明本，有前人据谢氏影宋写本校。又有“广圻审定”“阳城张氏省训堂经籍记”“张敦仁读过”“臣周惕”“红豆书屋”“海宁陈鳣观”“惠印士奇”“文章太守”“读易画梅之室”等印记。

原载一九三五年三月七日《晶报》

# 以物为人

西洋修词学中有所谓拟人法(Personification)者,亦称“活喻”,即以物为人,将死作治之意。例如:赤面玫瑰,水仙姑娘,巨石狂叫,霜来拜访等是也。初学遇之,往往莫明其妙,然细细研究之,颇多兴趣也。吾国有一小说题曰《广谐史》者,专以天地间无知无情者,饰以言动举止,灵觉应变,可谓滑稽之至。兹引卷十末篇《竹凉卿传》以明之;竹凉卿者,扇也:

> 竹凉卿,孤竹君之裔也。先世以术显于夏族,遂遍四方,或从事蜀府,或与新安商贾游。惟凉卿平易近民,人皆爱之。时上南巡,少司夏荐于上曰:“陛下欲风动四方,非凉卿不可。”得上召,见命于诸翰林,分解烦剧,诸翰林皆服其风裁。上大笑曰:“朕以卿辈为翰林,今见竹生,则可无翰林矣”,乃拜为司封郎。诸公竞为歌章,以书其绅。未几,中秋夜宴,凉卿翻然自如,拂衣起曰:“时乎时乎,吾将逝矣。”时上亦南还,竹生遂东归吴会之间,训子孙清白,明年夏征,凉卿亦应召,上谓夏曰:“昨见竹司封,

何惫之甚耶？”夏对曰：“竹生虽老，而形尚矍铄，可以备斯文之用，上虽不用，亦不弃也。夫竹生貌不逾众人，而能随时卷舒，雅好丹青文墨，故名士书寄兴焉。然性颇偏削，遇葛巾服者，与之居；见裘褐者，即引去不纳。故诸公帐底羔羊之宴，弗敢邀也。”

太史公曰：“用之则行，舍之则藏，其竹生之谓乎？以咫尺之躯，而奋扬于天子之庭，良亦奇矣。非夏其谁庸之？故清白之士，非遇馆阁之臣，焉能显耶？若其承先裕后，而声名洋溢乎中国，虽世济其善，又何加焉。”

《广谐史》共十卷，明陈邦俊编，入清《四库》子部小说家类存目二。余家藏者，系明刊初印本，白口，单边，半叶九行，行二十九字，前有万历乙卯李日华序、徐常吉《谐史》旧序、授梓姓氏、校刻姓氏、采集书目、凡例、正讹、目录等等。此书行世极稀，武进董氏在东瀛时曾获见一部。

原载一九三五年三月十一日《晶报》

# 吕不韦

秦吕不韦，著《吕氏春秋》，署于咸阳之城门曰：“有能增损一字者，予千金。”可知其非独有才，且有财也。然世人都轻视之，因其所作所为，全类小人之故。但其所著书，持论不苟，引证正确，可取之处颇多。兹引第二十五卷首《似顺》篇中数语以明之，如后：

> 事多似倒而顺，多似顺而倒。有知顺之为倒，倒之为顺者，则可与言化矣（化，道化），（中略）。荆庄王敬伐陈，使人视之，使者曰：“陈不可伐也”，庄王曰：“何故？”对曰：“城郭高，沟洫深，蓄积多也。”宁国曰：“陈可伐也（宁国，庄王之臣也），夫陈小国也，而蓄积多，赋敛重也，则民怨上矣。城郭高，沟洫深，则民力罢矣。兴兵伐之，陈可取也。”庄王听之，遂取陈焉。

《吕氏春秋》二十六卷，高诱训解，入清《四库》子部杂家类一，行世之本极多。余家藏者，系嘉靖初许宗鲁刊本，即明刊之最早者，白口，左右双栏，半叶十行，行十八字，注双行，字数同，前有高诱序，又目录。收藏有“孙氏思和”“青藜内史”“孙育之印”“七峰道人”“抱公月园学圃主”等图记。许氏刊本，多自造之古体字，如“其”作“亓”“似”作“佀”，皆以说文楷写者也。叶德辉讥其好奇而不知根柢，极合情理。盖篆变为隶，隶变为楷，中间尚隔一墙，决然不能飞渡耳。

原载一九三五年三月三十一日《晶报》

# 《马　上》

马上谁家白面郎，寻花日日马蹄忙。落红踏遍归来晚，笑入春风白玉堂。

上引之诗，题曰《马上》，江春所作也。春号鹤亭，字颖长，清乾隆时人，原籍徽州，侨居扬州。其同祖弟昉，字橙里，号旭东，又号砚农，亦善于诗词，兹录其题《湖上绝句》者一首于后：

小有天园在眼前，渗金楼阁罩苍烟。夕阳欲落犹未落，塔影一枝波底眠。

江春江昉有合刻诗集，题曰《新安二江集》。《二江集》八卷，附二卷，今将各卷名称抄录如后：

（一）《随月读书楼诗集》三卷，江春撰

（二）《晴绮轩诗集》一卷，江昉撰

（三）《晴绮轩集词》一卷，江昉撰

（四）《练溪渔唱》二卷，江昉撰

（五）《集山中白云词句》一卷，江昉撰

（六）《玉华诗抄》一卷，江振鹭撰

（七）《文锋遗稿》一卷，江振先撰

《二江集》世不多见，余家藏者，系嘉庆九年精刊桃花纸初印本，白口，单鱼尾，左右双边，半叶十行，行十八字，前有吴锡麒序，又阮元撰《江鹤亭橙里二公合传》。

原载一九三五年四月一日《晶报》

# “书”类之书

余家藏书，以“书”类为最少，然此实古代用以导政事者，不可不多读也，他日遇有余力时，当逐渐添备。兹先将现存者及前岁遭劫者，共列一目如后：

（一）《书经集注》一卷，明刊九行十七字本，白口，下题“湖广刊行“四字。

（二）《书经集注》七卷，明初活字本，上白口，下黑口，双鱼尾，均下向，九行二十字。

（三）《书集传》六卷，明刊本，八行十四字，小双行，不顶格，十七字，大黑口，双鱼尾。

（四）《禹贡论》二卷，《后论》一卷，明红丝栏抄本，十二行，二十二字。

（五）《尚书古文疏证》八卷，附《朱子古文书疑》，清乾隆间大成斋刊本，十一行二十字。

除上列五种外，余家尚有英译本数种，又（甲）金刻《尚书注疏》卷二十第六叶，及（乙）宋刻《刻书集传》卷四第四十二叶。金刻残叶，白口，双鱼尾，左右双栏，半叶十三行，行大廿六或甘八字不等，小字十五字。宋刻残叶，白口，双鱼尾，左右双栏，半叶八行，行十五字。第一种即《书经集注》，有莫楚生（棠）手跋，转录如下：

去岁在京师，得正统刊大字本，有阙卷，以赠友人。顷在太仓购此，逊正统本甚远，盖明代官刻耳。若改六卷为十卷，《集传》为《集注》，则孙渊如所藏元代坊本已然，是本又祖之也。己丑二月初九日。

范目有明刊数部，亦曰《集注》，有作八卷者，皆非此也。

原载一九三五年四月六日《晶报》

# 劝善之书

劝善之书，余家藏者，有元刊《太上感应篇》卷三首叶，白口，双鱼尾，左右双栏，二十四行，二十二字。此外又有此书之英译本，及友人郭辅庭君之大精刻精印本也。

《太上感应篇》入清《四库》子部道家类，正书也，非闲书也。余家尚有笔记体小说一种，题曰《吉祥花》，全书六卷，博陵邵纪棠辑评，佛山利文堂（同治十年）刻本，专言粤省获福之事，亦劝人为善之书也，此书世不多见，兹录一则于后，以见本书之文字及其用意焉：

## 禁妇轻生

明离照，南海九江堡人，道光元年举人也。堡内风俗，新嫁妇归宁母家，贪图安逸，以夫家为畏途，恒不愿返。遇岁时佳节，迫令要返夫家，则顿足悲啼，迟迟行道。竟有归家后一二日而自尽者，有归家之夕而即自尽者，有中途服毒，仅入门而已自尽者。母家闻之，即纠率多人，登门撒赖，而夫家不胜其苦矣。

相习成风，恬不为怪。其时堡内，众推公为乡先生，理一堡事。公目击妇女之死，日引月长，终无底止，遂忿然作色曰：“王化起于闺门，出嫁从夫，理之正也，而以撒泼败之，妇道无成矣，此风不可长。”遂禀官存案，另新立乡例，自后遇此等妇女横死，不准外家来扰，不得用棺收殓，许以席包葬之。此例一行，妇女闻之，以为贱辱，而不愿死矣。一堡称快，莫不颂公之明德也。公所生子之纲，寄籍广西苍梧，道光己亥科中式，咸丰壬子登进士；孙缵道，中同治丁卯科广西举人。

原载一九三五年四月九日《晶报》

# 展会之书

上海预展会中之珍本古书三十种，皆北平图书馆所有，传世极稀者也。内三分之一，即十种，余家有同样者，兹特开列其名于后，以便此种古本在出洋期内，有书癖之友人，可来余家参考也：

（一）《通鉴总类》残本，白口，单鱼尾，左右双栏，半叶十一行，行二十三字。（展目第六号）

（二）《大明一统志》九十卷，大黑口，四周双栏，半叶十行，行二十二字；小字双行，字数同。秀水王氏旧藏。（展目第十号）

（三）《秦汉印统》，明刊红印本。（展目第十二号）

（四）《林冲宝剑记》二卷五十二出，中麓放客撰。明嘉靖刊本，大黑口，白鱼尾，半叶一行，行二十字。北平藏者系万历间陈氏改本，且为摹写者。据云，余家藏者，系海内外孤本。（展目第二十号）

（五）《状元图考》三卷，附《三元喜宴诗》二卷。明刻初印本，泾上吴氏旧藏。（展目第廿二号）

（六）《西厢记》。余家有《西厢》六种：朱墨初印本《西

厢记》五本，陈继儒评《西厢记》及李批《西厢记》等。（展目第二十三号）

（七）《吴骚合编》四卷，明刊初印本，半叶九行，行二十字。全书有图四十四面。（展目第念四号）

（八）《丹青记》二卷五十五出，明刊早印本，半叶九行，行二十四字，图四十二面。（展目第二十五号）

（九）《皇清职贡图》八卷，原刊早印本。（展目第二十八号）

（十）《天问图》等三卷，原刻精印本。（展目第二十号）

**原载一九三五年四月二十九日《晶报》**

# 不足奇

大老先生鉴：书之奇者，不固版古，必因稀见也。稀见而世尚有“存”者，亦不受人重视，如日前晤见时谈及之清代刊本毛宗岗、杭永年评《三国演义》六十卷一百廿回是也。

《三国演义》或存本国，或藏海外，已发现者，多至二十馀种。除签翁批阅本，文字稍有改动外，馀皆“千篇一律”，吾人决无暇为之考注或校勘也。签翁本现藏北平孔德图书馆及法国巴黎图书馆。

弟九一三启

原载一九三五年六月六日《晶报》

# 《韦苏州集》

叶德辉《郎园读书志》卷七载《韦苏州集》十卷，称为北宋胶泥活字印本，其题跋约四百字，已见该志第十七、十八两叶，不必重录于此。惟原书中尚有一跋，为郎志所无，兹特照抄如后，以供同志之研究：

是书为县人袁漱六太守芳瑛卧雪庐旧藏。书面太守手书“韦苏州集五本（今衬钉十本），北宋胶泥活字本”十三字，序首半叶钤“虞山钱遵王”“季沧苇”“扬州马氏丛书楼”诸家藏书印记，太守则钤“卧雪庐”印记一方。唐寅见之太守嗣君瑜生观察笥中，越二年为其家中人窃出觅售，遂将首半叶割去，以掩其迹，展转落书估手，而归余插架。卷中尚存“菉斐轩藏书印”六字白文长方印一。按《厉鹗樊榭山房诗集》《论词绝句》注载宋绍兴二年《菉斐轩刻词林韵释》一卷，阮文达《揅经室外集·进呈提要》，又以为出于南宋。予以北、南宋人诗集词集韵考之，实非宋人所用之韵，疑其书出于元明间书林之所为。

以此书印记验之，更可证也。此种活字本，明锡山华氏会通馆亦有之，以锡作字，形体相似，然字体略长，又极草率，纸墨粗恶，格栏亦肥，以此较之，迥然不类，则此又可为考证古书之一助矣。除夕再识。

叶氏生前已将《韦集》抵押于钱某某君处，当时有信一件、据一纸，兹影印如上。（编按：本书略去。）

叶氏书为余前岁所得，半叶九行，行十七字，小黑口，左右双栏；前有王钦臣序。收藏有“德辉”“焕彬”“丽楼珍藏”“黄云木山人”“誉斯图书”“菉斐轩藏书记”等图记。

原载一九三五年六月十一日《晶报》

# 游太湖

游记之言太湖者最少，据余所知，惟《循沧集》一书。《循沧集》二卷，明吴郡姚希孟撰，清《四库》存而不收，因《游广陵记》于全篇散文之中，忽作俪偶一联云："洞天深处，别开翡翠之巢。笑语微闻，更掣鸳鸯之锁。"文格不纯粹也。但书中佳句亦多，兹举二例如后：

（一）山以树为衣。山无树，犹丽姝不得罗襦绣带。而娇语綦缟，能发其惊鸿游龙之态否耶。（《山中嘉树记》）

（二）夫山何物而堪着"假"之一字哉！俗子不知，有园亭必有假山，真可喷饭也。（《游京口诸山记》）

著作者姚希孟，字孟长，明万历进士，官至詹事府詹事，明史有传。《循沧集》卷上十三篇，皆收太湖洞庭所作；卷下十五篇，则生平所作南北游记在焉，末附《王文恪洞庭游记跋》及《鹿门鸿宝册跋》两篇。首卷首篇开首云："泽国之民习水，诞语也。吴以震泽为汤沐，乃童发鲵齿而不识太湖者，十居八九矣。士骛名，细民逐锥刀，北走江河，南浮海，何独怖太湖？盖道险者，所怖不胜其所饕，甘以性命博。而森茫巨区，仅有青岚翠巘隐约迎宾，谢弗任也。”非独文字美丽，且理由亦甚充足也。

余家藏之《循沧集》系昆山潘道根素纸手抄本，每半叶十行，行二十二字。道根字确潜，清道光间人。

**原载一九三五年六月十八日《晶报》**

# 鱼　儿

《临川集》卷三十四，有题《鱼儿》诗一首云："绕岸车鸣水欲干，鱼儿相逐尚称欢。无人挈入沧江去，汝死那知世界宽。"语虽稍苛，然实近理也。

《临川集》（一名《荆公文集》）一百卷，宋王安石撰。余家藏者，有宋明两种刊本。宋刊黑口，单鱼尾，左右双栏，半叶十二行，行二十字，存一至二十七卷；明刊或黑口或白口，随卷不同，四周双栏，半叶十一行，行二十二字，前有嘉靖丙午章衮序，后有同岁陈九思后序，及应云鸾识语。

王安石，字介甫，少好读书，工为文，神宗时为相，兴青苗、水利、均输、保甲、免役、市易、保马、方田诸法，行之无效，罢为节度使。元丰中复拜左仆射，封荆国公。哲宗立，加司空，卒谥文。安石行事，不合潮流，为当时及后来之保守家所轻视，不知改革即进步，治家治国，均不可缺也。然其文章，拗折峭深，世都以大家目之。兹再引散文一节，以见其志，并以见其辞也。引文如下：

> 古今人以是为礼，而吾今必由之，是未必合于古

之礼也。古之人以是为义，而吾今必由之，是未必合于古之义也。夫天下之事，其为变岂一乎哉！固有迹同而实异者矣。今之人諰諰然求合于其迹，而不知权时之变。是则所同者古人之迹，而所异者其实也。事同于古人之迹，而异于其实，则其为天下之害莫大矣。此圣人之所以贵乎权时之变者也。

上引诸语，见六十七卷《非礼之礼》篇。据最近传说，《临川集》将为县长训练班之文学教本，未知确否。若然，则“商务”之洋装小字铅印本，销行必广矣。

余家藏之明嘉靖本《临川集》，有“何巨父印”“莫棠之印”“楚生”“独山莫氏铜井文房之印”等收藏图记。卷首护叶有莫楚生手跋，附录于后：

此本为周太守星饴所藏，转入苏州蒋氏，予盖得之蒋。蒋之书富而多善本，皆太守卅年之所聚，而以偿负于蒋氏者也。太守字季贶，绍兴人，籍祥符。兄弟均有名，而太守独多识前言往行，善为诗，晚居吴下。予买此书及他种，并以相示，为之抚卷感慨云。唐子三月，棠记于铜井。

原载一九三五年六月二十日《晶报》

# 种 竹

人种竹喜密，我种竹喜疏。非谓地硗瘠，竹性本清虚。但得疏中趣，欣然惬所于。君子性孤孑，高风忽起予。

上引者，潘道根诗也。道根字确潜，清道光间昆山人也。生平逢书必抄，且加句读，其自著诗文亦不少。据云，《昆青合志》中有其名，惜手头无书，不能一查。前引之《种竹》诗，见其所著之《娱拙斋诗稿》中。《娱拙斋诗稿》似无刻本，余家藏者，系道根随作随写之手稿，共存五十馀叶，半叶九行，行约二十字，前有道光中沈亮、倪葛贤、俞邦鼎等题诗，无特异之句，故不誊写于此。稿中尚有《咏兰》六言两首，甚美，照录如下：

修竹疏疏落落，孤梅踽踽凉凉。天之生是使独，空谷无人自芳。

一月看花容易，一年培养艰难。庭阶亦有佳种，莫植萧间艾间。

原载一九三五年六月二十三日《晶报》

# 一字千金

吾家所藏元刊中，以《闲居丛稿》为最精，因纸印皆佳也。纸薄而韧，中有麻丝花纹，据云明洪武三年后，即无此物。印则清楚异常，如卷十二《乐府》末一首之第二字。《彊村丛书》中缺文，余本中则有一明晰之“居”字。据此已足见余本之为元刊元印矣。

《闲居丛稿》二十六卷，元蒲道源撰，蒲机类编，薛懿校正，入清《四库》集部别集类二十，《提要》称其文“雍容不迫，浅显不支”，正论也。道源，字得之，号顺斋。

余家藏之元本《闲居丛稿》，每半叶九行，每行十四字，白口，上下鱼尾均下向，左右双栏，前有元至正十年黄溍序，后有哀辞及墓志文。收藏有“张隽之印”一印。目录首叶有隽手跋云：“丙申十一月，得之钱生，云周恭肃公家藏旧物。”周恭肃，即周用，明吴江人，字行之，弘治进士，仕至吏部尚书，端亮有节概，卒谥恭肃。

原载一九三五年七月七日《晶报》

# 《昭阳趣史》

《昭阳趣史》，奇秘之小说也，清丁日昌禁书目中有之。全书似本《飞燕外传》（《汉魏丛书》）及《飞义遗书）（《龙威秘书》）而作，其中妙言妙事甚多，兹先引数语如下：

> 飞燕对射鸟儿道：“我思乾具，究属何样？”射鸟儿道：“形方。”飞燕道：“咦，我不信。若是，以矩纳规，何以无凿柄不入之概呢？”合德道：“一观究竟即知耳。”

上文中之射鸟儿系飞燕、合德最初之情人。飞燕与合德，双生姐妹，亦私生女也。母为赵夫人，即赵曼之妻，父为冯万金，在赵府承应者。飞燕系燕精紫衣道人化身，合德系九尾雌孤悟真王化身，二人由万金抚养成人。万金死，冯氏家败，流转至长安，为咸阳侯赵临义女，学歌舞，极精，成帝悦之，召入宫，为婕伃，顾其妹昭仪（即合德），日事蛊惑，致帝暴崩。飞燕为后后，仍与射鸟儿往来，非独此也，宫中尚有面首十馀人。下引之事，可以见其荒淫过度矣：

次日吩附宫女整酒在百尺台上，飞燕携了射鸟儿的手，带了少年十六人，宫娥三十馀人，同到台上。射鸟儿道："如今却要怎生行乐？"飞燕道："把少年十六人，分为四队，列在东西南北，都裸之，把一面小鼓，系于腰下，你居中队，号为阳迷大王，……"（以下文字太粗，不便写出）

孙子书书目中有《昭阳趣史》六卷，称"玩花斋"本，日本今关天彭氏藏，不言行格，不言有图，想系通常梓本也。余家藏者，系白口本，黑单鱼尾，四周单栏，半叶九行，行廿字，眉上有评，全书分上下两卷，有芙蓉主人序，每卷前有目录一叶，图十一叶，图目一叶，图末叶有"辛酉岁孟秋写于有况居"十字。辛酉疑是明万历十八年也。

原载一九三五年八月十九日《晶报》

# 至善之本

《痴婆子传》，一名《痴妇说情传》，据孙子书《中国通俗小说书目》有日本刊本，惟不载行格，未知与余所见之木刻本相同否。余所见之《痴传》极多，大半皆为手写，其中虽各有优点，然终不及木刻之佳也。

余所见之木刻本，系沪上某公所藏。白口，无鱼尾，单栏，每半叶七行，行十五字；高约市尺五寸，广约市尺三寸；行间有圈点及评语。全书分两卷，每卷前有目录一叶，卷首有序。此书字大悦目，有若“宋椠”，首卷缺数叶，仍可宝贵也。某公所藏，尚有铅字排印本及手写本多种。余翻译此书时，全数借得，作为参考之用，不久当可归还矣。

复次，木刻、铅印及手写诸本之优点，已请家兄校于一自藏之大字写本上，他日财力丰足时，当雇人重写、影印行世也。

余译毕此书后，有至友问曰：“全书最妙之语为何？”余曰：“‘是也’二字也。”阿娜（痴婆之闺名）未嫁而学养子，其对手方为表弟慧敏，亦全无阅历者，末曰：“是也。”此”是也”二字，可以天才称之。天才者，即不教而能之才，亦忍心实验之精神也。世界一切大发明，如飞机，如无线电，均难逃此“是也”二字。

原载一九三六年八月十九日《晶报》

# 《续离骚》

长乐郑振铎君，影印清人杂剧初、二两集，各四十种。初集于民国二十年发行，现已绝版矣；二集于民国廿三年出版，想尚有出售者。初集中有《续离骚》一种，郑君向日本长泽规矩也借得，因当时国内无藏之者也。一星期前，余在杭城收获一种，版刻与郑君所影印者，完全相同，惟多一序，倘郑本为孤，则此序更可贵可宝矣。兹抄录原序于后，以供研究清剧者之参考：

天高地迥，无处可寄愁理忧。古往今来，何日能焚书废笔。吊沉湘之屈子，只宜饮酒读骚；念顾曲之周郎，亦可逢场作戏。兹续《离骚》一集者，歌同郢里，哭比长沙。笑固似稷下滑稽，骂亦类渔阳悲壮。濡毫遣兴，何殊七泽之行吟；感事鸣忧，奚啻三闾之独醒。无语不入情，真使人笑啼俱至；有言皆寓意，顿令我块磊能消。斯可谓历忧患两盱衡千古，因发愤而游戏三昧者也。噫，在狱才子，再传四声之猿；搦管文人，已窥一斑之豹。所当亟悬国门，广布海内；

庶知有江左新音，何必非楚词别调。在作者不妨托诸意中，在读者尤当索之言外云尔。竹崖樵叟谨识。

《续离骚》作者嵇永仁，字留山，别号抱犊山农，锡山人，在闽时与会稽王幼誉、云间沈天成，同殉范忠贞公之难。据王龙光《次和泪谱》，永仁著作，皆寄友人收藏之。友之者，三山林能任也。郑君跋中所谓“狱中（略）无从得纸笔，则以炭屑书于纸背，或四壁皆满。乱平后，闽人录而传之”者，故事而非历史也。

余在杭又收得民国五年石印大字本《黛玉葬花曲本》（孚戡道人编），附梅兰芳像五面，新货中之“古董”，较《续离骚》更可宝贵。

原载一九三六年十月四日《晶报》

# 《武康县志》

清代武康县志有两本：（一）康熙本，冯圣泽修；（二）乾隆本，刘守成辑。前者半叶九行，行二十字；后者半叶十行，行十二字。两者皆白口，单鱼尾，左右双栏，皆分八卷，皆不易遇见之品也。

乾隆本余于六年前在申购得，前有乾隆十二年刘守成序、高植序、邵伯后序、四十四年李培植序，及原序六篇。收藏有“王氏藏书同光间修鄞慈两志曾经借出，臣泰享印”“瑀庵”“万绿轩王藏书”诸印。李序后有杨泰享手跋云：

光绪六年春，重修慈溪志，曾借观。

闻此志南洋中学及北平图书馆均有之。

康熙本余于本月在杭购得，有康熙十一年冯圣泽序、张复旦附跋、骆维恭后序及旧序三篇。书系初印，不蛀破亦不缺叶，真至宝也。

武康县距湖州府一百十里，广七十九里，袤四十五里。目下中西人士往游之莫干山。古县之西北二十七里，旧传吴王铸剑之地，剑名莫邪、干将，故名。明举人唐铿有《莫干剑池》诗云：

欧冶勾吴地，清池旧日闻。辟鹈三尺雪，菡萏一炉云。岭峻山疑近，山荒路不分。尚余金铁气，千古碧氤氲。

武康多山，古时因之而多虎，兹引志中一故事，以见有卓行者，不畏虎而虎亦不敢害之也。故事如下：

朱泰家贫，鬻薪养母，尝适数十里外，易甘旨以进，戒妻子，尝候母颜色。一日鸡初鸣入山，为虎所攫，负之而去，泰已瞑眩。忽少醒，厉声曰：“虎为暴，食我，恨母无托尔。”虎忽弃泰于地，走不顾，如人疾驱状。泰匍匐而归，母持以泣，泰亦强举动，不逾月如故。乡里闻其孝，咸以金帛遗之，目为虎残。（见卷七第十叶）

原载一九三六年十二月二十日《晶报》

# 胡彦远日记

昨日在中国书店得见一手写稿本，极精，即故胡彦远之《癸未日记》也。彦远，明钱塘人。癸未即崇桢十六年，亦即彦远二十八岁。彦远善书能文，又通易理，其生卒事实，因手头无相当之书籍，不能翻查。惟观此一年之日记，知其为名士也。家贫，常断食，惟好斗纸牌，又好弈好饮，常常病酒，而仍日日大醉，岂不自知珍摄乎？盖因世乱，觉人生无佳味，欲以杯中黄汤，淹没其忧思耳。十一月十六日日记中云：

> 辰馀，陆元见来言，其友自江右归者云："献贼已破袁州矣，南昌又在围。果尔，浙中亦蚕（食）之区矣，奈何？"

可知彦远实关心时事者，非日常易见之酒徒也。

彦远非独好酒，且好游戏。试观下录之事即知：

> （一）夜饮醉，因摸盲，此儿童之戏，予廿八

岁始为之，可笑。

（二）夜月，戏作女妆，过老刘，几不能辨，可笑也。

（三）薄暮与纬苍弄月渚间，因过孝直饮，遂大醉。醉中弄舟还，两堕水中，皆没发而起。

日记中有钟姑者，想是当时之□□，初见彦远，即请赐字，可见其文名之大。记云：

初见钟姑，请字，以眉楚字之。其姐为眉令，眉从同也，楚其德，则翘楚也，其志则楚楚也。

上引之字句，皆余在中国书店时，强记而得。余意本欲购此《日记》，后因家中赁屋太小，藏书已多，未曾带回。闻今日已有好古者以重价易去，未知然否。此一年日记，全体楷书，文又古雅，实有收藏之价值。余知其美质而仍抛弃之，深可笑也。

原载一九三七年三月二十三日《晶报》

# 上　品

三日前余又得一上品古籍，题曰《来凤馆精选古今传奇》，汇辑者自称邀月主人，其真姓氏无从查考。全书计四集，每集分上下两卷，每卷有精绘精刻之图八面。兹将各图开列一目如下：

（一）一集上（忠考集）；浣纱记，遽环记，牧羊记，金印记。

（二）一集下（忠考集）；琵琶记，荆钗记，精忠记，妆盒记。

（三）二集上（风怀集）；西厢记，幽闺记，明珠记，玉簪记。

（四）二集下（风怀集）；望湖亭、牡丹亭，绿牡丹，燕子笺。

（五）三集上（情侠集）；红拂记，红梨记，百宝箱，占花魁。

（六）三集下（青楼集）；绣襦记，焚香记，水浒记，南楼梦。

（七）四集上（弦索调）；千金记，连环记，北唐僧，北西厢。

（八）四集下（弦索调）；金滕记，宝剑记，红梅记，鸣凤记。

全书每半叶分上下两截，下截剧本。上截（一集上）《古今诗话》，（一集下）《古今词话》，（二集上、下）《古今曲藻》；（三集上、下）《古今小说》；（四集上、下）《挂枝儿》。上截每半叶十二行十二字，下截每半叶八行十八字，小字双行。首有丁亥新秋节来凤馆主人序，丁亥想是万历十五年（一五八七）。序文计大字七叶。兹录其主要之语如下：

> （上略）夫情有邪有正，忠臣孝子，发乎至性，情之正也；钻穴逾墙，始乎淫荡，情之邪也。故古传奇皆正，今传奇皆邪也。邪正纷杂而浩瀚，故予于诸刻中，摘其久悬人之齿牙，以及辞佳而白趣，情节真，关目巧者，汇而成帙，列为四集，首忠孝而次风怀。凡世之怀仁辅义，致君泽民者，视一集；名花当窗，娟月窥户，赋车门而咏同车时，阅二集；轻裘肥马，醉花眠柳时，三集可观；拨铜琵琶，执铁绰板，唱大江东去者，四集可式。至如诗话小说诸种，出自野史稗官，尤愧罗一逸万，是皆最娱悦时人之耳目者。（下略）

此书未见诸家藏书目录，未知人间尚有类似之第二本否？

原载一九三七年五月八日《晶报》

# 人亦虫也

近在中国书店购得稿本《雕虫集》一册，其第一叶有黄之隽、朱霞、陈崿、陆昆曾题序。四人皆大上海籍。黄序开始云："虫与人并生，人亦虫也，虫亦人也。"语法极妙，故引之为题。

《雕虫集》作者徐今吾，想是咸道以前人，手头无志书，无法查其事实。书用素纸写成，全体王字，美丽之至。朱笔圈点音注，系一人所为，亦极整齐。

全书计五言诗一百首，原著人云："丁未长夏，风雨杜门，有触于庄子虫天之说，随举一虫，即赋一诗，前后得五言百首，本无伦次，集成以'雕虫'名之，明乎其技甚小，壮夫不为也。"丁未当是嘉庆五十二年（一七八七）或雍正五年（一七二七）。兹引虫诗三首，以见作者之文字：

（一）灯蛾

欲附熏灼势，遑计后有灾。白日不曾至，昏暮突如来。私室分余光，自诩非庸才。瞥眼成灰烬，何由返蒿莱。

（二）蚤

躁急本性成，饕餮靡有极。其细亦已甚，处此实相逼。膏血恣所求，竟似难当贼。一朝落人手，跳脱不可得。

（三）甲头生

同为造化生，何独不自爱。望尘辄叩头，非止一而再。劳惫固所甘，耻辱且能耐。未知仆仆余，可亦萌愧悔。

此书系张存诚旧藏之物，每半叶八行，每行二十字。余拟在七月初举行之上海文献展览会中陈列之。

原载一九三七年五月三十日《晶报》

# 《十尾龟》

清浦陆士谔先生，著有《十尾龟》一书，出版于清宣统三年，由新新小说社发行，共计四集，分四十回，内述当时上海之风俗人情，及富商、名妓、流氓、赌棍、姨太太、小白脸等等之秘史甚详，文笔亦极畅达。近来翻印本中，绝无此书，不知何故。余偶有原本，于数日前重阅一遍，得富于兴味之故事不少。三编二十九回中，大谈赌博，有种种专门名词，今日不知通行否？兹将名称及解释抄录于后，因他书所无也：

叶子（牌），统叶子（带牌进来），急统（骰子挖空，中心全嵌铁屑或水银者），急头（骰子挖空一角或小半，暗嵌铁屑或水银者），空子、老空、老大、阿大、老贵、阿贵（好户头赌客），干血痨（没有钱的赌客），梢板、血路（洋钱）、尺寸丈（十元为寸，百元为尺，千元为丈），劈帐（拆份头），宕头（份头）、提客帐（拆份头与知风不在场之人），进门槛（晓得赌经的人），失风（动手时偶然输钱），搭台、扎场面（同道等候空子未来，先开场消遣），扮搭客（空子不多，道中人凑数陪赌），揩油、吃油饼（同道赢钱之后，不肯全数摊派，私行干没），上盘（做上风）、下盘（做下风），呕吧（赢进的钱重行拿出，还给老空），天打（临场失败）。

原载一九三八年一月二十二日《晶报》

# 唐乌龟，清邋遢

多尔衮既入关，破大明后，攒号一统，自称摄政王，推帝位于其侄福临，出入宫禁，侈意淫放，与嫂侄居处，如家人父子然。福临本藐小无所知，而皇太后且年少，独居寡欢，以为彼功多，并让帝位而不居，非以身报之，将曷足以极其功？以故遂通焉。一时朝野为之语曰："汉经学，晋清谈，唐乌龟，宋鼻涕，清邋遢。"

上事节录三十年前出版之一奇籍，题曰《清秘史》者。《秘史》著者自号"有妫血胤"，据光汉子序，知其陈姓，但不知何名。

《秘史》分上下两卷。上卷载满州世系图、世系表、中国旧族不服满人表、职官异名表；下卷则载"奇闻轶事"，计三十二则。附录中之《吴三桂借兵始末记》《吴三桂歼明之原因》《永历皇帝遗吴三桂书》及《吴三桂反正之檄文》四篇，皆有用之史料也。

书系铅字排印本，每半行十二行，每行三十字。前有光汉子序，又弃疾子序。印刷者，陆沈书社，出版于黄帝纪元四千三百九十五年。查黄帝纪元在西历前二千六百九十七年。四三九五年减去二六九七年，则得一六九八年，应为《秘史》出版之岁，但事属不可能（相差三百年），未知另有计算法否。

《秘书》中之奇文轶事，皆极可笑，兹择最简短二则，抄录于后：

（一）皇太极有一幼女，玄晔留之宫中，不为遣嫁，其臣下请之，玄晔曰："曷言乎嫁，朕已纳为妃媵矣。"其臣曰："不可，宫主于汗为父辈行，汗不能娶同姓之姑为妃。"玄晔曰："不然，同姓不婚，谓母与姐妹，及己所生之子女也。若诸姑者，既非我母，又非我女，抑更非我同生之姐妹，纳之亦何伤？"其臣力谏，终不听（下略）。（见二十五页）

（二）北京内城番莱馆，每客至，侍者辄捧写真片数十百页至前，大抵皆旗下人之卖娼者也。或欲呼令侑酒者，可任意检择若干片，俾侍者持往，旗娼即应召而至。馆中并设有密室，各具衾裯，尽任客所欲为。有老于其事者，亦可随行以宿其家。（见四十五页）

《清秘史》已绝版。公私藏家，罕有其书，甚可珍也。

原载一九三八年一月三十日《晶报》

# 《小说闲评》

寅半生所著之《小说闲评》，从清光绪三十二年（丙午，即公历一九〇六年）夏季起，按期在《游戏世界》出版。余家藏卷一、卷二两卷（共五十五叶），不知是否全书，无从查考，因图书馆中及友人家中，罕有此书之故。

《小说闲评》首两卷中，共载小说六十六种，大半皆翻译之本，如《车中美人》《案中案》《赛牡丹》《卖国奴》等是也。其创作诸书，除两三种外，目下市上已不多见。但颇有保存之价值，今开列其名如后：

（一）《狮子血》，保定何迥撰（雅大书社）

（二）《狡童》，仁和顽石著（科学会社）

（三）《邹谈一噱》，菰城秘院抄胥裒辑

（四）《忍不住》，安徽沈友莲著（文明书局）

（五）《海天啸传奇》（小说林社）

（六）《禽海石》，符霖著（群学社）

（七）《洗耻》，厌世者著，冷情女史述（湖南苦学社）

（八）《女学化》（弹词），仁和浦散人著（广益书局）

（九）《学生现形记》《当头棒》《斯文变相》《苏州

新年》，以上四种，均遁庐著（乐群小说社）

（十）《恨海》，南海吴趼人著（广智书局）

（十一）《刺客谈》《新中国之废物》，（新世界小说社）

（十二）《埋香记》，伯熙陈荣广著（小说林社）

（十三）《天足引》，武林程宗启佑甫演说（新世界小说社）

第三种，即《邹谈一噱》，共二十四回，借《孟子》中事实，参以当时之所谓新学，真“创举”也。其回目之裁对新颖，为自古以来所少有。兹录二、三例如后：

> （一）借好游勾践出重洋，因悦道陈良通四译。
>
> （二）定馆餐乐正吃番菜，辨朝服曹交改洋装。
>
> （三）通古今庄暴出开音乐会，钧大小公都来阅体操场。

《游戏世界》用木版刻成，用连史纸印行，半叶九行，行二十二字，主编者寅半生也。《闲评》之前有寅半生自序，兹录其主要之语如下：

> 十年前之世界，为八股世界，近则忽变为小说世界。盖昔之肆力于八股者，今则斗心角智，无不以小说家自命。（中略）顾小说若是其盛，而求一

良小说，足与前小说媲类者卒鲜。何则？昔之为小说者，抱才不遇，无所表现，借小说以自娱。息心静气，穷十年或数十年之力，以成一巨册。（中略）今则不然，朝脱稿而夕印行。（中略）鄙人素好小说，于近时新出诸书，所见已不下百馀种。（中略）因决意嗣后凡阅一书，必撮其纲领，记其崖略。兴之所到，或间以已意，评隙是非，随见随书，不分体类。汇为一编，颜曰《小说闲评》。（下略）

原载一九三八年二月二十日《晶报》

# 《十年梦》

《十年梦》者，三十年前出版之一言情小说也，取杜诗“十年一觉扬州梦”之意。著者平垞，其真姓氏不详。全书分两卷十二回，述白荷仙小姐与柳谪君秀才之爱情及其痛苦。

白小姐居扬州牛鸣镇，父名意正，典商也。母翟氏，兄耆年，弟彭年，妹小荷。荷仙小姐，貌美，通文墨，兼善烹饪女红。柳谪君秀才，名固言，博通经史，善谈论，品行面貌均佳。一日，白小姐遇见柳秀才于翟密察之家。密察，白小姐之舅父也。柳与白亦有亲戚关系。柳白遇见后，彼此爱慕，而皆无法表现。同时，荷仙之父与其友人富子钧在扬州玩娼，遇见另一嫖客，姓王名木者，孝廉也。王有子名莫固，与荷仙同岁，由富说合定亲，以白玉牌为聘礼。荷仙闻知，一时昏去。谪君亦决意不娶，后经亲友劝解，父母作主，始娶祁氏为妻。

王木因犯事而急死，意正往吊，留宿其家。夜半，木之妻陈氏来谈，并出淫画《十姨图》相示，骚形怪状，丑不可言。意正正色谓之曰：“亲家太太不可自轻。亲家是才去世的，便是亲家太太名誉也要紧，快出去罢。”陈氏又好赌，常常数日不归。其子莫固桀骜不驯，父死后，母不能管束，即结交恶少，溺情娼妓。荷仙所以嫁之者，不敢违约，且希望用苦肉计劝之改善也。不料莫固一味蛮横，初则大骂大打，后竟弃母撇妻，与烟妓遁去。荷仙气死，谪君北北。

《十年梦》，余得之冷摊，价银四角，可谓贵矣。书系四号字铅印本初版，半叶十三行，行三十三字，出版于清宣统元年三月。注释者唐绎如，印刷者毛上珍。卷首卷末有“慰霖”与“公伟”两图记。旧藏人亦是珍视书籍者。

原载一九三八年二月二十三日《晶报》

# 妇女百面

余近在冷摊上购获《妇女之百面观》四卷，著作者云石，发行者文艺编译社，出版于民国六年九月。全书分四十章，或言妇女之性情，或言妇女之学艺，或言贞女节妇，或言荡妇淫女……形形色色，包含极广。卷首有彩色照相图七叶，其苏佩秋、刘喜奎、天胜娘等像，尤多价值。

此书之旧藏者，每喜于正文之上加附批评，例如卷一《绪论》中正文“须知粉红黛绿，无非带肉骷髅。欲海爱河，尽是戕身刀斧。”数句之上，批云：“看得破，尚且忍不过，况看不破者乎？”旧藏人无印记，故姓氏不详。

旧藏人曾仔细阅读此书，如卷三第二十一章《肉体上妇女观》中，原著人未曾提及“妇女之肩”，彼加入一条云：“妇女之肩为全体骨骼之要物，以宽狭适中，不上耸，不下斜为佳。”

批评之最妙者，莫如卷四第三十九章“丧夫之妇”条上数语云：“有夫之妇宜贞。无夫之妇，不必有节。夫已死矣，守节何为哉？”又同卷末章“妓女之目的”条上数语云：“红绡帐底，五花八门之阵法良多。美姝而不知战法，难钩狎客之魂。”其他妙评，因限于篇幅，不能多引。

《妇女之百面观》，昔由文明书局寄售，未知现尚有存书否？云石原著，可称完美，有研究之价值。

原载一九三八年三月三日《晶报》

# 《忍不住》

《忍不住》系一文言小说之名，著者安徽沈友莲，出版于光绪三十一年，孙子书小说目不载，恐未见也。书分四卷，铅字排印，每半叶十三行，每行三十五字，书之前后无序无跋，题签者季英，印行者上海科学书局。

此书叙述顾友直一生行事。友直字愚庵，中丞之子，原籍江西，能诗，嗜酒色；父死后，将武昌城外旧置之憩园建造楼屋二十余所，而移家居焉。妻王氏，贤淑且解文义，生四子，曰兴仁，曰兴义，曰兴礼，曰兴智。妾十六人，最宠者欢娘，次则爱娘、俊娘、荔娘、紫娘、巧娘、珠娘、翰娘七人。欢娘工书法，能吟咏，其与愚庵唱和诗章，积久成帙，题曰《瑶琪集》。

欢娘忽得病而死，愚庵心痛之极，尝抚园中老树而叹曰："此树婆娑，生意尽矣。"未几，巧、翰、俊、珠亦相继病亡。愚庵遂得郁闷症，胸膈气不能舒，卧则阻塞尤甚，夜间危坐，常至天明，延医诊治，毫无效验。是时长子兴仁，年已弱冠，见父病母忧，心窃虑之，因与同社友谋挽回之术，请得博通古今之李芙初君至家，日日与愚庵谈说笑，而愚庵之病逐渐瘳矣。

末卷述愚庵与芙初往大觉寺谒一禅师。禅师作偈曰：“来时一身赤，去后终无迹；跳出生死关，所以有我佛；我佛常劝人，勿与万缘敌；一身敌万缘，方寸无可歇；我佛本慈悲，不是徒寂灭；若有学佛心，此心常恻恻。”

愚庵自此深明佛理，一味清修，后来得道，芙初亦相依以终去。

欢娘亡而愚庵病，忍不住也；闻偈语而悟佛理，忍得住也。此书以忍不住始，以忍得住终，暗赞愚庵之聪明，故能由迷恋而开悟也。《忍不住》早已绝版，市上亦不多见，结构虽松，而诗词极美，读之不厌。

原载一九三八年四月三十日《晶报》

# 《续金瓶梅》

余近获旧抄本《续金瓶梅》，其卷首有“镇洋毕沅”及“灵岩山馆藏书”等印记，知是毕沅旧物也。沅字纕蘅，一字秋帆，自号灵岩山人，乾隆进士，官至湖广总督；经史、小学、金石、地理之学，无所不通；好著书，有《经典辨正》《续资治通鉴》、关中山左《金石记》《灵岩山人诗文集》等等。

《续金瓶梅》者，借小说之名，作《感应篇》注解；借饮食男女，讲阴阳报复，戒色戒淫，劝人为善之书也。余旧藏之木刻本与近购之旧抄本，卷数回数均不相同，文字亦略有出入，兹一一说明之如下：

（一）旧抄本八卷五十四回，木刻本十二卷六十四回，所多十回，似系后人补写，其回目另见本篇下文。

（二）旧抄本题“紫阳道人编，湖上钓史评”，木刻本不题“湖上钓史评”。

（三）旧抄本有目录无序跋，木刻本除目录外有南海爱日老人序，烟霞洞蒐隐序、西湖钓叟序、凡例四则、《太上感应篇》《阴阳无字解》（即功过格）、引用书目、图像二十四叶。

（四）旧抄本第一回云："我今为众生说法，因这佛经上说的因果轮回，遵着当今圣上颁行的《劝善录》《感应篇》，都是戒人为恶，劝人为善，就着这部《金瓶梅》，讲出阴曹报应，现世轮回，……"木刻本缺中间"遵着当今圣上颁行的《劝善录》《感应篇》"十五字。此言两本文字之不同。文字不同之处，不止此也，今因限于篇幅，不及细述。

（五）旧抄本每半叶十行，每行廿四字，木刻本同。

（六）旧抄本第一回后有总评，木刻本无评。抄本之评云："此第一回为一部书之开案，将西门庆等死人名目，尽从月娘眼中看去，线索在手，后千头万绪，尽发源于此。作者真才识高旷，阅之阔人心目。"

木刻本中溢出之十回，其目如下：

（一）梦截发大士解冤，不食牛帝君救劫

（木刻十四回，插入抄本十三、十四回之间）

（二）宋道君隔帐琵琶，张邦昌御床半臂

（木刻十九回，插人抄本十七、十八回之间）

（三）宋宗泽单骑收东京，张邦昌伏法赴西市

（木刻廿一回，插入抄本十八、十九回之间）

（四）清河县李铭传信，齐王府银姐逢时

（木刻三十五回，插入抄本三一、三二回之间）

（五）俊公子枉受私关节，鬼门生亲拜女房师

（木刻四十六回，插入抄本四一、四二回之间）

（六）刘学官弃职归山，龙大师传舟入海

（木刻五十二回，插入抄本四六、四七回之间）

（七）韩世忠伏兵走兀术，梁夫人击鼓战金山

（木刻五十四回，插入抄本四七、四八回之间）

（八）辽阳洪皓哭徽宗，天津秦桧别挞懒

（木刻五十八回，插入抄本五十、五一回之间）

（九）活阎罗销罪了前身，死神仙坐化知来世

（木刻六十回，插入抄本五三、五四回之间）

（十）三教全归感应天，普世尽成极乐地

（木刻六十四回，加于抄本末回之后）

《续金瓶梅》一名《金瓶梅后集》，作者萦阳道人，即丁耀亢，字西生，号野鹤，清山东人，继《金瓶梅》而作之劝善小说；除此之外，尚有《隔帘花影》及《金屋梦》两种。后一种，铅字排印，系前一种之改作。《续金瓶梅》有九行廿字之刊本，余未之见。

**原载一九三八年五月七日《晶报》**

# 元　曲

数日前，郑陈两君先后来谈，谓近有元曲二百馀种，出现于申吴两地，皆为某君购去，价格并不贵昂云云。二公亲见亲闻当系事实，非开玩笑也。元曲除明吴兴臧氏选刻三百种外，其他版本，集合数百种而同时出售者，确是难得。但明刊元曲，市上非绝对无有，前月上旬，同仁某君携来六种，其名如下：

（一）《江洲司马青衫泪》（不著撰人）

（二）《西华山陈搏高卧》（马致远）

（三）《杜牧之诗酒扬州梦》（乔梦符）

（四）《唐明皇秋夜梧桐雨》（白仁甫）

（五）《玉萧女两世姻缘》（乔梦符）

（六）《刘晨阮肇误入天台》（王子一）

上曲六种，似是明嘉靖间刊本，每半叶九行，每行十八字，大黑口，双鱼尾，四周双栏，各行间均有直格，各句均加圆圈。第一种之首叶，有“彭城”“致爽阁”“钱曾之印”“遵王”“序东氏一字风村”五印记，皆出于真源，非伪造也。余因来售者，索价过昂，未曾购买，且辞句与盔山影本完全相同，绝无校勘之可能，得之亦不过“葬”之而已，故决然谢绝之。

孤岛市面，日渐凋谢，书业尤甚。郑陈所言，虽非路茂（Rumor），亦不必着重之，当作播斯得（Boost）看待可也。（“播斯得”，交易所专名；“路茂”，普通名词。）商界有时故意发出惊人之消息，以引起雇客之注意。余在电话中，常得此种奇异之新闻，如李慈铭之未刻稿本日记，有两册发现于上海，售价二千元，惟不知在何人手中等等是也。其实上海多难民，衣食住均成问题，有财力势力者，救济之不暇，焉能耳听路茂，口念元曲耶？

原载一九三八年五月二十一日《晶报》

# 《严陵八景》

严陵在浙江省严州府桐庐县，八景者：（一）千峰古榭，（二）八面层峦，（三）双塔兆魁，（四）二江成字，（五）三墩毓秀，（六）九井储清，（七）七里扬帆，（八）两台垂钓是也。余近获明弘治本《严陵八景诗》一卷，共九十叶（前后序不计），大黑口，双鱼尾，四周双栏，每半叶十行，每行二十二字。版心（市尺）长约六寸八分，阔约八寸。前有弘治七年（一四九四年）胡拱辰序、同岁王宾序，又李德恢序，后有邵新后序。三序共十九叶。此书清《四库书目》未收未存，想当时馆臣未之见也。著者李德恢，即弘治初之严州府知府。书中每景之前，冠一图画。全书八图，皆极古雅，惜本《晶》篇幅有限，不能复印于此。

现今游严陵者，大多注重钓台。钓台，即第八景之“两台垂钓”也。兹录“两台垂钓”之事实及诗两首如后：

两台，即严先生东西两钓台也，在府治东五十五里富春山上。两台对峙，高百馀丈，下临大江。《西征记》云：“自桐君祠而西，有群山蜿蜒，如两蛇对走于平野之上。三江之水，并流于两间，惊波间驰，秀壁双峙。上有东汉故人严子陵钓台，孤峰特操，耸立千仞，奔走名利、汩没尘埃客，一过其下，清风袭人，毛发竖立，使人有芥视功名之意”，诚知言也。此景天下惟一，宜居于首，而反在后者，以其去郡稍远也。

（一）双台四面列危屏，台下悠悠拱碧冷。数点青峰清旅思，二三白鹭立寒汀。羊裘自不臣炎汉，太史无劳奏客星。百尺丝竿垂钓叟，巢由千古并高名。（吕声，字廷和，太仆寺寺丞）

（二）台外千山列画屏，台前流水韵泠泠。功名自是寻常事，耕钓何须花草汀。尽把一丝维汉鼎，焉知五夜动天星。清高不独当时话，山水如今亦擅名。（郑堪，字廷伍，府学训导）

附注：严光，字子陵，后汉余姚人，少有高名，与光武同游学。及帝即位，即变姓名，隐身不见。帝思其贤，物色之。后齐国上书：“有一男子，披羊裘钓泽中”，乃遣使聘之，三反而后至。车驾即日幸其馆，光卧不起，帝即其卧所抚光腹曰：“咄咄子陵，不可相助为理耶？”后引入，论道故旧。因共偃卧，光以足加帝腹，明日太史奏客星犯帝座甚急。帝笑曰：“朕与故人严子陵共卧耳。”除谏议大夫，不屈。耕于富春山。年八十馀卒。

原载一九三八年七月四日《晶报》

# 《宝元带》

目下市上流行之铅字本《宝元带》，合下列诸种而成：

（一）《摄生秘刻》，即《丸散谱》四卷

（二）《种子秘刻》两卷

（三）《房术玄机中萃》（一名《房术奇书》）

（四）《继嗣珍宝》（一名《种子方》）

以上四种之木刻原本，余已以重价购获。小型每半叶六行，每行十四字，单鱼尾，单栏，刷印尚佳，前人藏书印记已被涂抹，故不知何姓旧物。余于同时又购得《广嗣秘书》四卷，清光绪十七年陈氏百尺楼刊本，小型，每半叶六行，每行十五字，大黑口，单鱼尾，卷首有焦光台下客序。

《宝元带》首二卷，实即《继嗣珍宝》，其卷三系《种子秘刻》中之“种子秘诀真传”；卷四之“保产机要”“催生符”等，不知抄自何书，《宝元带》中似无之。

《宝元带》有墨钉（即缺文）多处，据旧刻均可补全。

原载一九三八年七月七日《晶报》

# 壶卢铭

昨日余于无意中，获得精写本《曼殊沙龕三十六壶卢铭》一卷。著者慈溪叶金寿，注者鄞邑郭传璞，其事迹时代，完全不知，因手头缺府县志，无从查考，惟细察纸墨，知为清同光间物也。兹抄录原书中两铭及其注释于下，以见其文字之美：

（一）而囊括，而瓶守，无口无口，庶手无咎。（原书铭一）

（注）惟口出，好兴戎，金人所以三缄也。吾师磨兜坚，吾其以此为宥座之器乎？

（释）“无口”，借用李文靖“无口瓠事”，详见《宋史·李沆传》。“而”同“如”，二字古通用。荀子“此盖宥座之器也”，注，“宥”同“右”，言人君宜置座右，以为戒也。

（二）豺狼当道，谁其弋之？鲸鲵跋浪，谁其射之？天下空洞兮竟如此！此中安得有毒矢？（原书铭三十四）

（注）元有义兵号毛壶卢者，甚精锐。又唐邓间射生毒矢，亦有此名。□意，封豕长蛇，实逼处此矣！倘有视虱如轮者，曷出而殪之乎？

（释）“毛壶卢”者，盛剑器也。外以猛兽皮蒙之，故名，详见顾氏《日知录》。“天下空洞”，本《宋史·叶清臣传》。公上疏云：“方今将不素蓄，兵不素练，财无久积，举西北二垂观之，若濩落大瓠。外虽强壮，其中空洞，了无一物。”

《三十六壶卢铭》，共计二十七叶，宣纸朱栏。版心下鱼尾之处，作双月之形，其下则印“碧玉壶”三字。每叶六行，每行十六字。注，低一字写，每行十五字。释，小字双行，低二字写。此书未见刻本，疑是原稿，他日有力，当影印之。

原载一九三八年七月十四日《晶报》

# 邗上蒙人

《风月梦》著者，自署“邗上蒙人”（参观《晶报》一九三九年十月十日知止先生之《胡适之救国不忘读书》篇），其真姓氏为何，不见诸家记录，故博学如胡大使亦一无所知也。惟依《风月梦》之内容而言，邗上蒙人非独精诗能文，并且善说故事，其才学必有记述之价值，维扬人士，如有知其真姓真名者，千乞不吝赐教。兹先代老友胡适之先生作一小考据如下：

邗上蒙人喜用隐语，如书中辟首第一人（见二回）袁犹，即“缘由”也，字友英，即“有因”也，其妻杜氏，即“妒氏”之隐；又在茶馆所遇诸友如贾铭、吴珍、陆书、魏璧四人，即“假名、无真、录书、未必”之隐。除此之外，书中隐词尚多，他日当再述之。

《风月梦》虽全涉花柳，实非淫书。清光绪间有喻姓者在笔记（稿本）中云：

> 作书者追恨无及，悔而且愧，忆昔锦衣纨绔之时，饫甜餍肥之日，背父母教育之恩，负师友规训之德，

以致一技无成，半生潦倒，终朝在花柳繁华之地，乐温柔富贵之乡，而今财尽缘终，频悟沉沦之梦，故尔闲挥翰墨，演说尘缘，由色生情，传情入色，自色悟空，一把酸辛，满纸荒唐，无非望世人看破迷团，引登彼岸。倘能渴不饮鸩酒，饥不食虎餐，见色如仇，知淫莫犯，不待求仙访道，即算入圣超凡。（下略）

《风月梦》，余家所藏者，清光绪甲申上海江左书林木刻小字本，每半叶十二行，每行二十七字，全书三十二回，卷首有清道光戊申作者自序。此书有申报馆铅字本，又有石印小字本，即所谓《闲花野草臭姻缘》是也。木刻与铅字二种，市上均易遇到，价亦便宜；石印者，四本头之一也，现不多见。

原载一九三九年十月十四日《晶报》

# 《黑暗地狱》

《黑暗地狱》廿四回，清光绪三十二年印行，早经绝版，言林则徐禁烟以前华南贩土之情况，名小说家张春帆之著作也。春帆先生另有《九尾龟》前后二十二集，凡嗜小说者无不知之，无不读之；其推行之广，声望之隆，与孙家振海上漱石生之《海上繁华梦》相等。

此书文字既佳，又富于史料，其价值实在《九尾龟》之上，而一传之极广，一不然者，何哉？曰轶事胜过史事耳，说乐胜过政治耳。现当国府严密禁烟之时，本书有翻版之需要，其末回赵炳仪之议，今日尚有参考采用之价值。

春帆先生尚有《宦海》《未来世界》《胭脂虎》等作。

（《晶报》编者按：张春帆先生著作等身，为本《晶》所写《新九尾龟》《漱六山房日记》，亘数年不辍；自归道山，遂成绝响，读者惜之！今蒙周越然先生以张之遗著《黑暗地狱》借抄，逐日付刊，其详已见周序，不必赘述。斯作有特创新例，即每回回目仅有一句，而以下回回目为偶，至对仗工整，犹其余事也。）

原载一九四〇年三月二日《晶报》

# 书名索引

B



C

## D



## F

## G



## H

Q



R



S

# Y

（金小明　编制）

# 编后小记

金小明

民国时期著名的藏书家、编译家、散文家周越然（1885——1962），在沉寂了半个多世纪以后，那些记录与折射了他在文化启蒙、传播、教育等方面事功与心迹的文字作品，日益受到人们的关注。作为上海沦陷时期一位具有社会影响的重要作家和不无争议的文化人物，周氏的集内、集外作品，更已进入了探寻者、研究者的视野。

周越然于中、西文化浸淫日久，涉猎甚广，撰述亦丰，不少文字在他生前未及汇订成集，曾使后人有“文字飘零谁为拾”之叹。系统、细致地搜集、挖掘、整理相关的材料和文本，仍然是一项不可或缺的基础性工作。为此，王稼句先生委托我将周氏的主要集外中文作品，分类编辑，汇成《修身小集》《文史杂录》《婚育续编》《风俗随谈》《旧籍丛话》数集，与修订重刊的《情性故事集》《性知性识》《书书书》《六十回忆》《版本与书籍》等，一并纳入他与陈子善先生共同主编的《周越然作品系列》梓行，力图对周氏佚文的整理工作，作一个阶段性的回顾。

《旧籍丛话》，辑入作者于1933年至1940年间，在上海《晶报》发表的介绍古旧书籍版本、内容的书话，共计二百二十一篇。当年，周氏为商务印书馆等出版机构编行《英语模范读本》等数十种英语学习书本，风行天下，成为“版税大王”，因以多金，助其“起劲”（周氏引用的湖州土语）购求、庋藏了丰赡的宋元刊本与词曲书籍。虽然“言言斋”的前期藏书，惨遭“一·二八”战火之厄，但他并未放弃嗜好，亦且投注精力，借助旧藏书目和续藏刊本，集中撰写了不少雅俗共赏的品书文字。这些集内外作品，“言版本则详其书之刊刻时代，版本之形式、行款、纸墨、字体，递藏之源流，前人之批校，藏家之印鉴，得书之岁月”“言内容则摘其旨要，撷其菁华，校其异同，偶尔亦缀以评语”（周退密评语），眉目清秀，风格隽永，兼具趣味性与知识性，在现代书话写作史上独具特色，自成一家。

当时，有人偏狭地称周越然“专收淫词书籍”，他自然不会领受这一讥评。作为藏书家，他标举心目中“精善的书本”，包括宋金元刊本、元明覆宋本、明初刻本或活字本、清初精校初印本、名家手稿本或精抄本、名家手校或手跋本、海内外孤本、高丽活字本或日本古本等。他主张，针对收纳的书籍，“研究版本，研究藏印，研究题识，研究文章，均应于家居闲暇之时为之。”（参见周越然《书书书》）高标、专精的收藏眼光，与散淡、适性的赏鉴倾向，具体而微地反映在他大量的书话文字之中。

此次整理、编订，以《晶报》原刊为底本，参考辽宁教育出版社2001年2月出版的《言言斋古籍丛谈》，增删篇目，调整版式，订正了其中较多的舛误。为便于阅众查考作者介绍的书籍，特别编制了按音序排列的书名索引，附于书末。

2017年2月15日　识于金陵心远斋

**图书在版编目（CIP）数据**

旧籍丛话 / 周越然著 . —— 哈尔滨：北方文艺出版社，2017.7
（周越然作品系列）
ISBN 978-7-5317-3913-5

Ⅰ . ①旧… Ⅱ . ①周… Ⅲ . ①古籍 – 版本学 – 研究 – 中国 Ⅳ . ① G256.22

中国版本图书馆 CIP 数据核字（2017）第 128273 号

**旧籍丛话**
Jiuji Conghua

作　者 / 周越然
策　划 / 陈子善　王稼句
编　者 / 金小明
责任编辑 / 宋玉成　张　喆
装帧设计 / 壹·书装
出版发行 / 北方文艺出版社
网　址 / www.bfwy.com
邮　编 / 150080
经　销 / 新华书店
地　址 / 黑龙江现代文化艺术产业园 D 栋 526 室
印　刷 / 北京诚信伟业印刷有限公司
开　本 / 850 × 1168　1/32
字　数 / 298 千
印　张 / 16.25
版　次 / 2017 年 7 月第 1 版
印　次 / 2017 年 7 月第 1 次印刷
书　号 / ISBN 978-7-5317-3913-5
定　价 / 49.80 元